최상위권 독해의 비결, **추론**

KB080485

용선생

추론독해

4

초등 국어 **4단계**

4 · 5학년 권장

용쎈쌤 추론독해가 필요한 이유

추론을 잡아야 독해가 된다

글에는 모든 정보가 다 담겨 있지 않습니다. 읽는 이가 알 만한 정보나 맥락상 알 수 있는 내용은 생략되어 있지요. 그러니 독해를 잘하려면 문맥을 통해 생략된 정보를 짐작하고, 글의 내용과 배경지식을 연결 지으며 읽을 수 있어야 합니다. 이것이 추론입니다.

새 국어과 교육과정에서도 추론적 읽기가 강화되었습니다. 글의 내용을 제대로 정확하게 읽어 내는 능력이 '추론'에 달려 있기 때문입니다.

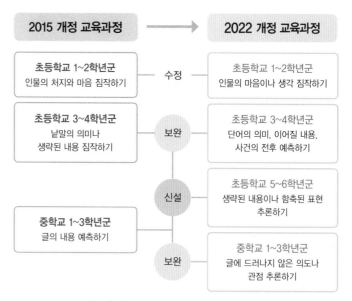

▲ 추론적 읽기가 강화된 2022 개정 국어과 교육과정

용쎈쌤 추론독해가 특별한 이유

읽기 이론과
교육과정에 기초한
체계적인 커리큘럼

단계가 올라갈수록

#전략은_심화되고
#지문은_길어지고
#핵심은_더_꼼꼼하게
#어휘는_더_탄탄하게

	1단계	**2단계**
내용 이해	① 문장 이해하기 (기초)	① 중심 문장 찾기
	② 문장 부호 알기 (기초)	② 설명하는 대상의 특징 찾기
	③ 중심 낱말 찾기	③ 인물의 마음 변화 알기
	④ 글의 내용 확인하기	④ 장면 떠올리며 읽기
구조·표현 파악	⑤ 누가 무엇을 했는지 알기	⑤ 의견과 까닭 파악하기
	⑥ 인물의 생각 알기	
		⑥ 중요한 내용 정리하기
		⑦ 장소 변화에 따라 일이 일어난 차례 알기
추론	⑦ 시간 흐름에 따라 일이 일어난 차례 알기	
	⑧ 꾸며 주는 말 알기	
		⑧ 뒷이야기 상상하기
		⑨ 인물의 모습과 행동 상상하기
평가	⑨ 인물의 마음 짐작하기	⑩ 알맞은 문장 짐작하기
	⑩ 알맞은 낱말 짐작하기	
		⑪ 글쓴이의 의견과 나의 의견 비교하기
	⑪ 글쓴이의 생각 판단하기	
창의		
	⑫ 일상생활에 적용하기	⑫ 자료에 적용하기

● 500~800자의 지문
● 생활문(감상문, 기행문, 일기, 편지글 등), 설명문, 논설문
● 전래 동화, 창작 동화, 세계 명작 동화, 동시, 극
● 비슷한 말, 반대되는 말, 헷갈리는 말, 관용 표현 학습

논리적 추론을 위한 **전략·문제·연습**

빈틈없는 추론 전략	인물의 마음·행동·가치관 짐작하기, 생략된 낱말과 문장 짐작하기, 낱말의 뜻 짐작하기, 이어질 내용 짐작하기, 함축된 표현의 의미 추론하기, 작가의 의도 짐작하기 등 추론적 사고력을 향상시키는 읽기 전략을 빠짐없이 구성하였습니다.
다양한 추론 문제	추론은 아이들이 문제를 풀 때 가장 어려워하는 유형입니다. 다양하고 질 좋은 ★추론 문제를 통해 추론 능력을 탄탄히 다질 수 있습니다.
효과적인 추론 연습	문제 아래에 💡 **어떻게 알았나요?**를 두어, 문제를 풀 때 글 속에서 근거를 찾는 방법을 연습하게 하였습니다. 이는 글에 드러난 정보에 기반하여 내용을 능동적으로 추론하며 읽는 습관을 길러 줄 것입니다.

3단계

① 중심 문장과 뒷받침 문장 알기
② 사실과 의견 구별하기
③ 글의 목적 파악하기

④ 글의 내용 간추리기
⑤ 이야기의 내용 간추리기
⑥ 시의 특징 알기

⑦ 낱말의 뜻 짐작하기
⑧ 이어 주는 말 짐작하기
⑨ 이야기의 분위기 파악하기

⑩ 인물의 행동 평가하기
⑪ 서로 다른 의견 비교하기

⑫ 인물의 가치관을 삶에 적용하기

4단계

① 글의 주제 찾기
② 인물, 사건, 배경 알기

③ 감각적 표현 알기
④ 원인과 결과 파악하기
⑤ 주장과 근거 파악하기

⑥ 뒷받침 문장 짐작하기
⑦ 어울리는 시각 자료 짐작하기
⑧ 인물의 성격 파악하기
⑨ 이어질 내용 짐작하기

⑩ 뒷받침 문장의 적절성 판단하기
⑪ 근거의 타당성 판단하기

⑫ 질문하며 읽기

5단계

① 글쓴이의 관점 파악하기
② 인물의 갈등 이해하기

③ 비유하는 표현 이해하기
④ 설명 방법 알기: 정의, 예시, 열거, 인과
⑤ 설명 방법 알기: 비교, 대조
⑥ 설명 방법 알기: 분류, 분석

⑦ 소재의 의미 추론하기
⑧ 인물이 추구하는 가치 추론하기
⑨ 생략된 내용 추론하기

⑩ 내용의 타당성 판단하기
⑪ 두 글의 관점 분석하기

⑫ 자료를 통해 문제 해결하기

6단계

① 글의 종류에 따라 다르게 읽기
② 말하는 이 파악하기

③ 반어와 역설 이해하기
④ 설명하는 글의 짜임 알기
⑤ 주장하는 글의 짜임 알기

⑥ 함축된 표현의 의미 추론하기
⑦ 작품의 시대 상황 추론하기
⑧ 작가의 의도 해석하기

⑨ 표현의 적절성 판단하기
⑩ 글쓴이의 관점 평가하기

⑪ 구체적인 상황에 적용하기
⑫ 두 글을 통합적으로 읽기

● 700~1,100자의 지문
● 인문·사회·과학·예술 영역의 설명문, 논설문
● 고전 소설, 현대 소설, 세계 명작 소설, 현대 시, 현대 수필
● 내용 구조화로 핵심 정리
● 다의어, 동형어, 헷갈리는 말, 한자어 학습

● 900~1,300자의 지문
● 인문·사회·과학·예술 영역의 설명문, 논설문
● 고전 소설, 현대 소설, 세계 명작 소설, 현대 시, 현대 수필
● 문단별 요약으로 핵심 정리
● 다의어, 동형어, 헷갈리는 말, 뜻을 더하는 말, 한자어 학습

용선생 추론독해의 구성과 특징

읽기 전략

개념 설명을 읽고 확인 문제를 풀어 보며
초등 4~5학년 수준에서 필수적인 읽기 전략을 익힙니다.

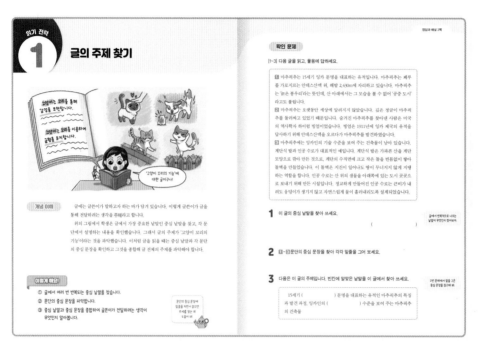

개념 이해
읽기 전략을 쉽게 이해할 수 있
도록 재미있는 그림과 함께 제
시하였습니다.

이렇게 해요!
읽기 전략을 사용하는 방법을
간단히 정리하였습니다.

확인 문제
짧은 지문과 적용 문제를 통해
읽기 전략을 제대로 이해했는
지 점검할 수 있게 하였습니다.

연습

비교적 쉬운 지문과 4개의 중요 문제로
독해의 기본기를 다집니다.

📖 교과 연계
지문 내용과 연계된 교과목 및
단원을 제시하였습니다.

어휘 풀이
지문 속 어려운 어휘를 한자와
함께 풀이해 주었습니다. 왼쪽
체크 박스를 활용해 학습 여부
를 확인할 수 있습니다.

전략 적용
읽기 전략을 적용해 풀어야 하
는 문제를 표시해 두었습니다.

어떻게 알았나요?
답을 어떻게 찾았는지 써 보며
지문에서 답을 찾는 습관을 들
일 수 있게 하였습니다.

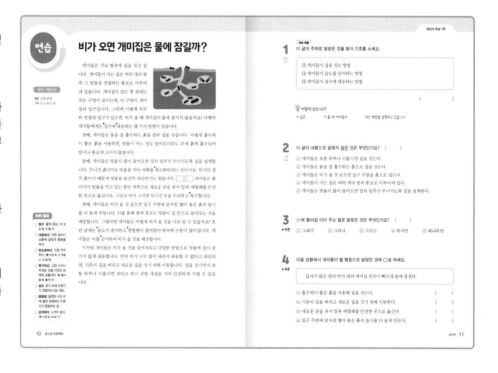

실전

다양한 영역의 지문과 5개의 문제, 지문의 요점을 파악하는 핵심 정리,
어휘 확인 및 확장 학습을 통해 남다른 독해 실력을 쌓습니다.

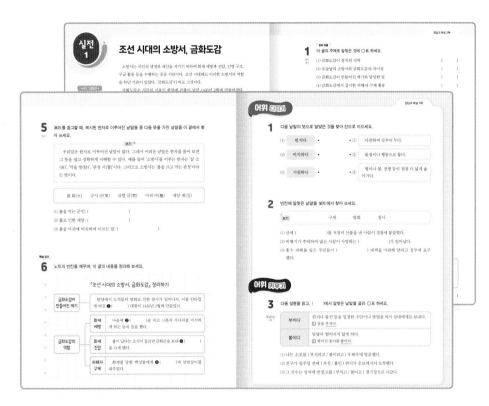

핵심 정리

지문의 구조를 스스로 분석하
고 핵심어를 복습할 수 있게 하
였습니다.

어휘 다지기

지문에서 배운 어휘를 다시 한
번 확인하며 어휘 실력을 탄탄
히 다질 수 있게 하였습니다.

어휘 키우기

어휘 지식을 확장할 수 있도록
지문과 관련된 다의어, 동형어,
헷갈리는 말, 한자어 학습을 구
성하였습니다.

정답과
해설

정답을 빠르게 확인할 수 있는 정답표,
친절하고 자세한 해설을 제공하였습니다.

오답 피하기

오답이 오답인 이유를 명쾌하
게 설명하였습니다.

이 문제를 틀렸다면

문제에 대한 힌트를 주어, 틀린
문제를 다시 풀어 보고 정답을
찾을 수 있게 하였습니다.

차례

1 글의 주제 찾기

고양이는 꼬리를 통해 감정을 표현합니다.

고양이는 꼬리를 이용하여 균형을 유지합니다.

'고양이 꼬리의 기능'에 대한 글이구나!

개념 이해

　글에는 글쓴이가 말하고자 하는 바가 담겨 있습니다. 이렇게 글쓴이가 글을 통해 전달하려는 생각을 **주제**라고 합니다.

　위의 그림에서 학생은 글에서 가장 중요한 낱말인 중심 낱말을 찾고, 각 문단에서 설명하는 내용을 확인했습니다. 그래서 글의 주제가 '고양이 꼬리의 기능'이라는 것을 파악했습니다. 이처럼 글을 읽을 때는 중심 낱말과 각 문단의 중심 문장을 확인하고 그것을 종합해 글 전체의 주제를 파악해야 합니다.

이렇게 해요!

① 글에서 여러 번 반복되는 중심 낱말을 찾습니다.

② 문단의 중심 문장을 파악합니다.

③ 중심 낱말과 중심 문장을 종합하여 글쓴이가 전달하려는 생각이 무엇인지 알아봅니다.

문단의 중심 문장에 밑줄을 치면서 읽으면 주제를 찾는 데 도움이 돼.

확인 문제

[1~3] 다음 글을 읽고, 물음에 답하세요.

1 마추픽추는 15세기 잉카 문명을 대표하는 유적입니다. 마추픽추는 페루를 가로지르는 안데스산맥 위, 해발 2,430m에 자리하고 있습니다. 마추픽추는 '늙은 봉우리'라는 뜻인데, 산 아래에서는 그 모습을 볼 수 없어 '공중 도시'라고도 불립니다.

2 마추픽추는 오랫동안 세상에 알려지지 않았습니다. 깊은 정글이 마추픽추를 둘러싸고 있었기 때문입니다. 숨겨진 마추픽추를 찾아낸 사람은 미국의 역사학자 하이럼 빙엄이었습니다. 빙엄은 1911년에 잉카 제국의 유적을 답사하기 위해 안데스산맥을 오르다가 마추픽추를 발견하였습니다.

3 마추픽추에는 잉카인의 기술 수준을 보여 주는 건축물이 남아 있습니다. 계단식 밭과 인공 수로가 대표적인 예입니다. 계단식 밭은 가파른 산을 계단 모양으로 깎아 만든 것으로, 계단의 수직면에 크고 작은 돌을 빈틈없이 쌓아 돌벽을 만들었습니다. 이 돌벽은 지진이 일어나도 땅이 무너지지 않게 지탱하는 역할을 합니다. 인공 수로는 산 위의 샘물을 아래쪽에 있는 도시 곳곳으로 보내기 위해 만든 시설입니다. 정교하게 만들어진 인공 수로는 큰비가 내려도 웅덩이가 생기지 않고 자연스럽게 물이 흘러내리도록 설계되었습니다.

1 이 글의 중심 낱말을 찾아 쓰세요.

글에서 반복적으로 나오는 낱말이 무엇인지 찾아보자.

(   )

2 **1**~**3**문단의 중심 문장을 찾아 각각 밑줄을 그어 보세요.

3 다음은 이 글의 주제입니다. 빈칸에 알맞은 낱말을 이 글에서 찾아 쓰세요.

2번 문제에서 밑줄 그은 중심 문장을 참고해 봐.

15세기 (   ) 문명을 대표하는 유적인 마추픽추의 특징과 발견 과정, 잉카인의 (   ) 수준을 보여 주는 마추픽추의 건축물

비가 오면 개미집은 물에 잠길까?

과학 | 863자

📖 교과 연계
과학 3-2 동물의 생활

개미들은 주로 땅속에 집을 짓고 삽니다. 개미들이 사는 집은 여러 개의 방과 그 방들을 연결하는 통로로 이루어져 있습니다. 개미집이 있는 땅 위에는 작은 구멍이 보이는데, 이 구멍이 개미집의 입구입니다. 그런데 이렇게 외부

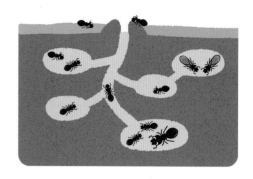

와 연결된 입구가 있으면, 비가 올 때 개미집이 물에 잠기지 않을까요? 다행히 개미들에게는 •침수에 •대응하는 몇 가지 방법이 있습니다.

첫째, 개미들은 물을 잘 흡수하는 흙을 골라 집을 짓습니다. 이렇게 흡수력이 좋은 흙을 사용하면, 빗물이 어느 정도 들어오더라도 금세 흙에 흡수되어 방이나 통로에 고이지 않습니다.

둘째, 개미들은 빗물이 많이 들어오면 집의 일부가 무너지도록 집을 설계합니다. 무너진 흙더미로 빗물을 막아 피해를 •최소화하려는 것이지요. 하지만 결국 흙이기 때문에 빗물을 완전히 차단하기는 힘듭니다. [㉠] 개미들은 흙더미가 빗물을 막고 있는 동안 위쪽으로 새로운 굴을 파서 알과 애벌레를 안전한 곳으로 옮깁니다. 그리고 비가 그치면 무너진 곳을 수리하고 •복구합니다.

셋째, 개미들은 비가 올 것 같으면 입구 주변에 담처럼 쌓아 놓은 흙의 높이를 더 높게 만듭니다. 이를 통해 땅에 흐르는 빗물이 집 안으로 들어오는 것을 예방합니다. 그렇다면 개미들은 어떻게 비가 올 것을 미리 알 수 있을까요? 흐린 날에는 •습도가 증가하고 •증발량이 줄어들어 땅속에 수분이 많아집니다. 개미들은 이를 •감지하여 비가 올 것을 예상합니다.

이처럼 개미들은 비가 올 것을 알아차리고 다양한 방법으로 빗물에 집이 잠기지 않게 대응합니다. 만약 비가 너무 많이 내려서 대응할 수 없다고 판단되면, 기존의 집을 버리고 새로운 집을 짓기 위해 이동합니다. 집을 짓기까지 보통 하루나 이틀이면 된다고 하니 금방 새집을 지어 안전하게 지낼 수 있습니다.

어휘 풀이

☐ **침수** 물에 잠김. (沈 잠길 침, 水 물 수)

☐ **대응하다** 어떤 일이나 상황에 알맞게 행동을 하다.

☐ **최소화하다** 가장 적게 하다. (最 가장 최, 少 적을 소, 化 될 화)

☐ **복구하다** 고장 나거나 파괴된 것을 이전의 상태로 되돌리다. (復 돌아올 복, 舊 옛 구)

☐ **습도** 공기 속에 수증기가 포함되어 있는 정도.

☐ **증발량** 일정한 시간 안에 물의 표면에서 수증기가 증발하는 양.

☐ **감지하다** 느끼어 알다. (感 느낄 감, 知 알 지)

1

중심
생각

이 글의 주제로 알맞은 것을 찾아 기호를 쓰세요.

⑦ 개미들이 집을 짓는 방법
⑭ 개미들이 습도를 감지하는 방법
⑮ 개미들이 침수에 대응하는 방법

(   )

⚡ **어떻게 알았나요?**

이 글은   가 올 때 개미들이   하는 방법을 설명하고 있습니다.

2

내용
이해

이 글의 내용으로 알맞지 <u>않은</u> 것은 무엇인가요? (   )

① 개미들은 보통 하루나 이틀이면 집을 짓는다.
② 개미들은 물을 잘 흡수하는 흙으로 집을 짓는다.
③ 개미들은 비가 올 것 같으면 입구 주변을 흙으로 덮는다.
④ 개미들이 사는 집은 여러 개의 방과 통로로 이루어져 있다.
⑤ 개미들은 빗물이 많이 들어오면 집의 일부가 무너지도록 집을 설계한다.

3

★ 추론

㉠에 들어갈 이어 주는 말로 알맞은 것은 무엇인가요? (   )

① 그래서   ② 그러나   ③ 그리고   ④ 하지만   ⑤ 왜냐하면

4

★ 추론

다음 상황에서 개미들이 할 행동으로 알맞은 것에 ◯표 하세요.

갑자기 많은 양의 비가 내려 개미집 곳곳이 빠르게 물에 잠겼다.

(1) 흡수력이 좋은 흙을 사용해 집을 짓는다. (   )

(2) 기존의 집을 버리고 새로운 집을 짓기 위해 이동한다. (   )

(3) 새로운 굴을 파서 알과 애벌레를 안전한 곳으로 옮긴다. (   )

(4) 입구 주변에 담처럼 쌓아 놓은 흙의 높이를 더 높게 만든다. (   )

조선 시대의 소방서, 금화도감

사회 | 969자

📖 교과 연계
사회 4-1 지역의 공공 기관과 주민 참여

소방서는 국민의 생명과 재산을 지키기 위하여 화재 예방과 진압, 인명 구조, 구급 활동 등을 수행하는 공공 기관이다. 조선 시대에도 이러한 소방서의 역할을 하던 기관이 있었다. '금화도감'이 바로 그것이다.

금화도감은 지금의 서울인 한양에 큰불이 났던 1426년 2월에 만들어졌다. 『세종실록』에 따르면 당시에 도적들의 방화로 1,100채가 넘는 민가가 화마에 휩싸이고, 어린아이와 노인 등 최소 32명이 숨지는 참사가 일어났다. 이를 안타깝게 여긴 세종 대왕은 다시는 이런 일이 일어나지 않도록 한양에 금화도감을 설치하라는 명령을 내렸다.

㉠금화도감은 특히 화재 예방에 큰 힘을 기울였다. 먼저 관청 안과 마을의 다섯 집마다 우물을 파게 하고, 우물이 부족한 마을에는 독에 물을 채워 두게 했다. 그리고 화재가 났을 때 빠르게 불을 끌 수 있도록 마을마다 물을 푸는 그릇과 사다리를 비치하게 했다. 또 작은 화재가 큰불로 번지는 것을 막기 위해 집과 집 사이에 담을 쌓게 했다.

불이 났다는 소식이 들리면 금화도감에서 금화군을 보내 불을 끄도록 했다. 금화군은 긴 나무 막대기에다 물에 적신 천을 붙인 '불채'와 도끼 등을 챙겨 화재 현장으로 달려갔다. 이때 물을 긷고 나르는 역할을 맡은 급수비가 함께 출동하여 금화군을 지원했다. 금화군은 군인이나 노비로 구성된 비상 대기조로서 정식 대원은 아니었지만, 효율적으로 화재를 진압하는 데 큰 도움이 되었다.

금화도감은 화재 피해를 입은 백성들의 구제 활동도 담당했다. 조선 시대의 민가는 대부분 나무와 짚으로 만든 초가집이었기 때문에, 불이 나면 집 전체가 잿더미가 되고는 했다. 금화도감은 화재를 당해 살길이 막막해진 백성들이 일정 기간 동안 먹고살 수 있도록 곡식과 살림살이를 내주었다.

이처럼 금화도감은 화재의 예방과 진압, 피해자 구제 등 다양한 역할을 하였다. 장비와 업무는 조금 달랐지만, 금화도감은 오늘날의 소방서와 마찬가지로 백성의 안전을 위해 힘썼던 중요한 공공 기관이었다.

어휘 풀이

☐ 방화 일부러 불을 지름. (放 놓을 방, 火 불 화)
☐ 민가 보통 사람들이 사는 집. (民 백성 민, 家 집 가)
☐ 참사 비참하고 끔찍한 일. (慘 참혹할 참, 事 일 사)
☐ 비치하다 마련하여 갖추어 두다. (備 갖출 비, 置 둘 치)
☐ 번지다 병이나 불, 전쟁 등이 점점 더 넓게 옮아 가다.
☐ 지원하다 물질이나 행동으로 돕다.
☐ 구제 어려운 처지에 놓인 사람을 도와줌.

1

중심
생각

전략 적용

이 글의 주제로 알맞은 것에 ○표 하세요.

(1) 금화도감이 설치된 지역 ( )

(2) 오늘날의 소방서와 금화도감의 차이점 ( )

(3) 금화도감이 만들어진 계기와 담당한 일 ( )

(4) 금화도감에서 실시한 피해자 구제 활동 ( )

2

내용
이해

이 글의 내용으로 알맞지 <u>않은</u> 것은 무엇인가요? ( )

① 금화도감은 1426년에 만들어졌다.

② 세종 대왕이 금화도감을 설치하라는 명령을 내렸다.

③ 군인과 노비로 구성된 금화군은 정식 대원이 아니었다.

④ 급수비는 불채와 도끼 등을 챙겨 화재 현장으로 달려갔다.

⑤ 금화도감은 화재를 당한 백성들에게 곡식과 살림살이를 내주었다.

⚡ **어떻게 알았나요?**

　　　　　　　는 물을 긷고 나르는 역할을 맡았습니다.

3

내용
이해

㉠에 따라 사람들이 한 일로 알맞지 <u>않은</u> 것은 무엇인가요? ( )

① 집과 집 사이에 담을 쌓았다.

② 마을의 다섯 집마다 우물을 팠다.

③ 관청 안에 사다리를 마련해 두었다.

④ 마을마다 물을 푸는 그릇을 준비하였다.

⑤ 우물이 부족한 마을에는 독에 물을 채워 두었다.

4

★ 추론

이 글을 읽고 짐작한 내용을 알맞게 말한 친구의 이름을 쓰세요.

유미: 금화도감이 설치된 뒤로는 한양에 화재가 일어나지 않았을 거야.

민정: 집과 집 사이에 쌓은 담은 불이 옮겨붙지 않는 재료로 만들었을 거야.

지희: 대부분의 민가가 초가집이었던 이유는 나무와 짚이 잘 타지 않기 때문일 거야.

( )

5 보기를 참고할 때, 제시된 한자로 이루어진 낱말들 중 다음 뜻을 가진 낱말을 이 글에서 찾아 쓰세요.

창의

보기

우리말은 한자로 이루어진 낱말이 많다. 그래서 어려운 낱말은 한자를 풀어 보면 그 뜻을 쉽고 정확하게 이해할 수 있다. 예를 들어 '소방서'를 이루는 한자는 '끌 소(消)', '막을 방(防)', '관청 서(署)'이다. 그러므로 소방서는 '불을 끄고 막는 관청'이라는 뜻이다.

불 화(火)　　군사 군(軍)　　금할 금(禁)　　마귀 마(魔)　　재앙 재(災)

(1) 불을 막는 군인: (　　　　　　　　　)

(2) 불로 인한 재앙: (　　　　　　　　　)

(3) 불을 마귀에 비유하여 이르는 말: (　　　　　　　　　)

핵심 정리

6 노트의 빈칸을 채우며, 이 글의 내용을 정리해 보세요.

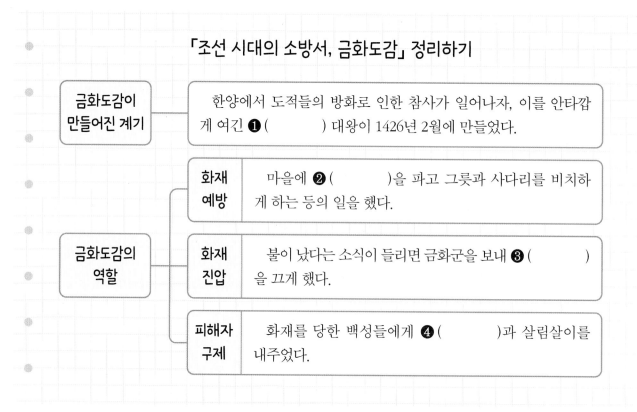

「조선 시대의 소방서, 금화도감」 정리하기

금화도감이 만들어진 계기	한양에서 도적들의 방화로 인한 참사가 일어나자, 이를 안타깝게 여긴 ❶ (　　　　) 대왕이 1426년 2월에 만들었다.

금화도감의 역할	화재 예방	마을에 ❷ (　　　　)을 파고 그릇과 사다리를 비치하게 하는 등의 일을 했다.
	화재 진압	불이 났다는 소식이 들리면 금화군을 보내 ❸ (　　　　)을 끄게 했다.
	피해자 구제	화재를 당한 백성들에게 ❹ (　　　　)과 살림살이를 내주었다.

어휘 다지기

1 다음 낱말의 뜻으로 알맞은 것을 찾아 선으로 이으세요.

(1) 번지다 •

(2) 비치하다 •

(3) 지원하다 •

• ① 마련하여 갖추어 두다.

• ② 물질이나 행동으로 돕다.

• ③ 병이나 불, 전쟁 등이 점점 더 넓게 옮아가다.

2 빈칸에 알맞은 낱말을 보기에서 찾아 쓰세요.

보기	구제	방화	참사

(1) 산에 (　　　　　　)를 저질러 산불을 낸 사람이 경찰에 붙잡혔다.

(2) 비행기가 추락하여 많은 사람이 사망하는 (　　　　　　)가 일어났다.

(3) 홍수 피해를 입은 주민들이 (　　　　　　) 대책을 마련해 달라고 정부에 요구했다.

어휘 키우기

3 다음 설명을 읽고, (　　　)에서 알맞은 낱말을 골라 〇표 하세요.

헷갈리는 말

부치다	편지나 물건 등을 일정한 수단이나 방법을 써서 상대에게로 보내다. 예 짐을 부치다.
붙이다	맞닿아 떨어지지 않게 하다. 예 찢어진 종이를 붙이다.

(1) 나는 소포를 (부치려고 / 붙이려고) 우체국에 방문했다.

(2) 친구가 일주일 전에 (부친 / 붙인) 편지가 오늘에서야 도착했다.

(3) 그 선수는 상처에 반창고를 (부치고 / 붙이고) 경기장으로 나갔다.

무량수전의 아름다움

예술 | 942자

📖 교과 연계
사회 5-2 옛사람들의 삶과 문화

경상북도 영주시 봉황산 중턱에 자리한 부석사는 676년 신라 문무왕 때 의상 대사가 왕명을 받아 창건한 절로, 오랜 역사와 아름다운 건축미를 자랑합니다. 부석사의 여러 건물 중에서도 백미로 꼽히는 것은 국보

▲ 부석사 무량수전

로 지정된 무량수전입니다. 목조 건축물인 무량수전은 언뜻 소박해 보이지만, 자세히 살펴보면 세심하게 적용된 건축 기법에 감탄하게 됩니다.

무량수전을 지탱하는 기둥은 ㉠배흘림기둥이며, 일부 기둥에는 ㉡안쏠림 기법이 사용되었습니다. 배흘림기둥은 중간이 가장 굵고 위아래로 가면서 점점 가늘어지는 항아리 모양의 기둥을 말합니다. 일반적인 일자 기둥의 경우, 멀리서 바라보면 기둥의 중간 부분이 얇아 보이는 착시가 일어납니다. 중간 부분을 굵게 만든 배흘림기둥은 이러한 착시를 보완하여 시각적으로 안정감을 줍니다. 또한 기둥의 머리 부분이 건물 안쪽으로 약간씩 기울어 있는데, 이것이 안쏠림 기법입니다. 안쏠림 기법은 기둥을 수직으로 세웠을 때 건물이 바깥쪽으로 벌어져 보이는 착시 현상을 교정하는 효과가 있습니다.

무량수전의 처마에는 ㉢안허리곡 기법이 사용되었습니다. 안허리곡은 건물 가운데보다 귀퉁이의 처마 끝을 더 튀어나오게 하는 것입니다. 안허리곡을 적용하면 귀퉁이 쪽 처마가 실제보다 처져 보이는 착시 현상을 막을 수 있습니다. 또한 처마선이 곡선을 그리게 되어 더욱 아름다워 보이고 주변 풍경과도 자연스럽게 어우러집니다.

무량수전은 ㉣주심포 양식으로 지어졌습니다. 주심포 양식이란 처마를 받치기 위한 공포를 기둥 위에만 올리는 것을 말합니다. 이와 달리 기둥 위뿐만 아니라 기둥과 기둥 사이에도 공포를 올리는 것을 다포 양식이라고 합니다. 처마의 무게를 지탱하는 실용성만 생각한다면 주심포 양식으로도 충분하지만, 멋스럽게 조각한 공포는 장식적 기능도 하기 때문에 공포를 많이 올린 것입니다. 무량수전은 화려한 다포 양식 대신 간결한 주심포 양식을 사용하여 단정하고 정갈한 느낌을 줍니다.

어휘 풀이

□ **창건하다** 건물이나 조직, 나라 등을 새로 세우거나 만들다.

□ **백미** 흰 눈썹이라는 뜻으로, 여럿 가운데에서 가장 뛰어난 사람이나 훌륭한 물건을 비유적으로 이르는 말. (白 흰 백, 眉 눈썹 미)

□ **착시** 어떤 사물을 실제의 그것과 다르게 보게 되는 시각적인 착각 현상. (錯 어긋날 착, 視 볼 시)

□ **교정하다** 틀어지거나 잘못된 것을 바로잡다. (矯 바로잡을 교, 正 바를 정)

□ **처마** 지붕에서 바깥쪽으로 나와 있는 부분.

□ **양식** 시대나 부류에 따라 독특하게 나타나는, 예술 작품이나 건축물 등의 형식.

□ **공포** 처마 끝의 무게를 받치기 위하여 기둥머리에 짜 맞추어 댄 나무쪽.

□ **정갈하다** 깨끗하고 깔끔하다.

1 전략 적용
이 글의 주제가 무엇인지 빈칸에 알맞은 말을 각각 쓰세요.

중심
생각

부석사 (   )에 사용된 (   ) 기법과 그 효과

2 이 글의 내용으로 알맞지 <u>않은</u> 것은 무엇인가요? (   )

내용
이해

① 부석사는 676년에 의상 대사가 창건하였다.

② 멋스럽게 조각한 공포는 장식적 기능도 한다.

③ 배흘림기둥은 중간 부분이 가장 굵은 항아리 모양의 기둥이다.

④ 안허리곡은 귀퉁이 쪽 처마가 실제보다 처져 보이게 한 것이다.

⑤ 안쏠림 기법은 기둥의 머리 부분을 건물 안쪽으로 조금씩 기울인 기법이다.

3 ㉠~㉣ 중 다음 효과를 주는 것을 찾아 기호를 쓰세요.

내용
이해

(1) 단정하고 정갈한 느낌을 준다.   (   )

(2) 건물이 바깥쪽으로 벌어져 보이지 않는다.   (   )

(3) 기둥의 중간 부분이 얇아 보이는 착시를 보완하여 안정감을 준다.   (   )

(4) 처마선이 곡선을 그리게 되어 주변 풍경과 자연스럽게 어우러진다.   (   )

4 다음 중 무량수전에 사용된 공포 양식으로 알맞은 것에 ○표 하세요.

★ 추론

(1)

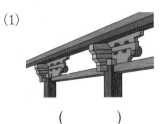

(   )

(2)

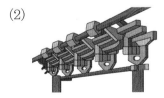

(   )

 어떻게 알았나요?

무량수전에는 공포를 _____ 위에만 올리는 주심포 양식이 사용되었습니다.

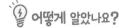

5 이 글과 보기를 읽고 짐작한 내용을 잘못 말한 친구의 이름을 쓰세요.

★ 추론

보기

'엔타시스'란 서양의 고대 건축 양식에서 기둥의 중간 부분을 약간 굵게 하고 위아래를 가늘게 처리하는 기법을 말합니다. 그리스의 석조 건축물인 파르테논 신전은 엔타시스가 적용된 기둥의 모습을 잘 보여 줍니다.

▲ 파르테논 신전

성주: 엔타시스는 배흘림기둥과 비슷한 기법이구나.

소민: 기둥의 중간 부분을 굵게 만드는 것은 석조 건축물에만 가능한가 봐.

승철: 부석사 무량수전처럼 파르테논 신전도 시각적으로 안정감이 느껴질 거야.

(   )

핵심 정리

6 노트의 빈칸을 채우며, 이 글의 내용을 정리해 보세요.

「무량수전의 아름다움」 정리하기

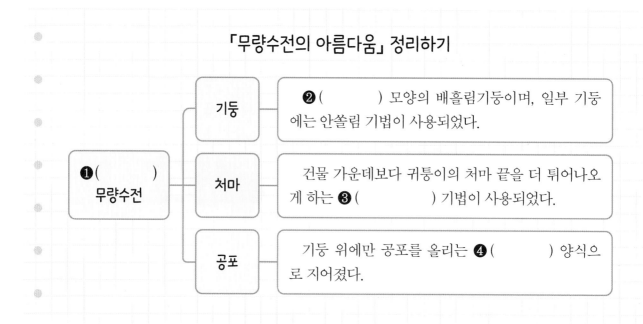

❶(   ) 무량수전

기둥
❷(   ) 모양의 배흘림기둥이며, 일부 기둥에는 안쏠림 기법이 사용되었다.

처마
건물 가운데보다 귀퉁이의 처마 끝을 더 튀어나오게 하는 ❸(   ) 기법이 사용되었다.

공포
기둥 위에만 공포를 올리는 ❹(   ) 양식으로 지어졌다.

어휘 다지기

1 다음 낱말의 뜻으로 알맞은 것을 찾아 선으로 이으세요.

(1) 교정하다 •

(2) 정갈하다 •

(3) 창건하다 •

• ① 깨끗하고 깔끔하다.

• ② 틀어지거나 잘못된 것을 바로잡다.

• ③ 건물이나 조직, 나라 등을 새로 세우거나 만들다.

2 빈칸에 알맞은 낱말을 보기 에서 찾아 쓰세요.

보기   백미   양식   착시

(1) 버스가 멀리 있는데도 가까이 보이는 (   )이/가 일어났다.

(2) 한옥은 우리나라 전통 (   )(으)로 지어진 건축물을 말한다.

(3) 이번 여행의 (   )은/는 단풍이 물든 가을 산의 풍경이었다.

어휘 키우기

3 다음 뜻풀이를 읽고, 밑줄 친 낱말의 뜻으로 알맞은 것을 찾아 각각 기호를 쓰세요.

동형어

㉠ 시각¹(時刻) 시간의 어느 한 시점.
㉡ 시각²(視角) 사물을 관찰하고 파악하는 기본적인 자세.
㉢ 시각³(視覺) 물체의 모양이나 움직임, 빛깔 등을 보는 눈의 감각.

(1) 약속한 시각에 맞추어 모임 장소에 나갔다.   (   )

(2) 그는 사고로 시각을 잃어서 앞을 보지 못한다.   (   )

(3) 기자는 객관적인 시각에서 사건을 취재해야 한다.   (   )

2

인물, 사건, 배경 알기

개념 이해

이야기를 구성하는 데 꼭 필요한 세 가지 요소는 인물, 사건, 배경입니다. 인물은 이야기에서 어떤 일을 겪는 사람이나 사물을 말합니다. 한 이야기에는 여러 인물이 등장할 수 있습니다. **사건**은 이야기에서 인물을 둘러싸고 일어나는 일을 말합니다. **배경**은 사건이 펼쳐지는 때와 장소를 뜻합니다. 사건이 일어난 때를 시간적 배경, 사건이 일어난 장소를 공간적 배경이라고 합니다.

이렇게 해요!

① 이야기의 인물을 파악하려면 누가 주인공인지, 누구에게 일어난 일인지를 찾아봅니다.

② 이야기의 사건을 파악하려면 어떤 일이 일어났는지를 확인합니다.

③ 이야기의 배경을 파악하려면 언제, 어디에서 일이 일어났는지를 살펴봅니다.

> 사람뿐만 아니라 동물, 식물, 사물 모두 이야기의 인물이 될 수 있어.

확인 문제

1 다음 글에 등장하는 두 인물을 찾아 쓰세요.

> 선비는 무언가가 가슴을 짓누르는 듯한 느낌에 잠에서 깼다. 고개를 겨우 들어 몸을 내려다보니 커다란 구렁이가 선비의 몸을 칭칭 감고 있었다. 선비가 비명을 지르자 구렁이가 말했다.
>
> "네 이놈! 네가 낮에 화살을 쏘아 죽인 구렁이가 바로 내 남편이다. 나도 네놈을 죽여야겠다!"
>
> 구렁이가 입을 크게 벌리고 선비를 잡아먹으려는 순간, 밖에서 종소리가 울려 퍼졌다. 그와 동시에 선비를 감고 있던 구렁이의 몸이 스르륵 풀렸다. 구렁이는 선비를 잠시 노려보다가 집 밖으로 나가 버렸다.
>
> —「은혜 갚은 까치」 중

글에서 누가 누구에게 말하고 있는지 확인해 보자.

(,   )

2 다음 글을 잘못 이해한 친구에게 ✕표 하세요.

> 어느 날 저녁, 코제 씨의 방앗간에 원인을 알 수 없는 불이 났다. 코제 씨는 방앗간 앞에서 몹시 화를 내며 누군가가 일부러 불을 지른 것이라고 소리쳤다. 그는 불 끄는 일을 도우러 온 넬로에게 따지듯이 말했다.
>
> "너, 오늘 저녁에 방앗간 근처에 왔었지? 네가 범인이겠구나!"
>
> 넬로는 억울했지만 너무 당황스러워 아무 말도 하지 못했다.
>
> 다음 날, 마을 사람들이 코제 씨의 방앗간 앞으로 모였다. 코제 씨는 마을 사람들에게 넬로가 불을 지른 범인일 것이라고 말했다. 마을 사람들은 착한 넬로가 그랬을 리 없다고 생각하면서도, 마을에서 제일가는 부자인 코제 씨의 말에 맞장구쳤다.
>
> — 위다, 「플랜더스의 개」 중

코제 씨, 넬로, 마을 사람들이 각각 어떤 행동을 했는지 생각하며 글을 읽어 봐.

(1) 주은: 코제 씨의 방앗간 앞이 이 글의 공간적 배경이야.   (   )

(2) 소희: 이 글에 등장하는 인물은 코제 씨, 넬로, 마을 사람들이야. (   )

(3) 혜주: 넬로가 마을에 불을 지른 것이 이 글에서 일어난 사건이야. (   )

팔려 간 백일홍나무 | 이준연

앞부분의 줄거리 | 벼들이 들판에 있는 백일홍나무는 산수리골 사람들의 사랑을 받으며 즐겁게 살고 있었다. 그런데 언제부터인가 나무 장수들이 백일홍나무를 탐내기 시작했다. 백일홍나무는 자신이 어딘가에 팔려 갈지도 모른다는 불안감을 느꼈다.

소설 | 870자

백일홍나무는 농사철에 맞추어 꽃을 피웠습니다. 백일홍나무는 백 날 동안에 세 번 꽃이 핍니다. 모를 심을 무렵에 한 번 피고, 벼 이삭이 나올 무렵 한 번 피고, 벼가 노랗게 익을 무렵 또 한 번 꽃을 피웁니다. / 산수리골 농부들은 백일홍나무가 농사철을 가르쳐 준다고 백일홍을 좋아했습니다. 〈중략〉

백일홍나무는 엉엉 울고 있었습니다. 벼들이 들판을 떠나기가 싫었습니다. 농부들과 함께 오래오래 살고 싶었습니다. 그러나 어쩔 수 없는 일이었습니다.

슬픔에 잠긴 백일홍나무는 세 번째의 꽃을 피웠습니다. 눈물과 한숨으로 피어난 슬픈 꽃이었습니다.

백일홍나무의 슬픔을 모르는 아이들은 백일홍꽃이 세 번 피었다고 좋아했습니다.

"바우야, 인호야, 동수야, 떡보야, 난 서울로 팔렸어."

백일홍나무는 슬픈 목소리로 아이들에게 이야기했습니다. 그러나 아이들은 안타깝게도 다른 이야기만 늘어놓고 있었습니다.

"백일홍꽃이 세 번 피었으니까 곧 쌀밥을 먹겠구나. 야아, 신난다!"

"내일모레면 만석이네는 보리쌀을 장만한다더라."

꽁보리밥에 짜증이 난 아이들은 나락이 빨리 익기를 꼬박 기다리고 있을 뿐, 백일홍나무의 슬픔을 알지 못했습니다.

황금물결로 넘실거리던 벼들이 들판은 물 빠진 바다처럼 쓸쓸했습니다.

마침내 백일홍나무는 나무 장수들의 트럭에 실려 먼 서울 길을 떠나게 되었습니다. / 산수리골 농부들과 아이들은 트럭에 누워 있는 백일홍나무를 바라보며 눈물을 뚝뚝 흘렸습니다.

"참말로 좋은 나무가 팔려 가는구나. 우리 농사꾼들한테는 귀한 나무였는데…… 쯧쯧……"

"백일홍나무는 농사철을 알려 주는 꽃나무 시계였지. 백일홍나무가 없는 벼들이 들판은 얼마나 쓸쓸할까?"

산수리골 사람들은 백일홍나무를 실은 트럭이 성황당 고개를 넘어 멀리멀리 사라질 때까지 ㉠우두커니 서서 긴 한숨을 내쉬고 있었습니다.

어휘 풀이

□ **모** 논에 옮겨 심기 위해 기른 벼의 싹.

□ **이삭** 벼나 보리 등의 곡식에서, 꽃이 피고 열매가 열리는 부분.

□ **꽁보리밥** 보리쌀로만 지은 밥.

□ **나락** '벼'를 이르는 말.

□ **넘실거리다** 물결 등이 자꾸 부드럽게 굽이쳐 움직이다.

□ **성황당** 땅과 마을을 지켜 주는 신을 모신 집.

1

내용
이해

전략 적용

이 글을 알맞게 정리하지 <u>못한</u> 것에 ✕표 하세요.

(1) 공간적 배경: 물 빠진 바다 ( )

(2) 시간적 배경: 벼가 노랗게 익을 무렵 ( )

(3) 인물: 백일홍나무, 산수리골 농부들, 산수리골 아이들 ( )

(4) 사건: 백일홍나무가 나무 장수들에게 팔려 서울로 가는 일 ( )

2

내용
이해

이 글을 읽고 알 수 있는 내용을 두 개 고르세요. (,)

① 산수리골에서는 벼농사를 짓는다.

② 백일홍나무는 서울로 가고 싶어 한다.

③ 백일홍나무는 일 년에 두 번 꽃을 피운다.

④ 백일홍나무는 아이들과 대화를 나눌 수 있다.

⑤ 산수리골 아이들은 꽁보리밥보다 쌀밥을 좋아한다.

💡 어떻게 알았나요?

에 짜증이 난 아이들은 나락이 빨리 익기를 기다렸습니다.

3

★ 추론

산수리골 사람들이 ㉠과 같이 행동한 까닭을 알맞게 짐작한 것에 ○표 하세요.

(1) 백일홍나무를 몰래 가져가는 나무 장수들이 미워서 ( )

(2) 백일홍나무가 벼들이 들판을 떠나는 것이 안타까워서 ( )

(3) 백일홍나무가 농사철을 가르쳐 주지 않고 떠나 버려서 ( )

4

창의

백일홍나무의 마음과 가장 비슷한 마음을 느꼈을 친구의 이름을 쓰세요.

> 민규: 친구가 생일 선물로 삼촌에게 연극 티켓 두 장을 받았는데, 나에게 같이 가자
> 고 말해 주었어.
>
> 현주: 친구에게 비밀이라고 말하며 고민을 털어놓았는데, 친구가 나의 고민을 여기
> 저기 소문내고 다녔어.
>
> 정민: 한동네에 살면서 친하게 지내는 친구가 있는데, 내가 먼 곳으로 이사를 가야
> 해서 헤어지게 되었어.

( )

노인과 바다 | 어니스트 헤밍웨이

소설 | 1,051자

앞부분의 줄거리 | 노인 산티아고는 작은 배로 혼자 고기를 잡는 어부이다. 노인은 84일 동안 바다에 나갔지만 고기를 한 마리도 잡지 못하다가, 85일째 되는 날 커다란 청새치를 잡는다.

　노인은 커다란 청새치를 끌어당기기 시작했다. 해를 보니 정오쯤인 듯했다. 노인은 밧줄로 뾰족한 청새치의 주둥이를 감은 뒤, 뱃머리의 말뚝에 단단히 묶었다. 이어서 청새치의 꼬리를 배의 뒤쪽에 잡아맸다. 청새치가 너무 커서 노인의 배보다 훨씬 커다란 배 한 척을 옆에 묶어 놓은 것 같았다.

　얼마 지나지 않아 처음으로 상어가 나타났다. 청새치의 피 냄새를 맡고 배를 따라온 것이다. 노인은 작살을 단단히 잡으며 생각했다.

　'좋은 일은 오래가지 않는 법이지.'

　상어가 입을 쩍 벌리고 청새치에게 덤벼들었다. 살을 물어뜯느라 상어의 머리와 등이 물 밖으로 드러났다. 노인은 있는 힘을 다해 작살로 상어의 머리를 찔렀다. 상어가 벌러덩 뒤집히더니 천천히 물속으로 가라앉았다.

　'청새치가 피를 흘리고 있으니 곧 다른 놈들이 나타날 거야.'

　노인은 바다를 바라보며 생각했다. 그러고는 이렇게 중얼거렸다.

　"인간은 죽을 수는 있어도 패배할 수는 없어. 상어 놈들, 올 테면 오라지."

　잠시 뒤, 노인의 예상대로 청새치의 피 냄새를 맡은 상어 떼가 몰려왔다. 노인은 칼과 몽둥이를 휘두르며 청새치를 지키려고 애썼다. 상어 떼는 노인의 공격을 받으면서도 계속해서 청새치를 물어뜯었다.

　"상어들이 얼마나 뜯어 먹었는지 모르겠군. 그래도 덕분에 배가 가벼워졌어."

　상어들과 싸우는 사이에 해가 졌다. 어둠 속을 항해하던 노인은 저 멀리 항구의 불빛을 보고 그쪽으로 방향을 틀었다. 자정 무렵, 상어 떼와 다시 싸움이 붙었다. 상어 떼가 청새치를 물 때마다 배가 심하게 흔들렸다. 노인은 상어가 있을 곳을 짐작해 필사적으로 몽둥이를 휘둘렀지만, 곧 상어 떼에게 몽둥이를 빼앗겼다. 노인은 키에서 손잡이를 떼어 내 두 손으로 움켜쥐고 놈들을 내리쳤다. 그랬더니 상어 떼는 뱃머리 쪽으로 몰려가 청새치를 뜯어 먹었다.

　마지막으로 상어 한 마리가 청새치의 머리를 향해 달려들었다. 노인은 청새치를 물고 늘어지는 상어의 머리를 키 손잡이로 계속 때렸다. ㉠결국 키 손잡이가 부러지고 말았다. 노인은 부러진 끝부분으로 상어를 찔렀다. 마침내 놈은 물었던 것을 놓고 떨어져 나갔다. 이제 상어가 먹을 것도 더는 남아 있지 않았다.

어휘 풀이

□ **청새치** 몸길이가 3미터 정도 되는 검푸른 색의 바닷물고기.

□ **정오** 낮 열두 시. (正 바를 정, 午 낮 오)

□ **잡아매다** 달아나지 못하도록 묶다.

□ **작살** 물고기를 찔러 잡는 기구.

□ **덤벼들다** 함부로 대들거나 달려들다.

□ **항해하다** 배를 타고 바다 위를 다니다. (航 배 항, 海 바다 해)

□ **자정** 밤 열두 시.

□ **필사적** 죽을힘을 다하는 것.

□ **키** 배의 방향을 조종하는 장치.

1 이 글에서 일어난 일이 무엇인지 빈칸에 알맞은 말을 쓰세요.

중심
생각

노인이 자신이 잡은 (   )를 지키기 위해 상어들과 싸웠다.

전략 적용

2 이 글에 대한 설명으로 알맞은 것은 무엇인가요? (   )

내용
이해

① 공간적 배경은 항구이다.

② 사람이 아닌 것을 사람처럼 표현하고 있다.

③ 실제로 있었던 일을 사실대로 기록한 글이다.

④ 시간적 배경은 정오쯤부터 자정 무렵까지이다.

⑤ 등장인물이 과거의 일을 돌이켜 생각하고 있다.

3 이 글의 내용으로 알맞지 <u>않은</u> 것은 무엇인가요? (   )

내용
이해

① 상어는 청새치의 피 냄새를 맡고 왔다.

② 노인은 상어 떼에게 몽둥이를 빼앗겼다.

③ 노인은 청새치의 주둥이와 꼬리를 배에 묶었다.

④ 노인은 상어 떼가 나타날 것을 예상하지 못했다.

⑤ 상어 떼가 청새치를 물 때마다 배가 심하게 흔들렸다.

4 ㉠에서 노인이 했을 생각으로 알맞은 것에 ◯표 하세요.

★ 추론

(1) '이제 힘들어서 그만 포기해야겠어.' (   )

(2) '어떻게 해서든지 상어와 끝까지 싸우겠어.' (   )

(3) '꼭 상어와 청새치를 모두 잡아서 돌아가겠어.' (   )

💡 어떻게 알았나요?

㉠이 일어난 뒤, 노인은 키 손잡이의 부러진   으로 상어를 찔렀습니다.

5 다음 노인의 말에서 드러난 가치관과 가장 비슷한 가치관을 가진 친구는 누구인가요?

창의

(　　)

> "인간은 죽을 수는 있어도 패배할 수는 없어. 상어 놈들, 올 테면 오라지."

① 동우: 승부에서 졌을 때는 패배를 인정하는 태도가 필요해.

② 재찬: 이길 수 없는 싸움은 애초에 시작하지 않는 편이 나아.

③ 해인: 어려움 속에서도 용기를 잃지 않는 강인한 의지가 중요해.

④ 대환: 아무리 힘든 일도 친구와 함께 힘을 모으면 이겨 낼 수 있어.

⑤ 은채: 앞으로 닥칠 일을 걱정하기 보다는 지금 이 순간을 즐기는 것이 좋아.

핵심 정리

6 노트의 빈칸을 채우며, 이 글의 내용을 정리해 보세요.

「노인과 바다」 정리하기

> 정오쯤, ❶ (　　　　)이 커다란 청새치를 잡아 배에 묶었다.

⬇

> 노인이 청새치에게 달려드는 ❷ (　　　　)의 머리를 작살로 찔렀다.

⬇

> 해가 지자, 노인은 어둠 속에서 ❸ (　　　　)의 불빛을 보고 그쪽으로 방향을 틀었다.

⬇

> ❹ (　　　　) 무렵, 상어 떼와 노인 사이에 다시 싸움이 붙었다.

⬇

> 마지막 상어의 머리를 때리던 노인은 키 ❺ (　　　　)가 부러지자, 부러진 끝부분으로 상어를 찔러 쫓아냈다.

어휘 다지기

1 다음 낱말의 뜻으로 알맞은 것을 찾아 선으로 이으세요.

(1) 덤벼들다 •　　　　　• ① 달아나지 못하도록 묶다.

(2) 잡아매다 •　　　　　• ② 함부로 대들거나 달려들다.

(3) 항해하다 •　　　　　• ③ 배를 타고 바다 위를 다니다.

2 빈칸에 알맞은 낱말을 보기 에서 찾아 쓰세요.

보기	키	정오	필사적

(1) 나는 학교에 지각하지 않으려고 (　　　　　)(으)로 달렸다.

(2) 선장은 능숙하게 (　　　　　)을/를 잡고 방향을 조정하였다.

(3) 일요일이라고 늦잠을 잤더니 벌써 (　　　　　)이/가 다 되었다.

어휘 키우기

3 다음 설명을 읽고, (　　　)에서 알맞은 낱말을 골라 ○표 하세요.

헷갈리는 말

묵다	일정한 곳에서 손님으로 머무르다. 예 숙소에서 묵다.
묶다	사람이나 물건을 기둥, 나무 등에 붙들어 매다. 예 기둥에 염소를 묶다.

(1) 나는 어제 친구 집에서 (묵었다 / 묶었다).

(2) 여행에 가서 (묵을 / 묶을) 곳을 아직 정하지 못했다.

(3) 바람이 거세게 불어 항구에 배를 (묵어 / 묶어) 두었다.

으랏차차 뚱보 클럽 | 전현정

소설 | 1,172자

일요일 오후, 역도부 훈련실엔 아무도 없었다. 나는 바의 양쪽에 추를 끼우고 기합과 함께 바벨을 힘껏 들어 올렸다. 잠깐 동안 한쪽으로 기우뚱하긴 했지만 바벨을 들어 올리는 데까지는 성공했다. 자신감이 생긴 나는 좀 더 무거운 추로 바꿔 끼웠다. 막 바벨을 들어 올리려고 하는데 누군가가 나를 옆으로 확 밀쳤다. 그 바람에 바벨은 혼자 앞으로 굴러가고, 나는 벌러덩 나동그라졌다. 주장 형이었다.

㉠ "너 지금 뭐 하는 거야? 그렇게 네 마음대로 증량해서 들다가 잘못되면 팔꿈치가 빠질 수도 있고, 근육이 파열될 수도 있어. 역도고 운동이고 시작도 못 해 보고 크게 다칠 수도 있단 말이야."

"내가 다치든 말든 형이 무슨 상관이에요? 언제부터 그렇게 내 생각을 했어요?"

"뭐? 이 자식이. 너 같은 놈이 역도가 뭔 줄 알기나 해? 하루에도 수십 번 수백 번씩 바르는 탄산 마그네슘 가루 때문에 손바닥은 쩍쩍 갈라지고, 바벨 무게 때문에 눈의 실핏줄은 다 터지고, 온몸 구석구석 안 아픈 곳이 없어서 똑바로 누워서는 잠도 못 자는 심정을 알기나 하냐고?"

말을 하는 형의 눈가가 어느새 촉촉하게 젖어 있었다.

"그렇게 매일 죽을 만큼 연습해도 고작 몇 초를 못 버텨서 바벨을 놓치는 순간, 지금까지 연습한 모든 게 물거품이 되고 마는 거야. 그걸로 끝이라고 끝. 그때의 기분이 어떤지 네가 뭘 아냐고?"

형은 발로 사물함을 걷어차더니 훈련실 밖으로 나갔다. 그 순간 내 안의 어떤 알 수 없는 힘이 형을 붙잡으라고 소리쳤다.

"형, 철민이 형! 그래도 나 하고 싶어요. 역도 하고 싶어요. 가르쳐 주세요."

형이 멈춰 서서 뒤돌아보는데, ㉡나도 모르게 눈물이 나왔다.

"따라 나와."

나는 쭈뼛쭈뼛 형을 따라나섰다. 그날 철민이 형과 나는 해가 뉘엿뉘엿 질 때까지 운동장을 돌고 또 돌았다. 입고 있던 옷은 비 맞은 듯 땀에 흠뻑 젖었고, 머릿속엔 아무 생각도 나지 않았다. 누가 먼저랄 것도 없이 우린 운동장 한가운데 대자로 누웠다. 붉게 물든 가을 하늘이 무척이나 높았다.

"그런데 왜 하필이면 역도야?"

"처음엔 살 빼라는 엄마 잔소리 안 듣고 마음대로 실컷 먹으려고 시작했는데……. 시간이 지나면서 오기가 생겼어요."

어휘 풀이

□ **바벨** 역도나 근육 단련 훈련을 할 때 쓰는, 쇠막대기 양쪽에 무거운 쇳덩이가 달린 운동 기구.

□ **증량하다** 수량이나 무게를 늘리다.

□ **파열되다** 깨어지거나 갈라져 터지게 되다. (破 깨뜨릴 파, 裂 찢을 열)

□ **심정** 마음속에 품고 있는 생각이나 감정. (心 마음 심, 情 뜻 정)

□ **대자** 한자 '大' 자와 같이 팔과 다리를 양쪽으로 크게 벌린 모양. (大 큰 대, 字 글자 자)

□ **오기** 능력은 부족하면서도 남에게 지기 싫어하는 마음.

□ **괴다** 기울어지거나 쓰러지지 않도록 아래를 받치다.

"어떤 오기?"

철민이 형은 팔꿈치를 땅에 대고 턱을 괸 채 내 말에 귀를 기울였다.

"뚱보 주제에 무슨 운동을 하냐고 무시하는 사람들한테 뚱보도 잘할 수 있는 게 있다는 걸 보여 주고 싶어졌어요."

---

1 [전략 적용]

이 글의 특징으로 알맞지 <u>않은</u> 것은 무엇인가요? (   )

내용
이해

① 등장인물은 '나'와 철민이 형이다.

② 시간의 흐름에 따라 사건이 진행된다.

③ 시간적 배경은 여름, 일요일 오후이다.

④ 공간적 배경은 역도부 훈련실과 운동장이다.

⑤ 사건은 인물들이 말다툼을 벌이다가 화해하는 것이다.

⚡ **어떻게 알았나요?**

운동장 한가운데 대자로 누웠더니 붉게 물든 [   ] 하늘이 보였습니다.

2 '내'가 한 행동으로 알맞은 것은 무엇인가요? (   )

내용
이해

① 살을 빼기 위해 역도를 시작했다.

② 바벨을 증량해서 들다가 크게 다쳤다.

③ 사물함을 걸어차고 훈련실 밖으로 나갔다.

④ 해가 질 때까지 철민이 형과 운동장을 돌았다.

⑤ 친구들과 함께 바벨을 들어 올리는 연습을 했다.

3 ㉠을 말하는 철민이 형의 마음으로 알맞은 것을 찾아 기호를 쓰세요.

★ 추론

㉮ '나'에게 역도를 가르쳐 주지 않아 미안한 마음

㉯ '내'가 무리하게 연습하다 다칠까 봐 걱정하는 마음

㉰ 무거운 바벨을 들어 올리는 데 성공한 '나'를 부러워하는 마음

(   )

4 ⓒ의 까닭을 알맞게 짐작한 친구의 이름을 쓰세요.

★ 추론

> 민재: 철민이 형이 계속 소리치며 화내는 것이 원망스러웠기 때문이야.
>
> 도희: 철민이 형이 그냥 나가 버리지 않은 것이 다행스러웠기 때문이야.

(   )

5 이 글의 '내'가 다음 편지를 받았을 때, 윤호에게 해 줄 말로 알맞은 것에 ○표 하세요.

창의

> 안녕, 나 윤호야.
>
> 고민이 생겨서 편지를 써. 어제 농구를 하고 집에 왔는데, 부모님께서 나는 키가 작아서 농구를 잘할 수 없다고 말씀하셨어. 그 말을 듣고 너무 속상했어.

(1) 윤호야, 포기하지 마. 열심히 연습해서 키가 작아도 농구를 잘할 수 있다는 걸 보여 드리자. (   )

(2) 윤호야, 슬퍼하지 마. 키가 작아도 잘할 수 있는 운동을 찾으면 부모님께서도 좋아하실 거야. (   )

핵심 정리

6 노트의 빈칸을 채우며, 이 글의 내용을 정리해 보세요.

「으랏차차 뚱보 클럽」 정리하기

❶( ) 훈련실	• 일요일 오후, '내'가 무거운 추로 바꿔 끼운 ❷( )을 들어 올리려는데 주장인 철민이 형이 '나'를 밀쳤다. • 철민이 형은 마음대로 증량해서 바벨을 들려던 '나'에게 화를 내고 밖으로 나가려고 했다. • '나'는 철민이 형에게 ❸( )를 가르쳐 달라고 말했고, 그 말을 들은 철민이 형은 '나'에게 따라 나오라고 했다.

⬇

운동장	• 철민이 형과 '나'는 ❹( )가 질 때까지 운동장을 돌았다. • 철민이 형과 '나'는 운동장 한가운데 누워 '내'가 역도를 하게 된 까닭에 대해 이야기를 나누었다.

어휘 다지기

1 다음 낱말의 뜻으로 알맞은 것을 찾아 선으로 이으세요.

(1) 괴다 •

(2) 증량하다 •

(3) 파열되다 •

• ① 수량이나 무게를 늘리다.

• ② 깨어지거나 갈라져 터지게 되다.

• ③ 기울어지거나 쓰러지지 않도록 아래를 받치다.

2 빈칸에 알맞은 낱말을 보기 에서 찾아 쓰세요.

보기   대자   심정   오기

(1) 동생은 침대에 누워 팔다리를 (   )(으)로 뻗었다.

(2) 다리를 다친 고양이를 보고 안타까운 (   )이/가 들었다.

(3) 승수는 겁이 많으면서도 공포 영화를 보겠다고 (   )을/를 부렸다.

어휘 키우기

3 다음 뜻풀이를 읽고, 밑줄 친 낱말의 뜻으로 알맞은 것을 찾아 각각 기호를 쓰세요.

다의어

빠지다

㉠ 박힌 물건이 제자리에서 나오다.
㉡ 속에 있는 액체나 기체, 냄새 등이 밖으로 새어 나가거나 흘러 나가다.
㉢ 어떤 일이나 모임에 참여하지 않다.

(1) 이가 흔들거리더니 쏙 빠졌다. (   )

(2) 다리를 다쳐서 체육 수업을 빠지게 되었다. (   )

(3) 창고에는 바람이 다 빠진 축구공밖에 없었다. (   )

3 감각적 표현 알기

후각

조개와 미역에서 나는
비릿한 냄새가 났어.

시각

바다가 온통
하늘빛이었어.

청각

솨 하고 파도
소리가 들렸어.

촉각

모래는 따뜻하고
까슬까슬했어.

미각

바닷물은 짭조름한
소금 맛이었어.

개념 이해

　우리에게는 눈으로 보는 시각, 귀로 듣는 청각, 코로 냄새를 맡는 후각, 입으로 맛보는 미각, 손으로 만지는 촉각의 다섯 가지 감각이 있습니다. **감각적 표현**이란 설명하려는 대상을 마치 우리 몸의 감각을 통해 직접 느끼듯이 구체적이고 생생하게 표현한 것을 말합니다.

이렇게 해요!

① 대상의 느낌이 생생하게 나타난 부분을 찾습니다.
- 색깔, 모양, 동작 등을 눈으로 보듯이 표현한 것　예 새빨간 장미
- 소리를 귀로 듣듯이 표현한 것　예 흥얼거리는 노랫소리
- 냄새나 향기를 코로 맡듯이 표현한 것　예 누룽지 타는 냄새
- 맛을 입으로 맛보듯이 표현한 것　예 새콤한 레몬 맛 사탕
- 감촉, 온도 등을 손으로 만지듯이 표현한 것　예 차가운 얼음

② '살금살금'처럼 대상의 모양이나 움직임을 흉내 내는 의태어와 '삐악삐악'처럼 대상의 소리를 흉내 내는 의성어도 감각적 표현입니다.

> 하나의 작품에
> 여러 가지 감각적 표현이
> 사용될 수 있어.

확인 문제

1 ㉠과 같은 감각적 표현이 쓰인 것은 무엇인가요? ( )

> 늦은 밤 부엌에서
> ㉠보글보글, 보글보글…….
>
> 그게 무슨 소린지
> 넌 알겠니?
>
> 일 나간 우리 아빠
> 돌아오셨다고
>
> 찌개 냄비 좋아서
> 노래하는 소리야.
>
> — 문삼석, 「보글보글」

'보글보글'이 무엇을 흉내 내는 말인지 판단해 봐.

① 노란 병아리
② 달콤한 솜사탕
③ 말랑말랑한 풍선
④ 깽깽 짖는 강아지
⑤ 싱그러운 풀 향기

2 ㉠~㉣에 대한 설명으로 알맞지 <u>않은</u> 것에 ✕표 하세요.

> 민주는 수업 시간에 몰래 방귀를 뀌었습니다. 작게 ㉠뿡 소리가 났지만 아무도 못 들은 것 같았습니다. 민주는 안심하며 생각했습니다.
> '누가 방귀를 뀌었는지 아무도 모를 거야!'
> 그러나 문제는 냄새였습니다. ㉡구수한 방귀 냄새가 온 교실에 퍼지기 시작했습니다. 반 친구들은 누가 방귀를 뀌었는지 찾겠다며 웅성거렸습니다. ㉢민주의 얼굴이 사과처럼 빨갛게 변했습니다.
> '큰일이다. 내가 뀐 걸 들키면 어쩌지?'
> 민주는 ㉣뜨겁게 달아오른 얼굴을 두 손으로 감싸고 고개를 숙였습니다.

㉠~㉣이 각각 어떤 감각을 통해 대상의 느낌을 표현하고 있는지 생각해 봐.

(1) ㉠은 방귀 소리를 귀로 듣는 것처럼 표현한 것이다. ( )

(2) ㉡은 방귀 냄새를 코로 맡는 것처럼 표현한 것이다. ( )

(3) ㉢은 사과의 맛을 입으로 맛보는 것처럼 표현한 것이다. ( )

(4) ㉣은 얼굴의 온도를 손으로 만지는 것처럼 표현한 것이다. ( )

물새알 산새알 | 박목월

시 | 172자

물새는
물새라서 바닷가 바위틈에
알을 낳는다.
·보얗게 하얀
물새알.

산새는
산새라서 잎수풀 둥지 안에
알을 낳는다.
·알락달락 얼룩진
산새알.

물새알은
㉠간간하고 짭조름한
미역 냄새
바람 냄새.

산새알은
달콤하고 향긋한
㉡풀꽃 냄새
이슬 냄새.

물새알은
물새알이라서
㉢날갯죽지 하얀
물새가 된다.

산새알은
산새알이라서
㉣머리꼭지에 빨간·댕기를 드린
산새가 된다.

어휘 풀이

□ **보얗다** 빛깔이 보기 좋게 하얗다.

□ **알락달락** 여러 가지 밝은 빛깔의 점이나 줄 등의 무늬가 고르지 않게 촘촘한 모양.

□ **간간하다** 입맛이 당길 정도로 약간 짜다.

□ **날갯죽지** 날개가 몸에 붙어 있는 부분.

□ **댕기** 길게 땋은 머리카락 끝에 달아 놓은 장식용 헝겊이나 끈.

1 이 시의 내용으로 알맞은 것은 무엇인가요? (   )

내용
이해

① 산새알은 보얗게 하얗다.

② 산새알은 바닷가 바위틈에 있다.

③ 물새알은 알락달락 얼룩져 있다.

④ 물새알은 잎수풀 둥지 안에 있다.

⑤ 물새알은 미역 냄새와 바람 냄새가 난다.

💡 어떻게 알았나요?

이 시의 1, 3, 5연은   에 대한 내용이고, 2, 4, 6연은   에 대한 내용입니다.

2 이 시의 특징으로 알맞지 <u>않은</u> 것은 무엇인가요? (   )

구조
파악

① 6연 26행으로 이루어져 있다.

② 대부분 순우리말을 사용하고 있다.

③ 소리를 흉내 내는 말이 두드러지게 나타난다.

④ 꾸며 주는 말을 사용하여 대상을 실감 나게 표현하였다.

⑤ '물새', '산새', '물새알', '산새알', '~는 ~라서' 등이 반복되어 운율이 느껴진다.

3

전략 적용

㉠~㉢과 관련 있는 감각적 표현을 알맞게 선으로 이으세요.

표현
파악

(1) ㉠ •   • ① | 코로 맡듯이 표현한 것 |

(2) ㉡ •   • ② | 눈으로 보듯이 표현한 것 |

(3) ㉢ •   • ③ | 입으로 맛보듯이 표현한 것 |

4 ㉣의 의미를 가장 알맞게 짐작한 친구에게 ○표 하세요.

★추론

(1) 지율: 산새알이 붉은색으로 알락달락하다는 뜻인 것 같아.   (   )

(2) 가람: 산새의 머리꼭지에 빨간 털이 나 있다는 뜻인 것 같아.   (   )

(3) 슬아: 산새의 머리에 빨간 댕기가 달려 있다는 뜻인 것 같아.   (   )

엄마 걱정 | 기형도

열무 삼십 단을 ●이고
시장에 간 우리 엄마
안 오시네, 해는 시든 지 오래
나는 찬밥처럼 방에 담겨
아무리 천천히 숙제를 해도
엄마 안 오시네, 배춧잎 같은 발소리 ㉠타박타박
안 들리네, 어둡고 무서워
㉡금 간 창틈으로 고요히 빗소리
빈방에 혼자 엎드려 훌쩍거리던

아주 먼 옛날
지금도 ㉢내 눈시울을 뜨겁게 하는
그 시절, 내 ●유년의 ●윗목

어휘 풀이

☐ **이다** 물건을 머리 위에 얹다.

☐ **유년** 어린 나이나 때. (幼 어릴 유, 年 해 년)

☐ **윗목** 온돌방에서 아궁이로부터 먼 쪽의 방바닥. 불길이 잘 닿지 않아 아랫목보다 차갑다.

1 이 시의 내용으로 알맞지 <u>않은</u> 것은 무엇인가요? (　　　)

내용
이해

① '나'는 엄마를 기다리며 숙제를 했다.

② '나'는 어둡고 무서워서 엎드려 울었다.

③ '나'의 엄마는 열무를 팔러 시장에 갔다.

④ '나'는 빈방에 혼자 남아 찬밥을 먹었다.

⑤ '나'의 엄마는 해가 질 때까지 집에 오지 않았다.

2 이 시의 특징으로 알맞은 것에 ○표 하세요.

구조
파악

(1) 모든 연에서 행의 개수가 같다. (　　　)

(2) 모든 연에 소리가 비슷한 말이 반복되어 나온다. (　　　)

(3) 1연의 시간은 과거이고, 2연의 시간은 현재이다. (　　　)

(4) '나'와 엄마가 대화를 주고받으며 내용이 전개된다. (　　　)

3

전략 적용

㉠~㉢은 어떤 감각적 표현인지 찾아 각각 기호를 쓰세요.

표현
파악

(1) 귀로 듣듯이 표현한 것: (　　　　　)

(2) 눈으로 보듯이 표현한 것: (　　　　　)

(3) 손으로 만지듯이 표현한 것: (　　　　　)

4 이 시에 쓰인 낱말 중 다음 설명과 가장 관련이 <u>없는</u> 것은 무엇인가요? (　　　)

★추론

이 시에서는 외롭고 쓸쓸한 분위기가 느껴진다.

① 빈방　　　② 열무　　　③ 윗목　　　④ 어둡고　　　⑤ 훌쩍거리던

5 이 시를 읽고 떠올린 모습을 알맞게 말하지 <u>못한</u> 친구는 누구인가요?   (   )

★추론   ① 송민: "찬밥처럼 방에 담겨"에서는 작고 차가운 빈방에 혼자 있는 '나'의 모습이 떠올라.

② 예영: "금 간 창틈"에서는 금이 간 창문을 바꾸지 못할 정도로 가난한 집의 모습이 떠올라.

③ 인주: "아무리 천천히 숙제를 해도"에서는 숙제를 하기 싫어서 미루는 '나'의 모습이 떠올라.

④ 진하: "배춧잎 같은 발소리 타박타박"에서는 지친 발걸음으로 집에 돌아오는 엄마의 모습이 떠올라.

⑤ 미정: "눈시울을 뜨겁게 하는"에서는 어른이 된 '내'가 옛날을 떠올리며 슬픔을 느끼는 모습이 떠올라.

어떻게 알았나요?

1연 6행의 '   '은 힘없이 느리게 걷는 모양을 흉내 내는 말입니다.

핵심 정리

6 노트의 빈칸을 채우며, 이 시의 내용을 정리해 보세요.

「엄마 걱정」 정리하기

1연	어린 시절의 '내'가 열무를 팔러 시장에 간 ❶( )를 기다리고 있다.
2연	어른이 된 '내'가 ❷( )의 기억을 떠올리며 눈시울이 뜨거워지고 있다.

⬇

주제	빈방에 ❸( ) 남아 엄마를 기다리던 어린 시절의 외로움

어휘 다지기

1 다음 낱말의 뜻으로 알맞은 것을 찾아 선으로 이으세요.

(1) 이다 •

(2) 시들다 •

(3) 훌쩍거리다 •

• ① 물건을 머리 위에 얹다.

• ② 콧물을 자꾸 들이마시다.

• ③ 꽃이나 풀 등이 말라 생기가 없어지다.

2 빈칸에 알맞은 낱말을 보기 에서 찾아 쓰세요.

보기   윗목   유년   눈시울

(1) 나는 슬픈 영화를 보며 (   )을 붉혔다.

(2) 차가운 (   )에서 자는 바람에 감기에 걸렸다.

(3) 아빠는 부산에서 태어나 그곳에서 (   ) 시절을 보냈다.

어휘 키우기

3 다음 뜻풀이를 읽고, 밑줄 친 낱말의 뜻으로 알맞은 것을 찾아 각각 기호를 쓰세요.

다의어

가다
㉠ 한곳에서 다른 곳으로 장소를 이동하다.
㉡ 관심이나 눈길 등이 쏠리다.
㉢ 금, 줄, 주름살, 홈집 등이 생기다.

(1) 옷에 주름이 가서 다리미로 다렸다.   (   )

(2) 식탁 위에 있는 과자에 자꾸 눈이 간다.   (   )

(3) 우리 가족은 이번 여름에 바다에 갈 것이다.   (   )

내 유년의 울타리는 탱자나무였다 | 나희덕

수필 | 993자

어린 시절 내 손에는 •으레 탱자 한두 개가 쥐어져 있고는 했다. 탱자가 물렁물렁해질 때까지 쥐고 다니는 버릇이 있어서 내 손에서는 늘 탱자 냄새가 났었다. ㉠크고 노랗게 잘 익은 것은 먹기도 했지만, 아이들은 먹지도 못할 푸르스름한 탱자들을 •일없이 따다가 아무 데나 던져 놓고는 했다. 나 역시 그런 아이들 중 하나였는데, 그렇게 따도 따도 탱자가 •남아돌 만큼 내가 살던 마을에는 집집마다 탱자나무 울타리가 많았다.

지금도 고향, 하면 탱자의 시큼한 맛, 탱자처럼 노랗게 된 손바닥, 오래 남아 있던 탱자 냄새 같은 것이 먼저 떠오른다. 그리고 뾰족한 탱자 가시에 침을 발라 손바닥에도 붙이고 코에도 붙이고 놀던 생각이 난다. 가시를 붙인 손으로 악수하자고 해서 친구를 놀려 주던 놀이가 우리들 사이에 한창인 때도 있었다. 자그마한 •소읍에서 자라나는 아이들이 할 수 있는 놀이란 고작 그런 것이었다.

그래서 탱자 가시에 찔리곤 하는 것이 •예사였는데, 한번은 가시 박힌 자리가 성이 나 손이 퉁퉁 부었던 적이 있다. 벌겋게 부어오른 상처를 보면서 나는 생각했다. 왜 탱자나무에는 가시가 있는 것일까. 그리고 찔레꽃, 장미꽃, 아카시아…… 가시를 가진 꽃이나 나무들을 차례로 •꼽아 보았다. 그 가시들에는 아마 독이 들어 있을 거라고 혼자 멋대로 •단정해 버리기도 했다.

얼마 후에 아버지는 내게 가르쳐 주셨다. 가시에 독이 있는 것은 아니고, 그저 아름다운 꽃과 열매를 지키기 위해 그런 나무들에는 가시가 있는 거라고. 다른 나무들은 가시 대신 냄새가 지독한 것도 있고, 나뭇잎이 아주 써서 먹을 수 없거나 열매에 독성이 있는 것도 있고, 모습이 아주 흉하게 생긴 것도 있고…… 이렇게 살아 있는 생명에게는 자기를 지킬 수 있는 힘이 하나씩 주어져 있다고.

그러던 어느 날 탱자 꽃잎을 보다가 스스로의 가시에 찔린 •흔적을 발견하게 되었다. 바람에 흔들리다가 제 가시에 쓸렸으리라. 스스로를 지키기 위해 주어진 가시가 때로는 스스로를 찌르기도 한다는 사실에 ㉡나는 알 수 없는 슬픔을 느꼈다.

어휘 풀이

☐ **으레** 틀림없이 언제나.

☐ **일없이** 아무런 이유 없이.

☐ **남아돌다** 아주 넉넉하여 많이 남게 되다.

☐ **소읍** 주민과 산물이 적고 땅이 작은 고을. (小 작을 소, 邑 고을 읍)

☐ **예사** 보통 있는 일.

☐ **꼽다** 수나 날짜를 세려고 손가락을 하나씩 헤아리다.

☐ **단정하다** 딱 잘라서 판단하고 결정하다. (斷 끊을 단, 定 정할 정)

☐ **흔적** 어떤 현상이나 실체가 없어졌거나 지나간 뒤에 남은 자국이나 자취.

▲ 탱자나무

1

중심
생각

글쓴이가 이 글을 쓴 목적으로 알맞은 것에 ○표 하세요.

(1) 탱자의 생김새와 특징을 설명하기 위해서 ( )

(2) 고향의 탱자나무를 보호해야 한다고 설득하기 위해서 ( )

(3) 탱자와 관련된 자신의 경험과 깨달음을 솔직하게 표현하기 위해서 ( )

2

내용
이해

'나'에 대한 설명으로 알맞지 <u>않은</u> 것은 무엇인가요? ( )

① 탱자나무 울타리가 많은 마을에 살았다.

② 탱자 가시를 손바닥과 코에 붙이며 놀았다.

③ 탱자가 물렁해질 때까지 쥐고 다니는 버릇이 있었다.

④ 탱자나무처럼 가시를 가진 꽃이나 나무들을 알고 있었다.

⑤ 탱자 가시에 찔린 뒤로는 탱자나무에 가까이 가지 않았다.

3

내용
이해

아버지가 '나'에게 가르쳐 준 내용으로 알맞은 것은 무엇인가요? ( )

① 탱자 가시에는 독이 있다.

② 탱자나무는 냄새가 지독하다.

③ 탱자나무는 아주 흉하게 생겼다.

④ 탱자나무는 가시로 자기를 지킨다.

⑤ 탱자나무 잎은 아주 써서 먹을 수 없다.

4

표현
파악

전략 적용

다음은 이 글에 나타난 감각적 표현입니다. ㉠과 같은 감각적 표현이 <u>아닌</u> 것을 두 개 고르세요. (,)

① 푸르스름한 탱자

② 탱자의 시큼한 맛

③ 뾰족한 탱자 가시

④ 오래 남아 있던 탱자 냄새

⑤ 탱자처럼 노랗게 된 손바닥

💡 어떻게 알았나요?

㉠은 잘 익은 탱자의 크기와 색깔을　　　　　으로 보듯이 표현한 부분입니다.

5 '내'가 ⓒ과 같이 느낀 까닭을 가장 알맞게 짐작한 것을 찾아 기호를 쓰세요.

★ 추론

㉮ 뾰족한 가시를 가지지 못한 탱자나무도 있어서

㉯ 사람들이 가시에 독이 있는 탱자를 피해 다녀서

㉰ 꽃과 열매를 지키기 위한 가시가 자신에게 상처를 주기도 해서

㉱ 탱자 가시가 자기 자신뿐만 아니라 다른 사람을 찌를 때도 있어서

(   )

핵심 정리

6 노트의 빈칸을 채우며, 이 글의 내용을 정리해 보세요.

「내 유년의 울타리는 탱자나무였다」 정리하기

'나'는 어린 시절 ❶ (   )가 남아돌 만큼 탱자나무 울타리가 많은 마을에 살았다.

⬇

'나'는 친구들과 뾰족한 탱자 ❷ (   )를 손바닥이나 코에 붙이며 놀았다.

⬇

'나'는 탱자 가시에 찔린 곳이 벌겋게 부어오르는 것을 본 뒤로 탱자 가시에 ❸ (   )이 있을 것이라고 단정했다.

⬇

❹ (   )가 탱자 가시는 아름다운 꽃과 열매를 지키기 위해 있는 것임을 가르쳐 주셨다.

⬇

'나'는 스스로의 가시에 찔린 탱자 꽃잎을 보고 알 수 없는 ❺ (   )을 느꼈다.

어휘 다지기

1 다음 낱말의 뜻으로 알맞은 것을 찾아 선으로 이으세요.

(1) 꼽다 •

(2) 남아돌다 •

(3) 단정하다 •

• ① 딱 잘라서 판단하고 결정하다.

• ② 아주 넉넉하여 많이 남게 되다.

• ③ 수나 날짜를 세려고 손가락을 하나씩 헤아리다.

2 빈칸에 알맞은 낱말을 보기 에서 찾아 쓰세요.

보기   예사   으레   흔적

(1) 글씨를 꾹꾹 눌러 썼더니 지워도 (   )이/가 남는다.

(2) 오빠는 주말이면 (   ) 친구들과 축구를 하러 나간다.

(3) 동생은 밥을 급하게 먹는 버릇이 있어서 체하는 것이 (   )이다.

어휘 키우기

3 다음 설명을 읽고, (   )에서 알맞은 낱말을 골라 ○표 하세요.

헷갈리는 말

한참	시간이 상당히 지나는 동안. 예 한참을 기다리다.
한창	어떤 일이 가장 활기 있고 왕성하게 일어나는 때. 예 축제가 한창이다.

(1) 요즘 제주도에는 유채꽃이 (한참 / 한창)이다.

(2) 찾는 책이 보이지 않아 서점을 (한참 / 한창) 뒤졌다.

(3) 점심시간을 앞둔 때라 부엌에서는 음식 준비가 (한참 / 한창)이었다.

원인과 결과 파악하기

원인

결과

개념 이해

　추운 겨울, 밖에서 한참 놀고 들어온 진호는 그날 밤부터 감기를 앓았습니다. 날씨가 추운데도 가벼운 옷차림으로 밖에서 논 것이 원인이 되어 그 결과로 감기에 걸린 것입니다.

　이처럼 어떤 일이 일어난 까닭을 **원인**이라고 하고, 그 원인 때문에 일어난 일을 **결과**라고 합니다. 하나의 원인에는 하나의 결과가 나타나기도 하지만, 여러 가지 결과가 나타나기도 합니다. 원인과 결과를 정리하며 글을 읽으면 복잡한 내용도 정확하고 쉽게 이해할 수 있습니다.

이렇게 해요!

① 일이 일어난 차례를 따져 봅니다.

② 어떤 일이 일어난 까닭과, 그 까닭 때문에 생긴 일을 찾아 원인과 결과를 파악합니다.

> 어떤 일의 결과가 다른 일의 원인이 될 수도 있어.

확인 문제

1 다음 글을 읽고, 원인과 결과로 알맞은 것끼리 선으로 이으세요.

> 아프리카의 농촌 지역에서는 전기 시설이 열악하여 일반적인 냉장고를 사용할 수 없었다. 그래서 애써 만든 음식이 쉽게 상하곤 했다. 모하메드 바 아바는 이를 해결하기 위해 전기가 필요 없는 '항아리 냉장고'를 발명하였다. 항아리 냉장고는 커다란 항아리 안에 작은 항아리를 넣고 그 사이를 젖은 모래로 채운 천연 냉장고로, 음식물을 최대 3주까지 보관할 수 있다. 항아리 냉장고의 발명 덕분에 이 지역 사람들은 음식을 오랫동안 신선하게 보관할 수 있게 되었다.

원인은 먼저 일어난 일이고, 결과는 나중에 일어난 일이야.

원인		결과
(1) 전기가 필요 없는 '항아리 냉장고'가 발명되었다. •	•①	애써 만든 음식이 쉽게 상하곤 했다.
(2) 아프리카의 농촌 지역에서는 일반적인 냉장고를 사용할 수 없었다. •	•②	음식을 오랫동안 신선하게 보관할 수 있게 되었다.

2 ㉠의 결과로 알맞지 <u>않은</u> 것에 ✕표 하세요.

> 식물이 잘 자라기 위해서는 적당한 양의 물이 필요합니다. 식물의 수분 상태는 잎과 줄기를 살펴보면 알 수 있습니다. 만약 잎과 줄기에 힘이 없어지고 잎이 노랗게 변한다면 ㉠물을 지나치게 많이 주었기 때문입니다. 잎 표면에 검은 반점이 생기는 것도 같은 이유입니다. 그러나 잎이 처지면서 윤기가 사라지고 흐물흐물해진다면 물이 부족한 것이므로 물을 충분히 주어야 합니다.

식물에 물이 부족할 때 생기는 일과 물이 너무 많을 때 생기는 일을 구분해 봐.

(1) 잎과 줄기에 힘이 없어진다.   (   )

(2) 잎이 처지면서 윤기가 사라지고 흐물흐물해진다.   (   )

(3) 잎이 노랗게 변하거나 잎 표면에 검은 반점이 생긴다. (   )

토마토의 억울한 누명

사회 | 946자

📖 교과 연계
사회 4-2 사회 변화와 문화의
다양성

토마토는 전 세계에서 가장 많이 소비되는 채소 중 하나입니다. 상큼한 맛이 매력적일 뿐 아니라 어떤 요리 재료와도 잘 어울려 인기가 높습니다. 또한 토마토는 몸에 좋은 영양소가 풍부한 건강식품입니다. 유럽에는 "의사는 빨간 토마토를 싫어한다."라는 말이 있을 정도입니다.

하지만 ㉠토마토가 처음부터 유럽 사람들에게 환영받았던 것은 아닙니다. 남아메리카가 원산지인 토마토는 16세기 스페인 탐험가들에 의해 유럽으로 전해졌습니다. 토마토를 처음 본 유럽 사람들은 그 모습이 '맨드레이크'라는 식물과 닮았다는 이유로 토마토를 기피했습니다. 맨드레이크에는 졸음과 환각을 유발하는 독성분이 들어 있어서 위험한 식물로 여겨졌기 때문입니다.

[㉡]으로 18세기에 유럽의 몇몇 귀족들이 토마토를 먹고 사망하는 사건이 일어났습니다. 납으로 된 접시에 토마토를 담아 먹은 것이 문제였습니다. 토마토에 들어 있는 산 성분이 접시의 납을 녹이는 바람에, 귀족들이 납이 묻은 토마토를 먹게 되어 사망한 것입니다. 이 사건은 토마토를 먹으면 죽는다는 오해를 불러일으켰습니다. 그리고 이러한 오해는 유럽 밖으로 퍼져 나가 미국에서까지 토마토를 꺼리게 되었습니다.

토마토의 억울한 누명은 19세기 초반이 되어서 비로소 벗겨졌습니다. 1820년, 미국의 원예학자이자 군인이었던 로버트 존슨은 토마토가 무해하다는 사실을 사람들에게 알리고 싶었습니다. 그래서 모두가 보는 앞에서 토마토를 먹겠다고 선언했습니다. 존슨이 토마토를 베어 문 순간, 사람들은 비명을 질렀고 심지어 기절하는 사람도 있었습니다. 그러나 존슨이 24kg에 달하는 토마토를 다 먹어 치울 때까지 아무 일도 일어나지 않았습니다. 그 모습을 본 사람들은 그제야 토마토를 먹어도 죽지 않는다는 사실을 알게 되었습니다.

누명을 벗은 토마토는 다양한 요리에 활용되며 사람들의 식탁을 채우기 시작했습니다. 오늘날 토마토는 맛과 영양을 고루 갖춘 '슈퍼 푸드'로 대접받고 있습니다.

어휘 풀이

□ **원산지** 동물이나 식물이 맨 처음 자라난 곳. (原 근원 원, 産 낳을 산, 地 땅 지)

□ **기피하다** 꺼리거나 싫어하여 피하다. (忌 꺼릴 기, 避 피할 피)

□ **환각** 어떤 대상이 실제로는 없는데 마치 있는 것처럼 인식함.

□ **유발하다** 어떤 것이 다른 일을 일어나게 하다.

□ **누명** 사실이 아닌 일로 억울하게 얻은 나쁜 평판.

□ **무해하다** 해로운 것이나 나쁜 것이 없다. (無 없을 무, 害 해할 해)

1 이 글의 내용으로 알맞지 <u>않은</u> 것은 무엇인가요? (   )

내용
이해

① 토마토는 오늘날 슈퍼 푸드로 대접받고 있다.

② 토마토에는 납을 녹이는 산 성분이 들어 있다.

③ 토마토는 16세기에 유럽에서 남아메리카로 전해졌다.

④ 토마토의 누명을 벗긴 사람은 미국의 로버트 존슨이다.

⑤ 토마토는 전 세계에서 가장 많이 소비되는 채소 중 하나이다.

💡 **어떻게 알았나요?**

토마토의 원산지는 ⬚⬚⬚⬚⬚⬚⬚ 입니다.

2 [전략 적용]

㉠의 원인으로 알맞은 것을 두 개 고르세요. (,   )

구조
파악

① 미국에서 토마토를 꺼렸기 때문에

② 토마토를 먹으면 죽는다는 오해가 생겼기 때문에

③ 토마토를 먹은 사람들이 졸음과 환각을 경험했기 때문에

④ 독성분이 들어 있는 맨드레이크와 토마토가 닮았기 때문에

⑤ 토마토를 올려 둔 접시가 녹아 사라지는 것을 보았기 때문에

3 ㉡에 들어갈 사자성어로 알맞은 것을 찾아 기호를 쓰세요.

★ 추론

㉮ 설상가상(雪上加霜): 난처한 일이나 불행한 일이 잇따라 일어남을 이르는 말.

㉯ 구사일생(九死一生): 죽을 고비를 여러 차례 넘기고 겨우 살아남을 이르는 말.

㉰ 우이독경(牛耳讀經): 아무리 가르치고 일러 주어도 알아듣지 못함을 이르는 말.

(   )

4 이 글을 읽고 짐작한 내용이 알맞지 <u>않은</u> 것에 ✕표 하세요.

★ 추론

(1) 존슨이 토마토를 베어 물었을 때, 사람들은 그가 죽을까 봐 두려워서 비명을 질렀을 것이다. (   )

(2) 18세기 유럽의 귀족들은 실제로 토마토를 먹고 사망한 것이 아니라, 맨드레이크를 먹고 사망했을 것이다. (   )

(3) "의사는 빨간 토마토를 싫어한다."라는 말은, 토마토를 자주 먹으면 의사를 찾을 일이 없을 정도로 토마토가 건강에 좋다는 뜻일 것이다. (   )

위대한 과학자, 마리 퀴리

인문 | 1,025자

📖 교과 연계
국어 4-2 본받고 싶은 인물을
찾아봐요

마리 퀴리는 1867년에 폴란드의 수도인 바르샤바에서 태어났다. 당시 폴란드에서는 여성이 대학에 진학하는 것을 허용하지 않았기 때문에, 마리는 프랑스로 건너가 소르본 대학교에서 물리학과 수학을 공부했다. 그리고 1895년, 파리의 한 실험실에서 만난 과학자 피에르와 결혼했다.

▲ 마리 퀴리

결혼 후에도 마리는 과학자로서 연구를 활발히 이어 갔다. 새로운 연구 주제를 찾던 마리는 방사선을 내뿜는 물질인 우라늄에 흥미를 느꼈다. 마리는 우라늄의 성질을 연구하다가 우라늄 외에도 방사선을 내뿜는 물질이 더 존재한다는 사실을 발견했다. 그리고 어떤 물질이 방사선을 내뿜는 현상에 대해 '방사능'이라는 이름을 붙였다.

계속해서 방사능을 연구하던 마리는 피치블렌드라는 광석에서 순수한 우라늄보다 훨씬 많은 양의 방사선이 방출된다는 것을 알게 되었다. 마리는 피치블렌드 속에 강력한 방사능을 가진 물질이 있을 것이라고 가정하고, 남편 피에르와 함께 연구에 몰두했다. 그들은 추운 지하 실험실에서 밤낮으로 고된 실험을 반복했다. 1898년 7월, 마침내 마리는 피치블렌드에서 우라늄보다 400배나 강한 방사능을 가진 물질을 찾아냈다. 그리고 이 물질을 조국인 폴란드의 이름을 따 '폴로늄'이라고 명명했다.

같은 해 12월, 마리는 피치블렌드에서 방사능을 지닌 또 다른 물질을 발견하고 '라듐'이라는 이름을 붙였다. 라듐은 우라늄보다 무려 250만 배나 강한 방사선을 내뿜었다. 이러한 라듐을 잘 이용하면 암을 치료할 수 있었다. 라듐에서 나오는 방사선이 암세포를 파괴했기 때문이다. 이를 안 마리는 ㉠라듐에 특허를 신청하지 않았다. 그래서 많은 과학자가 라듐을 자유롭게 이용할 수 있었다.

1903년, 마리는 폴로늄과 라듐을 발견한 공로를 인정받아 여성 최초로 노벨 물리학상을 받았다. 또 1911년에는 순수한 라듐을 분리하여 노벨 화학상을 수상했다. 그러나 방사능을 연구하는 과정에서 마리의 건강은 점차 악화되었다. 다량의 방사선이 몸에 해로운 영향을 미쳤기 때문이다. 그럼에도 마리는 연구를 멈추지 않았고, 결국 1934년에 방사선에 의한 병으로 세상을 떠났다.

어휘 풀이

☐ **방사선** 라듐, 우라늄 등의 방사성 원소가 작은 입자로 부서지면서 방출되는 입자나 전자기파.

☐ **방출되다** 빛이나 열 등이 밖으로 내보내지다. (放 놓을 방, 出 날 출)

☐ **몰두하다** 어떤 일에 온 정신을 다 기울여 열중하다.

☐ **명명하다** 사람, 사물, 사건 등의 대상에 이름을 지어 붙이다.

☐ **특허** 발명 또는 새로운 기술을 생각해 낸 사람이나 단체가 그 발명이나 기술에 관해 독점적으로 가지는 권리.

☐ **공로** 어떤 일을 위해 바친 노력과 수고. (功 공 공, 勞 수고로울 로)

☐ **다량** 많은 분량. (多 많을 다, 量 헤아릴 량)

1 이 글의 특징으로 알맞은 것에 ○표 하세요.

중심
생각

(1) 마리 퀴리의 생애를 사실대로 쓴 글이다. ( )

(2) 마리 퀴리에 대한 책을 읽고 느낀 점을 쓴 글이다. ( )

(3) 마리 퀴리의 연구에 대한 글쓴이의 주장을 쓴 글이다. ( )

2 이 글을 읽고 답할 수 있는 질문이 <u>아닌</u> 것은 무엇인가요? ( )

내용
이해

① 방사능은 어떤 현상일까?

② 라듐이라는 이름의 뜻은 무엇일까?

③ 마리는 왜 폴란드에서 프랑스로 갔을까?

④ 마리는 누구와 함께 방사능 연구를 했을까?

⑤ 폴로늄과 라듐 중 무엇이 더 강한 방사능을 가지고 있을까?

3 마리 퀴리의 업적으로 알맞지 <u>않은</u> 것을 두 개 고르세요. (,)

내용
이해

① 여성 최초로 노벨 물리학상을 받았다.

② 피치블렌드를 처음으로 연구에 사용했다.

③ 방사선을 내뿜는 물질인 우라늄을 발견했다.

④ 순수한 라듐을 분리하여 노벨 화학상을 받았다.

⑤ 피치블렌드에서 강한 방사능을 가진 물질을 찾아냈다.

💡 어떻게 알았나요?

마리 퀴리는 1903년에 노벨 　　　　　 을, 1911년에 노벨 　　　　　 을 받았습니다.

4 전략 적용

⊙의 결과로 생긴 일을 찾아 기호를 쓰세요.

구조
파악

　㉮ 라듐을 이용하여 암을 치료할 수 있었다.

　㉯ 라듐에서 나오는 방사선이 암세포를 파괴했다.

　㉰ 많은 과학자가 라듐을 자유롭게 이용할 수 있었다.

( )

5

이 글과 보기 를 읽고 짐작한 내용을 알맞게 말한 친구에게 ○표 하세요.

★ 추론

보기

마리 퀴리가 방사능을 연구할 때 사용했던 수첩은 현재 프랑스 국립 도서관에 보관되어 있다. 마리의 수첩에서는 100년이 지난 지금까지도 방사선이 나온다. 그래서 이 수첩은 함부로 만질 수 없으며, 반드시 방호복과 보호 장구를 착용하고 열람해야 한다.

▲ 마리 퀴리의 수첩

(1) 명경: 마리가 수첩을 쓰지 않았다면 건강이 악화되는 일도 없었을 거야.　(　　)

(2) 중현: 보호 장구 없이 마리의 수첩을 열람하면 수첩이 망가질 수도 있어.　(　　)

(3) 윤희: 마리의 수첩을 함부로 만지면 방사선이 몸에 해로운 영향을 줄 거야.　(　　)

핵심 정리

6

노트의 빈칸을 채우며, 이 글의 내용을 정리해 보세요.

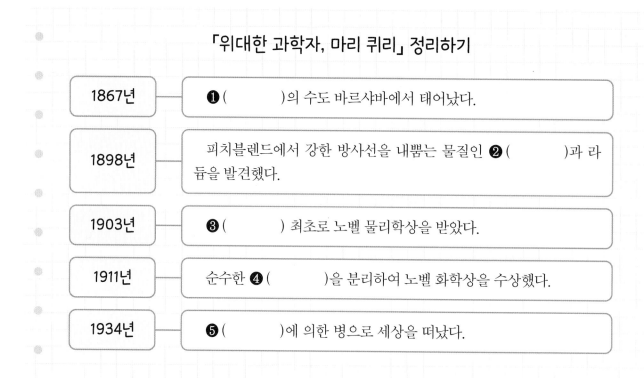

「위대한 과학자, 마리 퀴리」 정리하기

1867년	❶(　　　　)의 수도 바르샤바에서 태어났다.
1898년	피치블렌드에서 강한 방사선을 내뿜는 물질인 ❷(　　　)과 라듐을 발견했다.
1903년	❸(　　　) 최초로 노벨 물리학상을 받았다.
1911년	순수한 ❹(　　　)을 분리하여 노벨 화학상을 수상했다.
1934년	❺(　　　)에 의한 병으로 세상을 떠났다.

어휘 다지기

1 다음 낱말의 뜻으로 알맞은 것을 찾아 선으로 이으세요.

(1) 명명하다 •

(2) 몰두하다 •

(3) 방출되다 •

• ① 빛이나 열 등이 밖으로 내보내지다.

• ② 어떤 일에 온 정신을 다 기울여 열중하다.

• ③ 사람, 사물, 사건 등의 대상에 이름을 지어 붙이다.

2 빈칸에 알맞은 낱말을 보기 에서 찾아 쓰세요.

보기	공로	다량	특허

(1) (   )의 설탕이 들어 있는 음식은 건강에 해롭다.

(2) 그 기업은 독창적인 제품을 개발하여 (   )을/를 받았다.

(3) 이순신 장군은 임진왜란 때 나라를 구하는 데 큰 (   )을/를 세웠다.

어휘 키우기

3 다음 뜻을 가진 '용(用)'이 사용된 낱말에 모두 ∨표 하세요.

한자어

用
쓸 용

예 사용(使用): 일정한 목적이나 기능에 맞게 씀.

(1) 용모(▩貌): 사람의 얼굴 모양. ☐

(2) 용어(▩語): 어떤 분야에서 전문적으로 쓰는 말. ☐

(3) 용품(▩品): 어떤 일이나 목적과 관련해 쓰이는 물품. ☐

빨대에 숨은 과학

과학 | 930자

📖 교과 연계
과학 3-2 물질의 상태

음료수가 담긴 컵에 빨대를 꽂고 쪽 들이마시면, 달콤한 음료수가 입속으로 들어옵니다. 이렇게 빨대로 음료수를 빨아올릴 수 있는 이유가 무엇일까요? 많은 사람이 입으로 빨대를 빠는 힘 때문에 음료수가 위로 올라온다고 생각합니다. 하지만 빨대에 숨어 있는 과학적 원리는 바로 '기압'입니다.

지구는 공기로 둘러싸여 있습니다. 공기가 있기에 우리는 숨을 쉬며 살아갈 수 있습니다. 우리가 평소에 인식하지는 못하지만, 공기는 그 무게로 물체를 사방에서 누릅니다. 이렇게 공기가 물체를 누르는 힘을 기압이라고 합니다. 공기가 무거울수록 기압은 높아지고, 공기가 가벼울수록 기압은 낮아집니다. 그리고 공기는 기압이 높은 곳에서 낮은 곳으로 이동하는 성질이 있습니다.

빨대는 이러한 기압의 차이를 이용한 물건입니다. 우선, 음료수에 빨대를 꽂아 둔 모습을 떠올려 봅시다. 빨대의 바깥쪽인 음료수의 윗부분에도 공기가 있고 빨대의 안쪽에도 공기가 있습니다. 이때는 아무 일도 일어나지 않습니다. [㉠] 빨대 안과 밖의 기압이 같기 때문입니다. 그런데 우리가 음료수를 마시

▲ 빨대로 음료수를 마시는 원리

기 위해 빨대를 빨면, 빨대 안에 있던 공기가 입속으로 이동합니다. 그 순간 빨대 안은 공기가 적어지면서 공기의 무게가 줄어들고 기압도 낮아져 빨대 안과 밖에 기압 차이가 생깁니다. 이에 따라 기압이 높은 빨대 바깥쪽의 공기가 기압이 낮은 빨대 안쪽으로 음료수를 밀어냅니다. 그 결과 음료수가 우리 입속으로 들어오게 됩니다.

만약 빨대 두 개를 준비해서 하나는 음료수에 넣고, 하나는 컵 밖으로 뺀 채 두 개의 빨대를 동시에 빨면 어떻게 될까요? ㉡아무리 힘껏 빨아도 음료수를 마실 수 없습니다. 두 빨대가 입을 통해 연결된 상태에서 빨대를 빨 경우, 컵 밖에 있는 빨대를 통해 흡입한 공기가 다시 음료수에 담긴 빨대 안으로 들어갑니다.

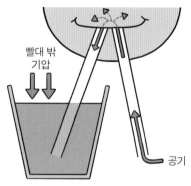

▲ 빨대 두 개를 동시에 빨 때

결국 빨대 안과 밖에 기압의 차이가 생기지 않으므로 음료수가 빨려 올라오지 않습니다.

어휘 풀이

□ **빨아올리다** 밑에 있는 액체를 빨아서 올라오게 하다.

□ **원리** 사물의 본질이나 바탕이 되는 이치. (原 근원 원, 理 다스릴 리)

□ **인식하다** 사물을 분별하고 판단하여 알다. (認 알 인, 識 알 식)

□ **사방** 동서남북의 주위 일대.

□ **성질** 사물이나 현상이 가지고 있는 고유의 특성. (性 성품 성, 質 바탕 질)

□ **흡입하다** 기체나 액체 등을 빨아들이다. (吸 숨 들이쉴 흡, 入 들 입)

1 이 글을 읽고, 기압에 대해 <u>잘못</u> 이해한 친구의 이름을 쓰세요.

내용
이해

> 준영: 공기가 가벼울수록 기압은 낮아져.
>
> 나경: 기압은 공기가 물체를 누르는 힘이야.
>
> 현지: 사람들은 평소에 기압을 인식하지 못해.
>
> 새롬: 공기는 기압이 낮은 곳에서 높은 곳으로 이동해.

(   )

2 빨대로 음료수를 마시는 과정에 맞게 순서대로 기호를 쓰세요.

내용
이해

> ㉮ 빨대 안의 기압이 낮아진다.
>
> ㉯ 음료수가 입속으로 들어온다.
>
> ㉰ 빨대 안의 공기가 입속으로 이동한다.
>
> ㉱ 빨대를 음료수에 꽂고 입으로 빨아들인다.
>
> ㉲ 빨대 바깥쪽의 공기가 음료수를 빨대 안쪽으로 밀어낸다.

㉱ → (   ) → (   ) → (   ) → ㉯

3 ㉠에 들어갈 이어 주는 말로 알맞은 것은 무엇인가요? (   )

★추론　① 그리고　　② 따라서　　③ 하지만　　④ 그러므로　　⑤ 왜냐하면

4　| 전략 적용 |
ⓛ의 원인으로 알맞은 것에 ○표 하세요.

구조
파악

(1) 빨대를 빠는 힘이 충분하지 않기 때문에 (   )

(2) 빨대 안과 밖에 기압의 차이가 생기지 않기 때문에 (   )

(3) 빨대 안의 기압이 빨대 바깥의 기압보다 높아지기 때문에 (   )

💡 어떻게 알았나요?

두 빨대를 동시에 빨면, 컵 밖에 있는 빨대를 통해 흡입한 공기가 다시 음료수에 담긴 빨대 　　　　 으로 들어갑니다.

5 이 글을 읽고, 보기 의 (　　)에서 알맞은 낱말을 골라 ○표 하세요.

창의

> 보기
>
> 　집에서 사용하는 진공청소기도 기압의 차이를 이용한 물건입니다. 진공청소기를 켜면 내부에 있는 프로펠러가 작동하여 청소기 안쪽의 공기를 밖으로 빼냅니다. 그러면 청소기 안의 기압이 (1)(높아져서 / 낮아져서), 상대적으로 기압이 (2)(높은 / 낮은) 청소기 바깥의 공기가 청소기 안으로 이동합니다. 이때 먼지도 공기와 함께 청소기 안으로 빨려 들어오는 것입니다.
>
>
> ▲ 진공청소기

핵심 정리

6 노트의 빈칸을 채우며, 이 글의 내용을 정리해 보세요.

「빨대에 숨은 과학」 정리하기

> 기압은 ❶(　　　　)가 물체를 누르는 힘을 말한다.

> 공기는 기압이 높은 곳에서 ❷(　　　　) 곳으로 이동하는 성질이 있다.

> 빨대로 음료수를 빨면, 빨대 안의 ❸(　　　　)이 빨대 밖보다 낮아지면서 빨대 밖의 공기가 음료수를 빨대 안쪽으로 밀어내 음료수가 입속으로 들어온다.

> 빨대 하나는 음료수에 넣고 하나는 컵 밖으로 뺀 채 두 개의 빨대를 동시에 빨면, 기압의 ❹(　　　　)가 생기지 않아서 음료수가 빨려 올라오지 않는다.

어휘 다지기

1 다음 낱말의 뜻으로 알맞은 것을 찾아 선으로 이으세요.

(1) 인식하다 •

(2) 흡입하다 •

(3) 빨아올리다 •

• ① 기체나 액체 등을 빨아들이다.

• ② 사물을 분별하고 판단하여 알다.

• ③ 밑에 있는 액체를 빨아서 올라오게 하다.

2 빈칸에 알맞은 낱말을 보기 에서 찾아 쓰세요.

보기   사방   성질   원리

(1) 자석은 철을 끌어당기는 (   )이/가 있다.

(2) 며칠 동안 폭설이 내려 (   )이/가 눈으로 덮였다.

(3) 오늘 학교에서 배가 물에 뜨는 (   )에 대해 배웠다.

어휘 키우기

3 다음 뜻풀이를 읽고, 밑줄 친 낱말의 뜻으로 알맞은 것을 찾아 각각 기호를 쓰세요.

동형어

㉠ 쉬다¹ 음식이 상하여 시큼한 맛이 나게 변하다.
㉡ 쉬다² 피로를 풀려고 몸을 편안히 두다.
㉢ 쉬다³ 입이나 코로 공기를 들이마셨다 내보냈다 하다.

(1) 몸이 아파서 밖에 나가지 않고 집에서 쉬었다.   (   )

(2) 떡을 냉장고에 넣지 않았더니 전부 쉬어 버렸다.   (   )

(3) 경기가 막 끝난 선수들이 숨을 가쁘게 쉬고 있었다.   (   )

읽기 전략 5

주장과 근거 파악하기

문단별로 중심 내용을 정리해 봐!

개념 이해

글에서 어떤 문제에 대해 글쓴이가 내세우는 의견을 **주장**이라고 합니다. 글쓴이는 자신의 주장을 명확하게 드러내기 위해서 '~해야 합니다.', '~합시다.', '~하자.'와 같은 표현을 사용합니다.

근거란 주장을 뒷받침하는 내용입니다. 하나의 주장은 여러 개의 근거로 뒷받침될 수 있습니다. 위의 그림에서 주장을 든 아이가 두 근거를 딛고 서 있는 것처럼, 근거는 주장을 든든하게 받쳐 주는 역할을 합니다.

이렇게 해요!

① 글에서 가장 많이 사용된 낱말을 찾고, 이 낱말과 관련하여 글쓴이가 어떤 의견을 내세우고 있는지 생각해 봅니다.

② 글쓴이의 주장이 명확히 드러난 표현을 찾아봅니다.

③ 글쓴이가 주장을 뒷받침하기 위해 어떤 근거를 들고 있는지 살펴봅니다.

주장과 근거를 파악하기 힘들다면 문단별로 중심 내용을 정리해 봐!

확인 문제

[1~2] 다음 글을 읽고, 물음에 답하세요.

> ㉠최근 전국적으로 '현금 없는 버스'가 확대되고 있습니다. 현금 없는 버스란 현금이 아닌 교통 카드나 신용 카드로만 요금을 결제할 수 있는 버스입니다. 현금을 내고 버스를 타는 사람이 줄어든 것은 맞지만, 버스 요금에 대한 현금 결제는 유지되어야 합니다. 그 까닭은 다음과 같습니다.
>
> 첫째, ㉡교통 카드에 잔액이 부족할 때 버스를 탈 수 없습니다. 어린이와 청소년은 금액을 미리 충전해 놓는 선불식 교통 카드를 주로 사용합니다. 교통 카드를 쓰다 보면 잔액이 모자라는 경우가 생기는데, 이럴 때 현금으로 요금을 낼 수 없으면 버스에서 내려야 합니다.
>
> 둘째, ㉢우리 사회에는 카드 사용에 익숙하지 않은 사람이 여전히 많습니다. 서울시가 발표한 자료에 따르면 현금을 내고 버스를 타는 사람이 하루 평균 2만여 명이나 됩니다. 여기에는 현금 사용이 편한 고령층과 외국인 관광객 등이 포함됩니다. 만약 버스에서 현금을 받지 않는다면 이러한 사람들이 버스를 이용하는 데 불편을 겪게 됩니다.
>
> 대중교통인 버스는 어린이, 청소년, 고령층, 외국인을 비롯한 모든 사람이 편리하게 이용할 수 있어야 합니다. ㉣따라서 버스에서의 현금 결제는 앞으로도 유지되어야 합니다.

1 글쓴이의 주장이 무엇인지 (   )에서 알맞은 낱말을 골라 ○표 하세요.

버스에서의 (현금 / 카드) 결제를 (유지 / 도입)해야 한다.

> 첫 번째 문단에서 글쓴이의 주장을 찾을 수 있어.

2 ㉠~㉣ 중 글쓴이가 제시한 근거를 알맞게 묶은 것은 무엇인가요? (   )

① ㉠, ㉡   ② ㉠, ㉢   ③ ㉡, ㉢

④ ㉡, ㉣   ⑤ ㉢, ㉣

> 근거가 여러 개일 때는 '첫째', '둘째'로 나열하기도 해.

어린이가 화장을 해도 괜찮을까?

인문 | 957자

　㉠요즘 초등학교 고학년 교실을 둘러보면 화장한 학생들이 많습니다. 한 시민 단체의 조사에서는 여자 초등학생의 42.7%가 눈과 입술 등에 색조 화장을 한 경험이 있다고 답했습니다. 최근에는 어른처럼 화장하고 꾸미는 아이들을 가리키는 '어덜키즈'라는 신조어가 생기기도 했습니다. 이처럼 ㉡화장은 어린이들 사이에서 하나의 문화로 확산되고 있습니다. 하지만 저는 다음과 같은 이유로 어린이가 화장을 하는 것에 반대합니다.

　첫째, ㉢화장품은 피부를 상하게 합니다. 사람들은 피부가 뽀얗고 깨끗해 보이기 위해 화장을 합니다. 하지만 화장을 할수록 오히려 피부가 나빠질 수 있습니다. 화장품에는 염증을 유발하는 화학 성분이 많이 들어 있기 때문입니다. 특히 어린이의 피부는 성인의 피부보다 얇고 연약해서 이러한 화학 성분이 더 잘 흡수됩니다. 그러다 보니 화장을 했을 때 피부에 가려움증이나 여드름과 같은 부작용이 나타날 가능성이 큽니다. 게다가 이렇게 화장품으로 인해 피부가 나빠지면, 계속 화장을 해서 피부를 가려야 하는 악순환에 빠지게 됩니다.

　둘째, ㉣외모에 지나치게 신경을 쓰게 됩니다. 물론 어린이도 자신의 매력을 뽐내고 외모를 꾸미고 싶을 수 있습니다. 하지만 꼭 예쁜 외모에서만 매력이 드러나는 것은 아닙니다. 친절하고 다정한 성격, 성실한 태도, 건강한 신체, 다른 사람을 위하는 마음 등이 모두 매력이 될 수 있습니다. 그렇지만 화장을 하다 보면 점점 예뻐 보이는 데만 집착하게 되고, '사람은 얼굴이 예뻐야 한다'는 생각에 매몰되기 쉽습니다. 심지어 외모가 가장 중요하다는 '외모 지상주의'에 물들 수도 있습니다.

　화장은 어른이 된 다음에 해도 늦지 않습니다. 굳이 어린 나이에 화장을 해서 피부를 상하게 할 필요가 없습니다. 또 초등학생 때 외모에 관심이 많아지는 것은 당연하지만, 화장을 해서라도 예뻐 보여야 한다는 생각은 바람직하지 않습니다. 따라서 ㉤저는 어린이들이 화장을 하지 않는 것이 좋다고 생각합니다.

어휘 풀이

☐ **신조어** 새로 생긴 말.
(新 새로울 신, 造 지을 조, 語 말씀 어)

☐ **확산되다** 흩어져 널리 퍼지게 되다. (擴 넓힐 확, 散 흩을 산)

☐ **염증** 생물의 몸이 손상을 입었을 때 일어나는 반응으로 붓거나 열이 나고, 통증을 일으키는 증상.

☐ **부작용** 어떤 일에 부수적으로 일어나는 바람직하지 못한 일.

☐ **악순환** 나쁜 현상이 끊임없이 되풀이됨. (惡 악할 악, 循 돌 순, 環 고리 환)

☐ **매몰되다** 보이지 않게 파묻다.

1

중심
생각

이 글을 쓴 목적으로 알맞은 것에 ◯표 하세요.

(1) 어린이 화장의 좋은 점을 설명하기 위해서 ( )

(2) 어린이 화장에 반대하는 의견을 주장하기 위해서 ( )

(3) 어린이 화장이라는 새로운 문화를 소개하기 위해서 ( )

2

내용
이해

이 글의 내용으로 알맞지 <u>않은</u> 것은 무엇인가요? ( )

① 화장을 하다 보면 예뻐 보이는 데 집착하게 된다.

② 어린이의 피부가 성인의 피부보다 얇고 연약하다.

③ 초등학생 때는 외모에 관심이 없는 것이 당연하다.

④ 화장품에는 염증을 유발하는 화학 성분이 많이 들어 있다.

⑤ '어덜키즈'는 어른처럼 화장하는 아이들을 가리키는 말이다.

3

구조
파악

전략 적용

㉠~㉤ 중 글쓴이의 주장과 근거를 찾아 기호를 쓰세요.

(1) 주장: ( )

(2) 근거: (,)

4

창의

글쓴이가 희라에게 해 줄 말로 알맞지 <u>않은</u> 것에 ✕표 하세요.

> 희라: 나는 외모가 예쁜 것이 가장 중요한 것 같아. 그래서 아직 초등학생이지만 피부가 깨끗해 보이도록 매일 화장을 해.

(1) 벌써부터 화장을 할 필요는 없어. 중학생이 되고 나서 시작하는 게 나아. ( )

(2) 사람에게는 외모 말고도 다양한 매력이 있어. 외모 지상주의는 옳지 않아. ( )

(3) 화장은 피부에 좋지 않아. 화장품 때문에 오히려 여드름이 생길 수도 있어. ( )

어떻게 알았나요?

글쓴이는 이 된 다음에 화장을 해도 늦지 않다고 생각합니다.

가짜 뉴스 문제를 해결할 방법

1 '가짜 뉴스'란 뉴스의 형식을 띠고 있지만 거짓을 담고 있는 뉴스를 말합니다. 거짓 정보를 사실인 것처럼 일부러 꾸며 만든 것이기 때문에 '허위 조작 정보'라고도 부릅니다. 가짜 뉴스는 언론사에서 나온 뉴스와 비슷해 보이는 데다가, 사실과 거짓을 짜깁기한 경우가 많아서 속아 넘어가기가 쉽습니다.

2 가짜 뉴스는 잘못된 사실을 전달함으로써 사람들이 올바른 판단을 할 수 없게 만든다는 문제가 있습니다. 또한 사람들 사이에 혐오와 갈등을 조장하여 사회적 혼란을 일으키기도 합니다. 최근 온라인 공간에서의 정보 공유가 활발해지면서 이러한 가짜 뉴스의 폐해가 더욱 심각해지고 있습니다.

3 일부 사람들은 가짜 뉴스를 법적으로 규제하여 문제를 해결하자고 주장합니다. 가짜 뉴스를 만들거나 퍼뜨리는 사람을 처벌해야 한다는 것입니다. 그러나 이는 헌법에 보장된 표현의 자유와 언론의 자유를 과도하게 침해할 수 있습니다. 가짜 뉴스가 불법이 되면, 사람들은 처벌이 두려워 자신의 생각을 자유롭게 표현하지 못하게 될 것입니다. 정부에 비판적인 언론 보도가 위축될 우려도 있습니다.

4 또한 가짜 뉴스의 요건인 고의성을 판별하기란 매우 어렵습니다. 가짜 뉴스를 법적으로 처벌하려면 단순히 실수로 잘못된 정보를 내보낸 것인지, 의도적으로 거짓 정보를 퍼뜨린 것인지를 판단할 수 있어야 합니다. 그러나 이 둘을 구분하는 기준은 명확하지 않습니다. 이러한 상황에서 섣불리 가짜 뉴스를 규제하게 되면 억울하게 처벌받는 피해자가 생길 수 있습니다. 따라서 가짜 뉴스를 법적으로 규제하는 것은 옳지 않습니다.

5 가짜 뉴스는 일단 한번 생성되면 소셜 미디어를 통해 수많은 사람에게 빠르게 전파됩니다. 이러한 상황에서 가짜 뉴스 문제를 해결하기 위해서는 개개인이 가짜 뉴스를 가려내는 능력을 갖추는 것이 중요합니다. 사람들이 뉴스를 그대로 받아들이지 않고 비판적으로 해석하는 역량을 길러 가짜 뉴스에 휘둘리지 않을 때, 가짜 뉴스는 설 자리를 잃게 될 것입니다.

어휘 풀이

□ **짜깁기하다** 기존의 글이나 영화 등을 편집하여 하나의 완성품으로 만들다.

□ **조장하다** 바람직하지 않은 일을 더 심해지도록 부추기다.

□ **폐해** 어떤 일이나 행동에서 나타나는 나쁜 경향이나 현상 때문에 생기는 해로움.

□ **불법** 법에 어긋남. (不 아닐 불, 法 법 법)

□ **전파되다** 전하여져 널리 퍼뜨려지다. (傳 전할 전, 播 뿌릴 파)

□ **역량** 어떤 일을 해낼 수 있는 힘.

1 가짜 뉴스에 대한 설명으로 알맞지 <u>않은</u> 것은 무엇인가요? ( )

내용
이해

① '허위 조작 정보'라고도 불린다.

② 언론사에서 나온 뉴스와 비슷해 보인다.

③ 사람들 사이에 혐오와 갈등을 조장한다.

④ 거짓 정보만을 담고 있는 뉴스를 말한다.

⑤ 소셜 미디어를 통해 빠르게 퍼져 나간다.

어떻게 알았나요?

가짜 뉴스는 　　　　　과 거짓을 짜깁기한 경우가 많습니다.

2 글쓴이의 주장이 무엇인지 ( )에서 알맞은 말을 골라 ○표 하세요.

내용
이해

가짜 뉴스를 법적으로 (규제 / 허용)하는 것은 (옳다 / 옳지 않다).

전략 적용

3 글쓴이의 주장을 뒷받침하는 근거가 <u>아닌</u> 것은 무엇인가요? ( )

구조
파악

① 억울하게 처벌받는 피해자가 생길 수 있다.

② 정부에 비판적인 언론 보도가 위축될 수 있다.

③ 최근 들어 가짜 뉴스의 폐해가 심각해지고 있다.

④ 사람들이 자신의 생각을 자유롭게 표현하지 못하게 된다.

⑤ 의도적으로 거짓 정보를 퍼뜨린 것인지를 판단하기 어렵다.

4 다음 내용을 다루고 있는 문단을 찾아 각각 번호를 쓰세요.

구조
파악

(1) 가짜 뉴스의 문제점: ( )문단

(2) 가짜 뉴스의 뜻과 특징: ( )문단

(3) 가짜 뉴스 문제를 해결할 방법: ( )문단

5 다음 뉴스를 보고, 글쓴이가 할 행동으로 알맞은 것을 두 개 고르세요.   (,   )

창의

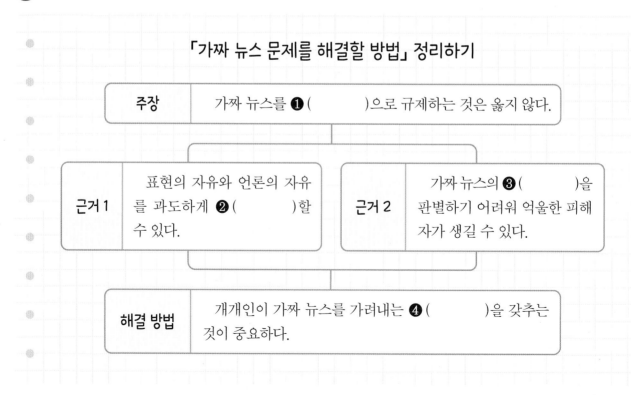

① 뉴스의 출처가 믿을 만한지 확인한다.

② 뉴스를 게시한 사람을 경찰에 신고한다.

③ 뉴스에서 제시한 내용을 그대로 받아들인다.

④ 뉴스를 곧바로 소셜 미디어에 올려 퍼뜨린다.

⑤ 뉴스 내용과 관련된 다른 정보를 찾아 내용을 비교한다.

핵심 정리

6 노트의 빈칸을 채우며, 이 글의 내용을 정리해 보세요.

「가짜 뉴스 문제를 해결할 방법」 정리하기

주장	가짜 뉴스를 ❶ ( )으로 규제하는 것은 옳지 않다.

근거 1	표현의 자유와 언론의 자유를 과도하게 ❷ ( )할 수 있다.	근거 2	가짜 뉴스의 ❸ ( )을 판별하기 어려워 억울한 피해자가 생길 수 있다.

해결 방법	개개인이 가짜 뉴스를 가려내는 ❹ ( )을 갖추는 것이 중요하다.

어휘 다지기

1 다음 낱말의 뜻으로 알맞은 것을 찾아 선으로 이으세요.

(1) 전파되다 •

(2) 조장하다 •

(3) 짜깁기하다 •

• ① 전하여져 널리 퍼뜨려지다.

• ② 바람직하지 않은 일을 더 심해지도록 부추기다.

• ③ 기존의 글이나 영화 등을 편집하여 하나의 완성품으로 만들다.

2 빈칸에 알맞은 낱말을 보기 에서 찾아 쓰세요.

> 보기   불법   역량   폐해

(1) 다른 사람의 사생활을 허락 없이 공개하는 것은 (   )(이)다.

(2) 산업이 발전하면서 생태계 파괴와 같은 (   )이/가 심각해지고 있다.

(3) 그 선수는 경기에서 뛰어난 (   )을/를 발휘하여 국가대표로 선발되었다.

어휘 키우기

3 다음 뜻풀이를 읽고, 밑줄 친 낱말의 뜻으로 알맞은 것을 찾아 각각 기호를 쓰세요.

다의어

꾸미다	㉠ 모양이 나게 매만져 차리거나 손질하다. ㉡ 거짓이나 없는 것을 사실인 것처럼 지어내다. ㉢ 어떤 일을 짜고 만들다.

(1) 오늘은 학급 게시판을 <u>꾸미는</u> 날이다.   (   )

(2) 놀부는 제비 다리를 부러뜨릴 계획을 <u>꾸몄다</u>.   (   )

(3) 그의 말은 모두 그럴듯하게 <u>꾸며</u> 낸 거짓이었다.   (   )

인공 지능의 명과 암

과학 | 1,100자

교과 연계
국어 5-1 글쓴이의 주장

가 '인공 지능'이란 컴퓨터가 지능을 가진 사람처럼 생각하고 학습하고 행동하도록 만드는 기술이다. 인공 지능은 놀라운 속도로 발전하여 최근에는 사람이 입력한 내용을 바탕으로 그림을 그리고 작곡을 하는 수준까지 나아갔다. 이러한 인공 지능의 발전은 인간의 삶에 큰 영향을 미칠 수 있다. ⊙ 인공 지능의 긍정적인 측면뿐 아니라, 인공 지능이 일으킬 위험도 고려해야 한다.

먼저, 수많은 일자리가 인공 지능 때문에 사라질 수 있다. 이미 인공 지능은 제조업과 서비스업 등 다양한 분야에서 사람의 일자리를 하나씩 대체하고 있다. 앞으로 인공 지능이 보편화되면 사람의 일자리를 빠르게 빼앗을 것이다.

또한 인공 지능이 인간의 통제에서 벗어날 경우, 인간을 위협할 수 있다. 인공 지능은 인간의 학습량과는 비교가 안 되는 방대한 데이터를 단시간에 학습한다. 따라서 머지않은 미래에는 인간의 명령 없이 스스로 판단하고 행동하는 인공 지능이 탄생할 수도 있다. 이렇게 인공 지능이 독립성을 갖게 되면 인간의 이익에 반하는 행동을 하거나 인간에게 해를 입힐지도 모른다.

나 음성을 인식하는 스마트폰과 자율 주행 자동차, 환자의 사진으로 병을 진단하는 의료 기기까지 인공 지능은 이미 우리 삶 곳곳에서 쓰이고 있다. 인공 지능은 영화 속 상상을 현실로 만들어 왔으며, 인류에게 무한한 가능성을 열어 주었다. ⓒ 더 나은 미래를 위해 인공 지능은 계속 발전해야 한다.

첫째, 인공 지능은 다양한 일자리를 창출할 것이다. 인공 지능 산업이 성장하면 인공 지능을 개발하고 관리하는 인력이 많이 필요해진다. 그리고 인공 지능이 발전함에 따라 지금은 존재하지 않는 새로운 산업과 직업이 폭발적으로 생겨날 것이다. 물론 현재의 일자리 중 일부는 사라지겠지만, 결과적으로 새로운 일자리가 더 많이 만들어질 것이다.

둘째, 인공 지능 덕분에 인간의 삶은 더욱 안전하고 풍요로워질 것이다. 지금도 몇몇 산업 현장에서는 사람이 하기 어렵거나 위험한 일에 인공 지능을 활용하고 있다. 인공 지능이 발전할수록 인간은 사고의 위험으로부터 벗어나 안전한 환경에서 일하게 될 것이다. 또한 인공 지능에게 단순하고 반복적인 노동을 맡긴다면, 인간은 창의적인 일에 집중하고 여가 시간을 누리면서 보다 풍요로운 삶을 살 수 있을 것이다.

어휘 풀이

☐ **측면** 사물이나 현상의 한 부분.

☐ **대체하다** 다른 것으로 대신하다. (代 대신할 대, 替 바꿀 체)

☐ **보편화되다** 널리 일반인에게 퍼지다.

☐ **방대하다** 규모나 양이 매우 크거나 많다.

☐ **독립성** 남에게 의지하거나 속박되지 않고 홀로 서려는 성질이나 성향. (獨 홀로 독, 立 설 립, 性 성품 성)

☐ **창출하다** 전에 없던 것을 처음으로 생각하여 지어내거나 만들어 내다.

☐ **인력** 사람의 노동력. (人 사람 인, 力 힘 력)

1 다음 빈칸에 들어갈 알맞은 낱말을 글 **가**와 **나**에서 찾아 쓰세요.

중심
생각

> 글 **가**는 인공 지능이 일으킬 (　　　　　　)을 고려해야 한다고 주장하고, 글
> **나**는 인공 지능이 계속 (　　　　　　)해야 한다고 주장한다.

💡 어떻게 알았나요?

글 **가**와 **나**에서 글쓴이의 주장은 모두 　　　　　 문단에 명확히 나타나 있습니다.

2 현재의 인공 지능에 대한 설명으로 알맞지 <u>않은</u> 것은 무엇인가요?　(　　　)

내용
이해

① 우리 삶 곳곳에서 쓰인다.
② 방대한 데이터를 단시간에 학습한다.
③ 다양한 분야에서 사람의 일자리를 대체한다.
④ 사람이 하기 어렵거나 위험한 일에 활용된다.
⑤ 인간의 명령 없이 스스로 판단하고 행동한다.

전략 적용

3 글 **가**와 **나**의 주장을 뒷받침하는 근거를 각각 두 개씩 찾아 기호를 쓰세요.

구조
파악

> ㉮ 인공 지능이 인간에게 해를 입힐 것이다.
> ㉯ 인공 지능이 국가 경제를 성장시킬 것이다.
> ㉰ 인공 지능이 사람의 일자리를 빼앗을 것이다.
> ㉱ 인공 지능이 새로운 일자리를 창출할 것이다.
> ㉲ 인공 지능이 안전하고 풍요로운 삶을 만들 것이다.

(1) 글 **가**의 근거: (　　　　,　　　　)
(2) 글 **나**의 근거: (　　　　,　　　　)

4 ㉠과 ㉡에 공통으로 들어갈 이어 주는 말로 알맞은 것은 무엇인가요?　(　　　)

★ 추론
① 그러나　　　② 그리고　　　③ 하지만　　　④ 그러므로　　　⑤ 왜냐하면

5 글 **가**와 **나**의 글쓴이가 보기 를 읽고 할 말로 알맞은 것을 찾아 선으로 이으세요.

창의

보기

　최근 국내의 한 건설사가 지금까지 사람이 수행하던 안전 점검 업무에 인공 지능 로봇을 도입하겠다고 밝혔다. 사람이 접근하기 힘든 공간과 위험한 구조물을 자유롭게 이동할 수 있는 이 로봇은 수만 장의 사진을 촬영하고 자동으로 분석하여 건설 현장의 안전을 정밀하게 점검한다.

(1) 　글 **가**의 글쓴이 　•

•① 　인공 지능이 위험한 일을 대신해 주니까 안전사고를 예방할 수 있을 거야.

(2) 　글 **나**의 글쓴이 　•

•② 　원래 사람이 하던 일에 인공 지능이 도입되는 바람에 일자리가 없어질 거야.

핵심 정리

6 노트의 빈칸을 채우며, 이 글의 내용을 정리해 보세요.

「인공 지능의 명과 암」 정리하기

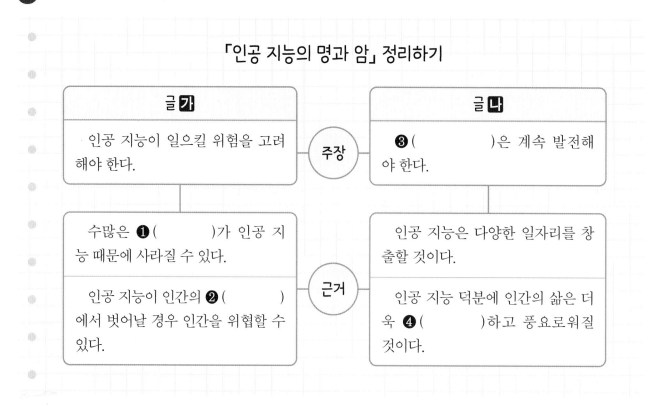

글 **가**		글 **나**
인공 지능이 일으킬 위험을 고려해야 한다.	주장	❸(　　　　　)은 계속 발전해야 한다.
수많은 ❶(　　　　)가 인공 지능 때문에 사라질 수 있다.	근거	인공 지능은 다양한 일자리를 창출할 것이다.
인공 지능이 인간의 ❷(　　　　)에서 벗어날 경우 인간을 위협할 수 있다.		인공 지능 덕분에 인간의 삶은 더욱 ❹(　　　　)하고 풍요로워질 것이다.

어휘 다지기

1 다음 낱말의 뜻으로 알맞은 것을 찾아 선으로 이으세요.

(1) 대체하다 •

(2) 방대하다 •

(3) 창출하다 •

• ① 다른 것으로 대신하다.

• ② 규모나 양이 매우 크거나 많다.

• ③ 전에 없던 것을 처음으로 생각하여 지어내거나 만들어 내다.

2 빈칸에 알맞은 낱말을 보기 에서 찾아 쓰세요.

보기	인력	측면	독립성

(1) 환경적인 (   )에서 보면 자전거가 자동차보다 낫다.

(2) 회사는 새로운 기술을 개발하기 위해 (   )을 늘렸다.

(3) 자신이 할 수 있는 일은 스스로 해야 (   )이 길러진다.

어휘 키우기

3 다음 밑줄 친 낱말과 같은 뜻의 '반하다'가 쓰인 것에 ∨표 하세요.

동형어

> 인간의 이익에 <u>반하는</u> 행동을 하거나 인간에게 해를 입힐지도 모른다.

(1) 처음 본 강아지가 너무 귀여워서 한눈에 <u>반했다</u>. ☐

(2) 그는 경기 규칙에 <u>반하는</u> 행위를 해서 경고를 받았다. ☐

(3) 산 정상에서 내려다본 풍경에 <u>반해</u> 멍하니 서 있었다. ☐

읽기 전략 6

뒷받침 문장 짐작하기

> 짐작한 뒷받침
> 문장이 중심 문장과
> 자연스럽게 이어지는지
> 확인해 봐.

교통 표지판은 색깔에 따라 그 의미가 달라집니다.

(?   )

빨간색 표지판은 '이것을 하면 안 됩니다.' 라는 의미가 있습니다. …

① 파란색 표지판은 '이렇게 하세요.' 라는 의미가 있습니다.

② 삼각형 표지판은 '이것을 주의하세요.' 라는 의미가 있습니다.

③ 이 표지판은 '자전거의 통행을 금지한다.' 라는 의미입니다.

개념 이해

뒷받침 문장은 중심 문장을 자세히 설명해 주는 문장입니다. 그러니 중심 문장에 어울리는 뒷받침 문장을 짐작하려면, 먼저 중심 문장을 파악해야 합니다. 그런 다음 중심 문장과 관련 있는 내용이면서 중심 문장을 이해하는 데 도움을 주는 내용이 무엇인지 생각해 봅니다.

위 그림을 볼까요? 주어진 글에서 중심 문장은 첫 번째 문장입니다. 이 중심 문장과 어울리는 뒷받침 문장은 색깔에 따른 표지판의 의미를 설명하는 ①번 문장입니다.

이렇게 해요!

① 문단의 중심 문장을 파악합니다.

② 중심 문장의 내용을 이해하기 쉽도록 구체적인 예를 들어 주는 문장, 중심 문장을 보충하거나 덧붙여 설명하는 문장을 뒷받침 문장으로 짐작할 수 있습니다.

확인 문제

[1~2] 다음 글을 읽고, 물음에 답하세요.

1 클래식 공연에서 박수는 음악가에게 찬사와 감사를 전달하는 좋은 방법이다. 하지만 아무 때나 치는 박수는 공연의 흐름을 해치고 다른 관객의 감상을 방해할 수 있다. 클래식 공연을 볼 때 관객은 언제 박수를 쳐야 할까?

2 먼저, 음악가들이 입장할 때 박수를 친다. 연주자가 자리에 앉아 악기를 조율하며 연주를 준비할 때는 박수를 치면 안 된다. 완벽한 공연을 위해 음을 맞추는 이때 박수를 치면 연주자의 집중력이 깨질 수 있다.

3 다음으로, 한 곡이 다 끝난 뒤 지휘자가 지휘봉을 내려놓고 인사할 때 박수를 친다. ⎡⎯⎯⎯⎯ ㉠ ⎯⎯⎯⎯⎤ 지휘자가 지휘봉을 들고 있는 것은 곡의 여운을 조금 더 느끼라는 의도이기 때문이다. 따라서 지휘자가 팔을 내리고 관객을 향해 돌아선 후에 박수를 쳐야 한다.

4 마지막으로, 음악가들이 공연을 마치고 퇴장할 때 박수를 친다. 공연이 마음에 들었다면 모든 연주자가 무대 뒤로 나갈 때까지 열렬한 박수를 보내며 연주에서 받은 감동을 아낌없이 표현한다.

1 다음 뒷받침 문장이 들어갈 문단의 번호를 쓰세요.

> 지휘자와 연주자가 처음 무대로 걸어 나와 관객에게 인사할 때 박수를 치면 된다.

지휘자와 연주자가 처음 무대로 나올 때는 언제일까?

(   )

2 ㉠에 들어갈 뒷받침 문장으로 적절한 것에 ○표 하세요.

3 문단의 중심 문장이 무엇인지 확인해 봐.

(1) 지휘봉을 들지 않고 맨손으로 연주를 이끄는 지휘자도 있다. (   )

(2) 지휘봉은 대부분 20~30cm 길이의 얇고 가벼운 막대 모양이다. (   )

(3) 연주가 끝났는데도 지휘봉이 들려 있다면 박수를 치지 않는다. (   )

보이는 언어, 한국 수어

인문 | 1,013자

📖 교과 연계
사회 4-2 사회 변화와 문화 다양성

1 수어란 '수화 언어'를 줄인 말로, 말소리가 아닌 손동작과 표정 등을 사용하여 의미를 전달하는 언어입니다. 소리를 들을 수 있는 청인은 어릴 때부터 소리를 통해 자연스럽게 음성 언어를 배웁니다. 반면, 청각에 장애가 있어서 소리를 듣지 못하는 농인은 음성 언어를 배우기 어렵습니다. 이 때문에 '보이는 언어'인 수어를 사용하여 의사소통을 합니다.

2 우리나라에서 사용되는 수어는 '한국 수어'입니다. 한 나라 안에서 공식적으로 쓰는 언어를 '공용어'라고 하는데, 원래 한국 수어는 우리나라의 공용어에 포함되지 않았습니다. 그러다 2016년에 「한국 수화 언어법」이 시행되면서 한국 수어도 한국어와 함께 한국의 공용어로 지정되었습니다.

3 오랫동안 한국 수어는 한국어 소통을 ˙보조하는 수단 정도로 여겨져 왔습니다. 한국어 문장에 있는 낱말들을 하나씩 손동작으로 옮기면 한국 수어가 된다고 생각하는 사람들도 많습니다. 하지만 한국 수어는 한국어와 문법 ˙체계가 다른 별도의 언어입니다. 한국어와 영어의 문법이 다르듯이, 한국 수어와 한국어의 문법도 다릅니다. 그래서 ㉠한국 수어를 사용하는 농인들에게 한국어는 외국어나 다름없습니다. 이처럼 한국 수어는 한국어의 보조 수단이 아니라, 한국어와 구별되는 독립적인 언어입니다.

4 「한국 수화 언어법」에서 한국 수어를 '한국어와 ˙동등한 자격을 가진 농인의 고유한 언어'로 규정한 이후, 수어에 대한 사람들의 인식과 관심이 높아졌습니다. 그 결과 최근에는 텔레비전 뉴스뿐 아니라 뮤지컬 공연, 스포츠 경기, 박물관 해설 등 다양한 분야에서 수어 통역을 제공하고 있습니다. 또한 정부는 농인이 수어로 교육받을 수 있도록 한국 수어를 가르치는 선생님을 ˙양성하고 있습니다.

5 그렇지만 우리 사회에서 수어는 아직 공용어로 자리 잡지 못했습니다. 공공 기관이나 의료 기관에 방문한 농인들이 수어 통역 서비스를 이용할 수 없어 어려움을 겪는 일이 여전히 많습니다. 정부 발표에서 수어 통역이 배제되는 경우도 있습니다. 농인이 차별받지 않고 질 높은 삶을 ˙영위하려면 더 나은 수어 환경이 만들어져야 합니다.

어휘 풀이

- **보조하다** 주가 되는 것을 돕다.
- **체계** 일정한 원리에 따라 낱낱의 부분이 잘 짜여져 통일된 전체.
- **동등하다** 등급이나 정도가 같다. (同 같을 동, 等 같을 등)
- **양성하다** 가르쳐서 유능한 사람을 길러 내다. (養 기를 양, 成 이룰 성)
- **배제되다** 받아들여지거나 포함되지 않고 제외되어 빼놓아지다.
- **영위하다** 일을 꾸려 나가다.

1 다음에서 설명하는 것이 무엇인지 이 글에서 찾아 쓰세요.

내용
이해

(1) 한 나라 안에서 공식적으로 쓰는 언어: (   )

(2) 한국어와 동등한 자격을 가진 농인의 고유한 언어: (   )

(3) 손동작과 표정 등을 사용하여 의미를 전달하는 언어: (   )

2 이 글의 내용으로 알맞은 것은 무엇인가요?   (   )

내용
이해

① 한국 수어는 우리나라의 공용어가 아니다.

② 정부 발표에는 항상 수어 통역이 포함된다.

③ 최근에는 다양한 분야에서 수어 통역을 제공한다.

④ 소리를 들을 수 있는 청인은 수어를 배우기 어렵다.

⑤ 한국어 문장의 낱말들을 손동작으로 옮기면 한국 수어가 된다.

3 ㉠을 읽고 짐작한 내용을 알맞게 말한 친구에게 ○표 하세요.

★추론

(1) 지영: 수어를 할 줄 아는 농인은 외국어도 쉽게 배울 거야.   (   )

(2) 경희: 모든 농인이 한국어 자막을 이해하는 것은 아니겠구나.   (   )

(3) 연석: 한국어 문법을 열심히 공부하면 수어를 잘하는 데 도움이 되겠어.   (   )

💡 어떻게 알았나요?

한국 수어는 한국어와 　　　　　체계가 다른 별도의 언어입니다.

전략 적용

4 다음 뒷받침 문장이 들어가기에 가장 적절한 문단은 어디인가요?   (   )

★추론

> 정책 결정 과정에서 농인이 수어로 의사를 표출할 기회 역시 부족합니다.

① **1**문단   ② **2**문단   ③ **3**문단   ④ **4**문단   ⑤ **5**문단

황소개구리와 가물치

과학 | 1,056자

📖 교과 연계
과학 5-2 생물과 환경

오래전부터 그 나라에서 살아온 생물을 '토종 생물'이라고 합니다. 반대로 외국에서 유입된 생물을 '외래종'이라고 하지요. 외래종은 대부분 새로운 환경에 적응하지 못해 사라지며, 일부는 잘 살아남아 생태계에 이로운 영향을 주기도 합니다. 하지만 몇몇 외래종은 토종 생물의 서식지를 침범하여 생태계의 균형을 깨뜨리는데, 이러한 생물을 '생태계 교란 생물'이라고 부릅니다.

우리나라에서 처음 생태계 교란 생물로 지정된 생물은 황소개구리입니다. 미국의 토종 생물인 황소개구리는 1970년대에 음식 재료로 사용하기 위해 우리나라로 들여왔습니다. 그러나 사람이 먹을

▲ 황소개구리

수 있는 부위는 뒷다리뿐인 데다가 판매도 잘되지 않았습니다. 수익이 나지 않자 황소개구리는 강과 호수에 무분별하게 버려졌습니다.

버려진 황소개구리는 우리나라의 토종 생물을 마구잡이로 먹어 치우기 시작했습니다. 먹성이 좋아서 작은 곤충류는 물론이고 새와 쥐, 그리고 뱀까지 포식했습니다.  그러나 몸길이가 약 20cm나 되는 황소개구리를 잡아먹는 천적은 없었습니다. 게다가 황소개구리는 번식력이 강하고 성장 속도도 빨라서 그 수가 급증했습니다. 이렇게 황소개구리가 우리나라의 생태계를 장악하자, 정부는 황소개구리 퇴치 운동을 대대적으로 펼쳤습니다. 현재는 천적이 생기고 주요 서식지가 파괴되어 개체 수가 많이 줄었습니다.

어휘 풀이

☐ **유입되다** 돈, 물품 등이 들어오게 되다. (流 흐를 유, 入 들 입)

☐ **교란** 마음이나 상황 등을 뒤흔들어서 어지럽고 혼란하게 함. (攪 어지러울 교, 亂 어지러울 란)

☐ **포식하다** 다른 동물을 잡아먹다.

☐ **천적** 잡아먹는 동물을 잡아먹히는 동물에 상대하여 이르는 말.

☐ **번식력** 생물체의 수나 양이 늘어서 많이 퍼지는 힘.

☐ **장악하다** 무엇을 마음대로 할 수 있게 휘어잡다.

☐ **퇴치** 물리쳐서 아주 없애 버림. (退 물러날 퇴, 治 다스릴 치)

☐ **관상용** 두고 보면서 즐기는 데 씀.

반대로 우리나라의 토종 생물이 다른 나라에 유입되어 생태계 균형을 위협하는 경우도 있습니다. 대표적인 사례가

▲ 가물치

가물치입니다. 2000년대 초, 미국에 관상용으로 수출된 가물치는 호수에 버려지면서 미국의 토종 생물을 닥치는 대로 잡아먹는 골칫거리가 되었습니다. 가물치도 황소개구리처럼 천적이 없고 생존력과 번식력이 뛰어나 그 수가 급격하게 늘었습니다. 미국에서는 매년 가물치 낚시 대회를 여는 등 생태계를 교란하는 가물치를 잡기 위해 노력하고 있습니다.

이처럼 함부로 유입된 외래종은 토종 생물을 잡아먹고 서식지를 빼앗아 생물 다양성을 해치는 생태계 교란 생물이 될 수 있습니다. 이를 예방하기 위해 정부는 외국의 동식물을 허가 없이 국내로 들여오거나 토종 생물을 외국으로 몰래 가지고 나가는 것을 법으로 금지하고 있습니다.

1 이 글을 읽고 답할 수 있는 질문이 <u>아닌</u> 것은 무엇인가요?　（　　　　）

내용
이해

① 생태계 교란 생물의 뜻은 무엇일까?

② 생태계 교란 생물에는 무엇이 있을까?

③ 생태계 교란 생물을 발견하면 어떻게 해야 할까?

④ 우리나라에서 처음 생태계 교란 생물로 지정된 생물은 무엇일까?

⑤ 생태계 교란 생물로 인한 피해를 예방하기 위해 정부는 어떤 노력을 하고 있을까?

2 황소개구리와 가물치에 대한 설명으로 알맞은 것은 무엇인가요?　（　　　　）

내용
이해

① 가물치는 미국의 토종 생물이다.

② 가물치의 몸길이는 약 20cm이다.

③ 황소개구리는 미국에 관상용으로 수출되었다.

④ 황소개구리는 수익이 나지 않자 강과 호수에 버려졌다.

⑤ 가물치는 음식 재료로 사용하기 위해 우리나라로 들여왔다.

💡 어떻게 알았나요?

황소개구리는　　　　　　　　의 토종 생물이고, 가물치는　　　　　　　　　의 토종 생물입니다.

3 황소개구리와 가물치의 수가 급증한 원인으로 알맞지 <u>않은</u> 것에 ✕표 하세요.

구조
파악

(1) 천적이 없기 때문이다.　　　　　　　　　　　　　　　　　　（　　　　）

(2) 외국에서 들여온 생물이기 때문이다.　　　　　　　　　　　（　　　　）

(3) 번식력과 생존력이 뛰어나기 때문이다.　　　　　　　　　　（　　　　）

4

★ 추론

전략 적용

다음 중 ㉠에 들어갈 뒷받침 문장으로 알맞은 것을 찾아 기호를 쓰세요.

> ㉮ 뱀은 온몸이 비늘로 덮여 있고 다리가 없으며 갈라진 혀로 냄새를 맡습니다.
>
> ㉯ 황소개구리 고기에는 단백질, 칼슘과 같은 영양소가 풍부하게 들어 있습니다.
>
> ㉰ 토종 생물인 금개구리를 잡아먹어 금개구리가 멸종 위기에 놓이기도 했습니다.

（　　　　）

5 이 글과 보기 를 읽고 호주의 생물들에 대해 <u>잘못</u> 짐작한 친구에게 ✕표 하세요.

창의

보기

원래 호주에는 토끼가 살지 않았다. 그런데 1859년에 한 영국인 농부가 토끼 스물네 마리를 호주로 들여왔다. 10년 뒤, 수천만 마리로 늘어난 토끼들은 엄청난 양의 풀과 나무 뿌리를 갉아 먹으며 토양을 황폐화시켰다. 토종 초식 동물들은 먹이를 구하지 못해 그 수가 줄어들었고, 이들을 먹이로 삼는 육식 동물들도 굶주림에 시달렸다. 그러자 호주 정부는 '토끼와의 전쟁'을 선포하며 여우를 들여왔다. 하지만 빠른 속도로 늘어나는 토끼를 없애기에는 역부족이었다. 설상가상으로 여우의 수도 급증하여, 여우들이 토끼뿐만 아니라 호주의 토종 생물까지 잡아먹기 시작했다.

▲ 호주의 토끼

(1) 해성: 토끼를 잡아먹는 천적이 여우인가 봐. ( )

(2) 규리: 토끼는 호주에서 생태계 교란 생물로 불릴 거야. ( )

(3) 민경: 여우는 호주의 토종 생물이었지만 지금은 아니겠어. ( )

핵심 정리

6 노트의 빈칸을 채우며, 이 글의 내용을 정리해 보세요.

「황소개구리와 가물치」 정리하기

	황소개구리	가물치
유입 시기 및 경로	1970년대에 미국에서 우리나라로 유입됨.	2000년대 초에 우리나라에서 미국으로 유입됨.
유입된 까닭	❶( )로 사용하기 위해 들여옴.	❸( )으로 수출됨.
특징	천적이 없고 번식력이 강하며 성장 속도가 빠름.	천적이 없고 ❹( )과 번식력이 뛰어남.
문제점	우리나라의 ❷( ) 생물을 먹어 치움.	미국의 토종 생물을 잡아먹음.

어휘 다지기

1 다음 낱말의 뜻으로 알맞은 것을 찾아 선으로 이으세요.

(1) 유입되다 •

(2) 장악하다 •

(3) 포식하다 •

• ① 다른 동물을 잡아먹다.

• ② 돈, 물품 등이 들어오게 되다.

• ③ 무엇을 마음대로 할 수 있게 휘어잡다.

2 빈칸에 알맞은 낱말을 보기 에서 찾아 쓰세요.

보기   천적   퇴치   번식력

(1) 고양이는 생쥐의 (   )이다.

(2) 판다는 (   )이/가 약해 평생 한두 마리의 새끼만 낳는다.

(3) 국제 사회는 가난한 나라에 식량을 지원하는 등 빈곤 (   )을/를 위해
노력하고 있다.

어휘 키우기

3 다음 뜻풀이를 읽고, 밑줄 친 낱말의 뜻으로 알맞은 것을 찾아 각각 기호를 쓰세요.

다의어

펼치다

㉠ 펴서 드러내다.
㉡ 보고 듣거나 감상할 수 있도록 사람들 앞에 주의를 끌 만한 상태
로 나타나다.
㉢ 꿈, 계획 등을 이루기 위해 행동하다.

(1) 두 선수는 결승전에서 명승부를 펼쳤다.   (   )

(2) 나는 국어사전을 펼쳐 낱말의 뜻을 확인했다.   (   )

(3) 장학금은 학생들이 마음껏 꿈을 펼칠 수 있게 도와준다.   (   )

조선 최초의 여론 조사

사회 | 1,100자

📖 교과 연계
사회 5-2 옛사람들의 삶과 문화

조선 시대에 농민들은 토지에서 수확한 곡물의 일부를 세금으로 내야 했다. 조선 초기에는 관리가 매년 곡물의 수확량을 확인하여 세금을 매겼다. 이는 수확량이 적은 흉년에 세금을 적게 걷어서 백성들의 어려움을 덜어 주기 위함이었다. 그러나 이 제도는 관리가 세금을 마음대로 정할 수 있었기 때문에 많은 폐단을 낳았다. 관리가 무거운 세금을 매기겠다고 협박하며 가난한 농민을 수탈했던 것이다.

이러한 폐단을 알고 있던 세종은 공정한 세금 제도가 필요하다고 생각했다. 세종이 주목한 것은 매년 동일한 세금을 거두는 방식인 중국식 공법이었다. 하지만 세종은 공법을 바로 시행하지 않았다. 세금 제도를 함부로 바꾸었다가는 백성에게 피해를 줄 수 있다고 여겼기 때문이다. 세종은 먼저 1427년에 실시한 과거 시험에서 공법의 문제점을 최소화할 방법에 대해 물었다. 이후 신하들과 공법에 관해 토론을 이어 갔고, 이를 토대로 공법의 초안을 마련하였다.

그리고 1430년, 세종은 공법 초안에 대한 백성들의 의견을 알아보기 위해 조선 최초의 전국적인 여론 조사를 지시하였다. _____ ㉠ _____ 당시 여론 조사에 참여한 사람은 중앙의 관리부터 일반 백성까지 17만여 명에 달했는데, 그중 약 57%가 공법 시행에 찬성하였다. 그러나 토지가 척박해 수확량이 적은 지역에서는 반대가 압도적으로 많았다. 비옥한 토지에 매겨지는 세금과 척박한 토지에 매겨지는 세금이 비슷하여 공정하지 않다는 것이 그 이유였다.

이렇게 찬반이 맞서자, 세종은 공법을 다시 검토하였다. 여론 조사에서 찬성이 많았던 지역에 시범적으로 공법을 적용하고, 관리들과 백성들의 의견을 반영하며 제도를 보완하였다. 이 과정에서 세종은 수확량의 차이를 고려해 세금을 차등적으로 거두는 방식을 구상하였다. 1444년, 세종은 마침내 토지의 비옥도를 6등급으로 나누고 풍흉의 정도를 9등급으로 나누어, 등급에 따라 정해진 세금을 부과하는 방식의 공법을 완성하였다. 이러한 세종의 공법에 따라 농민들은 토지가 척박할수록, 흉년이 든 해일수록 적은 세금을 내게 되었다.

세종의 공법은 백성들의 세금 부담을 줄여 주고, 보다 공정하게 세금을 걷는 좋은 제도였다. 그러나 공법이 지닌 가장 중요한 가치는 백성의 목소리에 귀를 기울여 제도를 완성했다는 점이다.

어휘 풀이

- **폐단** 어떤 일이나 행동에서 나타나는 옳지 못한 경향이나 해로운 현상.
- **수탈하다** 강제로 빼앗다. (收 거둘 수, 奪 빼앗을 탈)
- **공정하다** 공평하고 올바르다.
- **초안** 처음 대강 정한 안건이나 계획.
- **척박하다** 땅이 기름지지 못하고 몹시 메마르다.
- **비옥하다** 땅이 기름지고 양분이 많다. (肥 살찔 비, 沃 기름질 옥)
- **시범적** 모범을 보이는 것.
- **풍흉** 풍년과 흉년을 아울러 이르는 말. (豊 풍년 풍, 凶 흉할 흉)

1 이 글을 읽고 알 수 있는 내용이 <u>아닌</u> 것은 무엇인가요? (   )

내용
이해

① 공법의 내용   ② 공법의 장점

③ 조선 시대 세금의 종류   ④ 공법 초안에 대한 여론 조사의 규모

⑤ 조선 초기 세금 부과 방식의 문제점

2 세종의 공법에 대한 설명으로 알맞은 것을 두 개 고르세요. (,   )

내용
이해

① 1444년에 완성되었다.

② 백성의 세금 부담을 늘렸다.

③ 매년 동일한 세금을 거두는 방식이다.

④ 관리들과 백성들의 의견을 반영하였다.

⑤ 토지의 비옥도와 풍흉의 정도를 6등급으로 나누었다.

💡 **어떻게 알았나요?**

세종의 공법에 따르면 토지가 척박할수록, 흉년이 든 해일수록 [   ] 세금을 냅니다.

3 세종이 공법을 완성한 과정에 맞게 순서대로 기호를 쓰세요.

구조
파악

> ㉮ 전국적인 여론 조사를 진행하였다.
>
> ㉯ 일부 지역에 시범적으로 공법을 적용하였다.
>
> ㉰ 신하들과의 토론을 토대로 공법의 초안을 마련하였다.
>
> ㉱ 과거 시험에서 공법의 문제점을 최소화할 방법을 물었다.
>
> ㉲ 수확량의 차이를 고려해 세금을 차등적으로 거두는 방식을 구상하였다.

(   ) → (   ) → (   ) → (   ) → ㉲

전략 적용

4 ㉠에 들어갈 뒷받침 문장으로 적절한 것에 ○표 하세요.

★ 추론

(1) 그러나 여론 조사의 결과를 무조건 신뢰해서는 안 된다.   (   )

(2) 여론 조사는 3월부터 8월까지 무려 5개월간 진행되었다.   (   )

(3) 지금은 전화 통화를 활용한 여론 조사 방법이 널리 쓰인다.   (   )

5 다음 자료를 바탕으로 행복 마을과 사랑 마을에 세종의 공법을 적용할 때, 두 마을의 세금에 대해 바르게 말한 친구에게 ○표 하세요.

토지의 비옥도	
행복 마을	1등급
사랑 마을	6등급

풍흉의 정도		
1449년	1450년	1451년
매우 풍년	매우 풍년	매우 흉년

*토지의 비옥도는 1등급이 가장 비옥하고, 6등급이 가장 척박하다.

(1) 상지: 1450년에 두 마을은 1449년과 같은 양의 세금을 냈을 거야.　　　(　　　)

(2) 윤서: 1451년에 두 마을은 1450년보다 더 많은 양의 세금을 냈을 거야.　　　(　　　)

(3) 기현: 1449년과 1451년 모두 사랑 마을이 행복 마을보다 세금을 더 많이 냈을 거야.

　　　　　　　　　　　　　　　　　　　　　　　　　　　　　　　　(　　　)

핵심 정리

6 노트의 빈칸을 채우며, 이 글의 내용을 정리해 보세요.

「조선 최초의 여론 조사」 정리하기

세종의 공법

공정한 ❶(　　　) 제도가 필요하다고 생각한 세종은 중국식 공법에 주목하였다.

과거 시험에서의 질문, 신하들과의 토론을 토대로 공법의 초안을 마련하였다.

1430년, 공법 초안에 대한 조선 최초의 전국적인 ❷(　　　) 조사를 진행하였다.

1444년, 토지의 ❸(　　　)와 풍흉의 정도에 따라 일정한 세금을 부과하는 방식의 공법을 완성하였다.

공법의 가치

❹(　　　)의 목소리에 귀를 기울여 완성한 제도이다.

어휘 다지기

1 다음 낱말의 뜻으로 알맞은 것을 찾아 선으로 이으세요.

(1) 비옥하다 •   • ① 강제로 빼앗다.

(2) 수탈하다 •   • ② 땅이 기름지고 양분이 많다.

(3) 척박하다 •   • ③ 땅이 기름지지 못하고 몹시 메마르다.

2 빈칸에 알맞은 낱말을 보기 에서 찾아 쓰세요.

> 보기   초안   폐단   시범적

(1) 토론한 내용을 바탕으로 계획의 (   )을 수정하였다.

(2) 우리 학교는 올해 (   )으로 통학 버스를 운영하기로 하였다.

(3) 그 제도는 (   )이 심해서 많은 사람이 없앨 것을 요구하였다.

어휘 키우기

3 다음 뜻을 가진 '수(收)'가 사용된 낱말에 모두 V표 하세요.

한자어

收
거둘 수

예 수확(收穫): 심어서 가꾼 농작물을 거두어들임.

(1) 수집(■集): 흩어져 있던 것을 거두어 모음. ☐

(2) 수행(■行): 생각하거나 계획한 대로 일을 해냄. ☐

(3) 수입(■入): 어떤 일을 하여 돈이나 물건 등을 거두어들임. ☐

7 어울리는 시각 자료 짐작하기

현장 체험학습 공지

현장 체험학습 장소를 선정하기 위한 투표 결과, 암사동 선사 유적지가 53표, 남산 서울 타워가 27표, 북촌 한옥 마을이 20표를 받았습니다. 따라서 이번 체험학습은 암사동 선사 유적지로 가서 움집이나 빗살무늬 토기와 같은 선사 시대의 유적을 관람할 예정입니다.

● 암사동 선사 유적지
● 남산 서울 타워
● 북촌 한옥 마을

개념 이해

현장 체험학습 공지에 어떤 시각 자료가 어울릴까요? 투표 결과를 정리한 도표나 체험학습에서 볼 유적의 사진이 있다면 공지 내용을 더 쉽게 이해할 수 있을 것입니다. 이처럼 글에 어울리는 **시각 자료**는 글의 내용을 보다 효과적으로 전달해 줍니다. 글과 함께 제시되는 시각 자료에는 표, 그림, 사진, 도표 등이 있습니다.

이렇게 해요!

① 글에 제시된 정보와 어울리는 시각 자료가 무엇일지 생각해 봅니다.
- 표: 많은 양의 자료를 간단하게 나타낼 때
- 그림, 사진: 설명하는 대상의 모습이나 특징을 보여 줄 때
- 도표: 수치의 변화나 비교를 보여 줄 때

② 짐작한 시각 자료가 글의 내용과 관련이 있는지 확인해 봅니다.

도표의 종류에는 막대그래프, 원그래프, 꺾은선 그래프 등이 있어.

확인 문제

1 다음 글의 내용과 관련 있는 시각 자료에 ○표 하세요.

> 유네스코는 인류의 보편적 가치가 담긴 유산을 발굴하여 '유네스코 유산'으로 지정하고, 이를 보호하는 데 힘쓰고 있다. 유네스코 유산은 크게 세계 유산, 무형 문화유산, 세계 기록 유산으로 나뉜다.
>
> 우리나라에서 가장 최근에 등재된 유네스코 유산은 탈춤이다. 2022년에 인류 무형 문화유산이 된 탈춤은 탈을 쓴 사람들이 춤을 추면서 대사를 주고받는 종합 예술이다. 또한 사회를 비판하고 관객의 참여를 끌어내는 소통의 예술이기도 하다. 유네스코는 탈춤이 평등의 가치를 강조하고 지역의 문화를 반영한다는 점을 높이 평가하였다고 밝혔다.

(1)
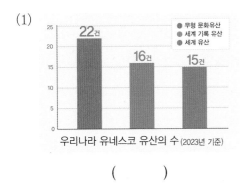
우리나라 유네스코 유산의 수 (2023년 기준)
(   )

(2)

(   )

글에 나온 낱말이 들어 있는 자료라고 해서 모두 글과 관련된 것은 아니야.

2 다음 글에 어울리지 <u>않는</u> 시각 자료에 ✕표 하세요.

> 순천만 습지에는 새들의 먹이가 되는 칠면초와 새들에게 은신처를 제공하는 갈대가 군락을 이루고 있다. 이러한 환경 덕분에 순천만 습지에서는 37종의 여름 철새, 45종의 겨울 철새, 45종의 나그네새, 30종의 텃새 등 많은 새를 관찰할 수 있다. 이 새들 중에는 천연기념물로 지정된 흑두루미를 비롯하여 검은머리갈매기, 노랑부리백로와 같은 희귀 조류도 포함되어 있다.

순천만 습지에서 볼 수 있는 새의 종류와 관련 없는 자료가 무엇인지 생각해 봐.

(1) 순천만 습지를 찾는 철새들의 이동 거리를 나타낸 표 (   )

(2) 순천만 습지에 서식하는 희귀 조류의 모습을 보여 주는 사진 (   )

(3) 순천만 습지에서 관찰할 수 있는 새들의 종 수를 정리한 도표 (   )

영월에 다녀와서

인문 | 904자

📖 교과 연계
사회 5-1 국토와 우리 생활

지난 주말, 가족들과 함께 자동차를 타고 강원도 영월에 다녀왔다. 우리가 맨 처음 찾은 곳은 선암 마을의 '한반도˙지형'이었다. 주차장에서부터 15분 정도를 걸어 전망대에 도착하니 아름다운 경치가 눈앞에 펼쳐졌다. ㉠전망대에서 바라본 한반도 지형은 우리나라 지도를 그대로 옮겨 놓은 것 같았다. 삼면이 바다로 둘러싸인 모습, 동쪽은 높고 서쪽은 낮은 동고서저의 형태, 동해와 서해의˙해안선의 특징까지 한반도를 쏙 빼닮았다. 이렇게 신비로운 경관을 만들어 낸 자연의 힘이 경이롭기만 하였다.

전망대에서 한참을 구경하다 보니 강물을 따라 움직이는 뗏목이 보였다. 우리도 뗏목을 타 보기로 하고, 전망대를 내려가˙선착장으로 갔다. 뗏목은 한반도 지형의 동쪽에서 출발해 남쪽을 지나 서쪽을 왕복했다. 뗏목에는 '떼꾼'이라고 부르는 안내인이 함께 탔는데, 동해안의 포항 호미곶, 남해안의 해남 땅끝 마을, 서해안의 인천항 등 우리나라 지도에 있는 지명과 한반도 지형을 비교하며 재미있게 설명해 주셨다. ㉡처음 뗏목을 탔을 때는 조금 무서웠지만, 한반도 지형을 자세히 돌아볼 수 있어서 타길 잘했다는 생각이 들었다.

㉢우리는 펜션에서 하룻밤을 묵고 다음 날 점심 즈음 '선돌'로 향했다. 선돌은 서강 강변의 절벽에 우뚝 서 있는 바위인데, 마치 커다란 칼로 절벽을 쪼갠 것 같은 모습이었다. 전해 오는 이야기에 따르면 조선의 6대 임금인 단종이˙유배

▲ 선돌

를 떠나는 길에 이 바위를 보고, 신선이 서 있는 모습과 닮았다고 하여 선돌이라 불린다고 한다. 거대한 선돌과˙깎아지른 듯한 절벽, 그리고 유유히 흐르는 서강의 풍경이 한 폭의 그림처럼 아름다워 감탄을 자아냈다.

이번 여행은 영월의 대표적인˙명승들을 경험하고, 우리나라의 지형과 역사에 대해 새롭게 알게 된 의미 있는 여행이었다. 특히 이곳의 빼어난 경치는 오래도록 기억에 남을 것 같다.

어휘 풀이

□ **지형** 땅의 생긴 모양. (地 땅 지, 形 모양 형)

□ **해안선** 바다와 육지가 맞닿은 선. (海 바다 해, 岸 언덕 안, 線 줄 선)

□ **선착장** 배가 와서 닿는 곳. (船 배 선, 着 붙을 착, 場 마당 장)

□ **유배** 옛날에 죄인에게 형벌을 주어 먼 시골이나 섬으로 보내던 일.

□ **깎아지르다** 벼랑 등이 반듯하게 깎아 세운 듯 가파르다.

□ **명승** 경치가 좋기로 이름난 곳.

1 글쓴이가 간 장소에 대한 설명으로 알맞은 것을 찾아 각각 기호를 쓰세요.

내용
이해

> ㉮ 우리나라의 지형을 쏙 빼닮았다.
>
> ㉯ 칼로 절벽을 쪼갠 것 같은 모습이다.
>
> ㉰ 뗏목을 타고 자세히 돌아볼 수 있다.
>
> ㉱ 신선이 서 있는 모습과 닮아 그 이름이 생겼다.

(1) 한반도 지형: (,   )   (2) 선돌: (,   )

2 글쓴이가 여행에서 한 일이 <u>아닌</u> 것은 무엇인가요?   (   )

내용
이해

① 선암 마을의 한반도 지형에 갔다.

② 주차장에서 전망대까지 걸어갔다.

③ 선돌과 절벽, 서강의 풍경을 보았다.

④ 뗏꾼에게 선돌에 얽힌 이야기를 들었다.

⑤ 전망대에서 선착장으로 내려가 뗏목을 탔다.

💡 어떻게 알았나요?

뗏목에는   이라고 부르는 안내인이 함께 탔습니다.

3 ㉠~㉢은 각각 무엇에 해당하는지 알맞게 선으로 이으세요.

구조
파악

(1) ㉠ •   • ① | 여행의 과정이나 일정 |

(2) ㉡ •   • ② | 여행하며 보거나 들은 것 |

(3) ㉢ •   • ③ | 여행하며 든 생각이나 느낌 |

전략 적용

4 이 글에 어울리는 시각 자료에 〇표 하세요.

★추론

(1) 조선 시대 왕의 이름과 업적을 정리한 표   (   )

(2) 전망대에서 한반도 지형의 모습을 찍은 사진   (   )

(3) 우리나라의 지형이 형성된 과정을 그린 그림   (   )

오로라의 비밀

과학 | 958자

📖 교과 연계
과학 3-1 물질의 상태

노르웨이, 아이슬란드, 캐나다, 핀란드 등 극지방 부근의 나라에서는 종종 커다란 커튼 모양의 빛이 아름답게 출렁이는 풍경을 볼 수 있습니다. 이는 위도가 높은 지역에서만 드물게 볼 수 있는 오로라로, 태양의 플라스마가 지구로 들어오며 생기는 신비로운 자연 현상입니다.

플라스마는 고체, 액체, 기체와는 다른, 물질의 네 번째 상태입니다. 물질의 상태는 온도에 따라 변화합니다. 물질은 온도가 높아지면 고체에서 액체로, 액체에서 기체로 상태가 변합니다. 그런데 기체를 아주 높은 온도로 가열하면 기체를 이루는 입자가 더 작은 입자들로 나뉩니다. 이러한 물질의 상태를 '플라스마'라고 합니다. 지구상에서는 흔하지 않지만, 우주 전체로 보면 물질의 99% 이상이 플라스마 상태로 존재합니다.

태양과 같이 뜨거운 천체에서는 플라스마가 뿜어져 나옵니다. 태양에서 방출되는 플라스마의 흐름은 바람과 비슷하다고 하여 '태양풍'이라고 부릅니다. 태양풍의 플라스마는 강한 에너지와 방사능을 가지고 있어서, 지구로 곧장 진입할 경우 생명체에게 큰 피해를 줍니다. 다행히 지구는 거대한 자석과 같아서 자기장으로 둘러싸여 있습니다. 지구의 강력한 자기장은 태양풍을 대부분 튕겨 냅니다.

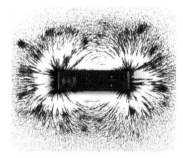

▲ 막대자석의 철 가루

하지만 지구에 태양풍이 끌려 들어오는 곳이 있습니다. 마치 막대자석의 양 끝에 철 가루가 많이 붙듯이, 지구 근처로 다가온 태양풍은 지구의 자기장으로 인해 극지방으로 유입됩니다. 극지방 부근의 대기로 들어온 태양풍의 플라스마는 공기와 부딪쳐 형형색색으로 발광하는데, 이러한 현상이 바로 오로라입니다.

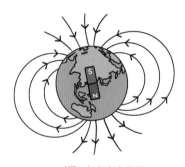

▲ 지구 자기장의 흐름

오로라의 색은 플라스마가 충돌하는 기체의 종류에 따라 결정됩니다. 고도 90~150km 사이의 상공에서는 플라스마가 산소 및 질소와 충돌하여 초록색을 띠고, 150km 이상에서는 산소와 충돌하여 붉은색을 띱니다. 다만 붉은색 오로라는 지상에서 너무 멀리 떨어져 있기 때문에 맨눈으로 관측하기 힘듭니다. 그래서 우리가 보는 오로라는 일반적으로 초록색입니다.

1 이 글의 제목을 바꾸어 쓸 때 가장 적절한 것은 무엇인가요? (   )

중심
생각

① 오로라를 보고 와서   ② 오로라가 생기는 원리

③ 오로라와 자석의 관계   ④ 오로라를 관측하는 방법

⑤ 오로라가 지구에 미치는 영향

2 다음에서 설명하는 것이 무엇인지 이 글에서 찾아 쓰세요.

내용
이해

(1) 태양에서 방출되는 플라스마의 흐름: (   )

(2) 대기로 들어온 플라스마가 공기와 부딪쳐 발광하는 현상: (   )

(3) 기체를 아주 높은 온도로 가열할 때 만들어지는 물질의 상태: (   )

3 이 글의 내용으로 알맞지 <u>않은</u> 것은 무엇인가요? (   )

내용
이해

① 오로라는 위도가 높은 지역에서만 볼 수 있다.

② 지구 근처로 다가온 태양풍은 극지방으로 유입된다.

③ 지구를 둘러싼 자기장은 태양풍을 대부분 흡수한다.

④ 태양풍의 플라스마는 강한 에너지와 방사능을 가진다.

⑤ 붉은색 오로라보다 초록색 오로라를 관측하기가 더 쉽다.

전략 적용

4 이 글에 어울리지 <u>않는</u> 시각 자료에 ✕표 하세요.

★ 추론

(1)

(   )

(2)

고도	오로라의 색
90~150km	초록색
150km 이상	붉은색

(   )

(3)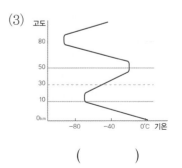

(   )

5

창의

이 글을 읽고, ㉮~㉰에 대해 **잘못** 짐작한 것에 ✕표 하세요.

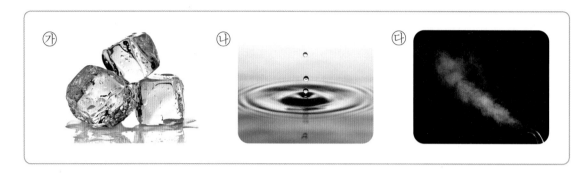

(1) ㉯의 온도가 높아지면 ㉰의 상태가 될 것이다. ( )

(2) 우주의 거의 모든 물질은 ㉮의 상태로 존재할 것이다. ( )

(3) ㉰를 아주 높은 온도로 가열하면 입자가 더 작게 나누어질 것이다. ( )

어떻게 알았나요?

는 고체, 액체, 기체와는 다른, 물질의 네 번째 상태입니다.

핵심 정리

6

노트의 빈칸을 채우며, 이 글의 내용을 정리해 보세요.

「오로라의 비밀」 정리하기

오로라의 생김새	커다란 ❶( ) 모양의 빛이 출렁이는 모습임.
오로라의 특징	위도가 ❷( ) 지역에서만 드물게 볼 수 있음.
오로라의 발생 원리	극지방 부근의 대기로 들어온 ❸( )의 플라스마가 공기와 부딪쳐 발광함.
오로라의 색깔	고도 90~150km에서는 ❹( )을 띠고, 고도 150km 이상에서는 붉은색을 띰.

어휘 다지기

1 다음 낱말의 뜻으로 알맞은 것을 찾아 선으로 이으세요.

(1) 가열하다 •

(2) 발광하다 •

(3) 진입하다 •

• ① 빛을 내다.

• ② 어떤 물질에 열을 가하다.

• ③ 목적한 곳으로 들어서거나 일정한 상태에 들어가다.

2 빈칸에 알맞은 낱말을 보기 에서 찾아 쓰세요.

보기   고도   지상   천체

(1) 망원경으로 밤하늘의 (   )을/를 관측했다.

(2) 그는 낙하산을 타고 천천히 (   )(으)로 내려왔다.

(3) 조종사는 공항에 착륙하기 위해 비행기의 (   )을/를 낮추었다.

어휘 키우기

3 다음 밑줄 친 낱말과 같은 뜻의 '이루다'가 쓰인 것에 V표 하세요.

다의어

기체를 아주 높은 온도로 가열하면 기체를 <u>이루는</u> 입자가 더 작은 입자들로 나뉩니다.

(1) 그는 꿈을 <u>이루기</u> 위해 밤낮없이 노력했다. ☐

(2) 이곳은 나무가 무성하게 자라 숲을 <u>이루었다</u>. ☐

(3) 다양한 악기 소리가 조화를 <u>이루며</u> 아름다운 선율을 만들었다. ☐

2070년 인구 전망

사회 | 1,070자

📖 교과 연계
사회 4-2 사회 변화와 문화의 다양성

1 1987년 7월 11일, 세계 인구가 50억 명을 넘은 것을 계기로 '세계 인구의 날'이 만들어졌다. 전 세계 인구는 이날 이후로도 가파르게 증가하여 1998년에 60억 명, 2010년에 70억 명을 돌파했고, 2022년에는 80억 명을 넘어섰다. 앞으로 전 세계와 우리나라의 인구는 어떻게 변화하게 될까?

2 미래의 인구를 예측할 때는 '합계 출산율'과 '기대 수명'을 함께 살펴보아야 한다. 합계 출산율은 여성 한 명이 평생 동안 낳을 것으로 예상되는 평균 자녀 수를 말한다. 그리고 기대 수명은 한 사람이 태어나서 앞으로 생존할 것으로 기대되는 평균 연수를 말한다. 쉽게 말해 사람이 평균적으로 얼마나 오래 살지를 나타내는 것이 기대 수명이다.

3 세계 합계 출산율은 1970년대 이후로 꾸준히 감소해 왔다. 이렇게 출산율이 떨어지는데도 인구가 증가한 배경에는 늘어난 기대 수명이 있다. 의학이 발전하고 보건 환경이 개선되면서 인간의 기대 수명은 크게 증가하였다. 출산율은 줄지만 기대 수명이 늘어나는 추세가 이어짐에 따라, 세계 인구는 계속 증가할 것으로 전망된다. 유엔은 「2022년 세계 인구 전망 보고서」에서 2070년이면 세계 인구가 약 103억 명이 될 것으로 예측하였다.

4 하지만 우리나라 인구 전망은 세계 인구 전망과 판이하다. 2021년 우리나라의 인구는 5,173만여 명으로, 2020년에 비해 9만여 명이 줄어들어 사상 처음으로 인구가 감소하였다. 다음 해인 2022년에도 전년 대비 4만 명 이상 줄어든 5,169만여 명을 기록하였다. 통계청은 이와 같은 감소세가 지속되어 2070년에는 우리나라의 인구가 3,800만 명대에 이를 것으로 전망하였다. 합계 출산율이 세계 최저 수준임과 동시에 급격하게 하락하고 있기 때문이다.

5 인구의 양적 감소보다 더 큰 문제는 고령화이다. 출생아 수가 줄면서 전체 인구에서 65세 이상의 고령 인구가 차지하는 비율이 높아지고 있다. 이러한 고령화 추세가 심화되면, 일을 할 수 있는 젊은 사람이 부족해지고 노인 부양 부담이 증가하는 등 여러 사회적 문제가 발생한다. 우리나라의 미래를 위해 ㉠저출산, 고령화 문제를 심각하게 받아들이고 대처하려는 노력이 필요한 이유이다.

어휘 풀이

□ **돌파하다** 일정한 기준이나 기록 등을 지나서 넘어서다. (突 부딪칠 돌, 破 깨뜨릴 파)

□ **추세** 어떤 현상이 일정한 방향으로 나아가는 경향.

□ **전망되다** 앞날이 미리 예상되다.

□ **판이하다** 비교 대상의 성질이나 모양, 상태 등이 아주 다르다. (判 판가름할 판, 異 다를 이)

□ **사상** 역사가 기록되어 온 이래. (史 역사 사, 上 위 상)

□ **심화되다** 정도나 경지가 점점 깊어지다. (深 깊을 심, 化 될 화)

□ **부양** 수입이 없어서 혼자 생활하기 어려운 사람을 돌봄. (扶 도울 부, 養 기를 양)

1 이 글의 내용으로 알맞지 <u>않은</u> 것은 무엇인가요? (   )

내용
이해

① 세계 인구는 2022년에 80억 명을 넘어섰다.

② 우리나라 인구는 2022년에 처음으로 감소하였다.

③ 유엔은 2070년 세계 인구를 약 103억 명으로 예측하였다.

④ '세계 인구의 날'은 세계 인구가 50억 명을 넘은 것을 계기로 만들어졌다.

⑤ 기대 수명은 한 사람이 태어나서 앞으로 생존할 것으로 기대되는 평균 연수이다.

2 세계 인구가 증가한 까닭이 무엇인지 (   )에서 알맞은 말을 골라 ○표 하세요.

내용
이해

> 합계 출산율은 (감소 / 증가)했지만, 기대 수명은 (감소 / 증가)했기 때문이다.

3 이 글에 나타난 우리나라의 인구 문제에 대한 설명으로 알맞은 것을 찾아 기호를 쓰세요.

내용
이해

> ㉮ 합계 출산율이 세계 최고 수준이다.
> ㉯ 전체 인구에서 고령 인구의 비율이 낮아지고 있다.
> ㉰ 2070년에는 인구가 3,800만 명대로 줄어들 것이다.

(   )

💡 어떻게 알았나요?

우리나라의 인구 문제는   문단과   문단에 나와 있습니다.

4 전략 적용
각 문단에 어울리는 시각 자료를 알맞게 짝 지은 것에 ○표 하세요.

★추론

(1) **1**문단 — 우리나라 인구수의 변화를 나타낸 그래프   (   )

(2) **3**문단 — 나라별 인구수를 나타낸 그래프   (   )

(3) **4**문단 — 세계 합계 출산율의 변화를 나타낸 그래프   (   )

(4) **5**문단 — 우리나라 인구 중 고령 인구 비율의 변화를 나타낸 그래프   (   )

5 이 글을 읽고, ㉠에 대처하는 방법을 잘못 말한 친구의 이름을 쓰세요.

창의

> 윤주: 아이를 낳아도 어떻게 키울지 걱정하는 부모들이 많아. 그러니 아이를 돌봐
> 주는 시설을 늘려야 해.
> 아영: 학교를 더 많이 지을 필요가 있겠어. 학교에 입학하는 어린이가 많아져서 교
> 실이 모자라기 때문이야.
> 성희: 노인들이 일자리를 찾을 수 있게 도와야 해. 그러면 건강한 노인들이 스스로
> 돈을 벌며 살아갈 수 있을 거야.

(   )

핵심 정리

6 노트의 빈칸을 채우며, 이 글의 내용을 정리해 보세요.

「2070년 인구 전망」 정리하기

미래의 인구를 예측하는 방법
'합계 출산율'과 '기대 수명'을 함께 살펴본다.

- 합계 출산율: 여성 한 명이 평생 동안 낳을 것으로 예상되는 평균 ❶(   ) 수
- 기대 수명: 한 사람이 태어나서 앞으로 ❷(   )할 것으로 기대되는 평균 연수

세계 인구 전망	우리나라 인구 전망
합계 출산율은 줄지만 기대 수명이 늘어나면서, 인구가 계속 ❸( )할 것으로 전망된다.	합계 ❹( )이 세계 최저 수준임과 동시에 급격하게 하락하고 있기 때문에 인구가 줄어들 것으로 전망된다. 전체 인구에서 65세 이상 고령 인구의 비율이 높아지는 ❺( ) 추세가 심화되고 있다.

어휘 다지기

1 다음 낱말의 뜻으로 알맞은 것을 찾아 선으로 이으세요.

(1) 심화되다 •

(2) 전망되다 •

(3) 판이하다 •

• ① 앞날이 미리 예상되다.

• ② 정도나 경지가 점점 깊어지다.

• ③ 비교 대상의 성질이나 모양, 상태 등이 아주 다르다.

2 빈칸에 알맞은 낱말을 보기에서 찾아 쓰세요.

보기   부양   사상   추세

(1) 요즘은 확대 가족이 줄고 핵가족이 많아지는 (   )이다.

(2) 그 드라마는 큰 인기를 끌며 (   ) 최고의 시청률을 기록했다.

(3) 할아버지께서 일을 그만두셔서 자식들의 (   )이/가 필요해졌다.

어휘 키우기

3 다음 뜻을 가진 '저(低)'가 사용된 낱말에 모두 ∨표 하세요.

한자어

低 낮을 저	예 최저(最低): 정도나 수준이 가장 낮음.

(1) 저온(▨溫): 낮은 온도. ☐

(2) 저축(▨蓄): 절약하여 모아 둠. ☐

(3) 저하(▨下): 정도, 수준, 능률 등이 떨어져 낮아짐. ☐

인물의 성격 파악하기

이야기에서는 다양한 성격을 지닌 인물들이 서로 얽혀 특별한 사건이 생겨!

개념 이해

　　유미는 1등을 한 친구에게 웃으며 축하의 말을 건넸습니다. 하지만 민지는 찡그린 얼굴로 콧방귀를 뀌었습니다. 이를 통해 유미는 착한 성격이고, 민지는 샘이 많은 성격이라고 짐작할 수 있습니다.

　　이처럼 이야기에 등장하는 **인물의 성격**은 그 인물의 말과 행동, 생각을 살펴보면 알 수 있습니다. 때로는 '상냥하다', '거만하다'처럼 인물의 성격이 글에 직접적으로 드러나기도 합니다. 인물의 성격은 여러 가지 사건을 겪으면서 변화할 수도 있습니다.

이렇게 해요!

① 이야기를 읽으며 인물의 성격을 직접 알려 주는 말을 찾습니다.
　예 활발하다, 솔직하다, 다정하다, 인색하다, 소심하다 등
② 인물이 한 말과 행동, 생각을 살펴보고 인물의 성격을 짐작합니다.

확인 문제

[1~2] 다음 글을 읽고, 물음에 답하세요.

> ㉠나는 학교에서 8년 동안 머무르며 많은 것을 배웠고, 저학년 학생을 가르치기도 했다. 학교에서 지내는 동안 나는 내 곁을 지켜 주시는 템플 선생님께 의지했다. 그러나 선생님은 결혼식을 올리자마자 학교를 떠나 버리셨다.
>
> 선생님이 떠난 뒤, 나는 앞으로 어떻게 살아가야 할지 고민하며 지난 8년을 되돌아보았다. ㉡그러다 보니 학교를 나와 자유롭게 세상을 탐험하고 싶은 마음이 샘솟았다.
>
> "어쩌면 힘든 일을 해야 할지도 몰라. 그렇지만 그런 삶에도 뭔가가 있을 거야. ㉢의지만 있다면 많은 걸 얻을 수 있겠지!"
>
> 나는 혼잣말을 내뱉었다. 그리고 새 일자리를 구할 방법을 찾기 시작했다. 그때 문득《헤럴드》신문의 광고면이 떠올랐다.
>
> ㉣'그래, 직접 일자리를 구하는 광고를 내야겠어.'
>
> > 저는 아이들을 가르친 경험이 있는 젊은 여성입니다. 열네 살 이하 아이가 있는 가정의 교사 자리를 찾고 있습니다. 저는 영어와 프랑스어, 미술, 음악 등 모든 과목을 가르칠 자격을 갖추고 있습니다. 답장은 로턴 우체국 '제인 에어' 앞으로 보내 주세요.
>
> 나는 광고 문구를 써서 편지봉투에 넣었다. 그리고 그날 오후, 편지를 들고 우체국으로 향했다.
>
> — 샬럿 브론테, 『제인 에어』 중

'내'가 하는 말과 행동, 생각을 살펴보고, '내'가 어떤 사람일지 상상하며 이야기를 읽어 봐.

1 ㉠~㉣ 중 '나'의 성격을 짐작할 수 있는 부분이 <u>아닌</u> 것을 찾아 기호를 쓰세요.

(   )

2 '나'의 성격을 알맞게 짐작한 친구에게 ○표 하세요.

'나'의 성격을 짐작할 수 있는 내용을 떠올려 봐.

(1) 영서: 익숙한 곳을 떠나 새로운 삶에 도전하려는 깃을 보니 '나'는 적극적인 성격이야. (   )

(2) 준규: 의지하던 선생님이 떠난 뒤에야 학교를 나오려는 것을 보니 '나'는 의존적인 성격이야. (   )

알프스의 소녀 하이디 | 요하나 슈피리

앞부분의 줄거리 | 어릴 적 부모를 잃은 하이디는 알프스의 할아버지 집에 맡겨져 그곳에서 행복하게 지낸다. 그러던 어느 날, 이모가 찾아와 하이디를 도시에 있는 제제만 씨의 집으로 데려간다. 하이디는 제제만 씨의 딸인 클라라와 우정을 쌓으면서도 매일 알프스를 그리워한다.

소설 | 970자

"밤마다 우리 집에 유령이 나타나 현관문을 활짝 열어 두고 계단으로 사라져 버린다는군. 그래서 자네와 함께 지켜보려고 불렀네."

제제만 씨는 친구이자 의사인 클라센 선생에게 말했다. 두 사람은 계단 옆에 있는 방으로 들어가 유령을 기다렸다. 괘종시계가 새벽 한 시를 알리자, 누군가가 현관문을 여는 소리가 들렸다. 두 사람은 번개같이 복도로 달려 나갔다.

"꼼짝 마! 거기 누구냐?"

선생이 크게 소리치자 유령처럼 보이는 하얀 형상이 뒤를 돌아보았다. 그 형상은 바로 하얀 잠옷을 입은 하이디였다. 제제만 씨가 하이디에게 말했다.

"애야, 이게 무슨 일이니? 여기서 뭘 하고 있었니?"

클라센 선생은 덜덜 떨고 있는 하이디를 다독이며 방으로 데려갔다.

"애야, 오늘 밤에 무슨 꿈이라도 꾼 거니? 어디 아픈 곳은 없고?"

선생은 하이디의 손을 잡고 따뜻한 목소리로 물었다.

"네. 저는 밤마다 할아버지 집에 있는 꿈을 꿔요. 그곳은 전나무 사이로 바람이 휘파람을 불며 지나가고, 하늘에는 반짝이는 별들이 금방이라도 쏟아질 듯 아름다운 곳이에요. 그런데 아침에 눈을 뜨면 저는 여기, 도시에 있어요."

하이디는 간신히 눈물을 참고 대답했다.

㉠"아주 커다랗고 무거운 돌이 가슴을 꽉 누르는 것 같아요."

하이디는 이 말을 하며 결국 눈물을 흘렸다.

"울고 싶을 때는 우는 것이 좋단다. 마음껏 울고 푹 자고 나면 괜찮아질 거야."

하이디의 방을 나온 클라센 선생은 거실로 가서 제제만 씨에게 말했다.

"저 아이는 알프스와 할아버지를 떠난 뒤로 향수병에 시달리다가 몽유병을 앓게 된 걸세. 저 아이를 그대로 두면 점점 더 상태가 나빠질 거야."

깜짝 놀라는 제제만 씨를 보고, 선생이 말을 이었다.

"제제만, 이건 약으로 고칠 수 있는 병이 아니야. 알프스의 맑은 공기만이 저 아이를 치료할 수 있네. 이러다가 저 아이는 목숨을 잃을지도 몰라."

선생의 말에 충격을 받은 제제만 씨가 말했다.

"자네가 그렇게 말하니 어쩔 수 없군. 당장 하이디를 알프스로 돌려보내겠네."

어휘 풀이

- **괘종시계** 시간마다 종이 울리는 시계. 보통 추가 있으며 벽에 걸어 둔다.
- **형상** 사물의 생긴 모양이나 상태.
- **향수병** 고향을 그리워하는 마음을 병에 비유하여 이르는 말. (鄕 시골 향, 愁 근심 수, 病 병들 병)
- **몽유병** 잠을 자는 도중에 일정 시간 동안 깨어 있는 사람처럼 행동하고 다음 날 전혀 기억하지 못하는 병.

1

내용
이해

이 글의 내용으로 알맞지 <u>않은</u> 것은 무엇인가요?   (   )

① 하이디는 밤마다 할아버지 집에 있는 꿈을 꾼다.

② 클라센 선생은 하이디를 다독이며 방으로 데려갔다.

③ 하이디는 하얀 잠옷을 입은 유령을 보고 덜덜 떨었다.

④ 제제만 씨는 하이디가 목숨을 잃을지도 모른다는 말에 충격을 받았다.

⑤ 제제만 씨와 클라센 선생은 집에 유령이 나타난다는 말을 듣고 유령을 기다렸다.

2

내용
이해

하이디가 ㉠과 같이 말한 까닭으로 알맞은 것은 무엇인가요?   (   )

① 클라센 선생이 크게 소리쳐서

② 시골을 떠나 도시에 살고 싶어서

③ 몽유병에 걸린 사실을 알게 되어서

④ 할아버지와 아름다운 알프스가 그리워서

⑤ 제제만 씨가 자신을 알프스로 보내려고 해서

3

★ 추론

전략 적용

이 글에 나온 인물의 성격을 알맞게 짐작한 것에 ○표 하세요.

(1) 이유 없이 잠에서 자주 깨는 것을 보니 하이디는 예민한 성격이다.   (   )

(2) 하이디를 걱정하고 위로하는 것을 보니 클라센 선생은 다정한 성격이다.   (   )

(3) 유령을 잡으려고 친구를 이용하는 것을 보니 제제만 씨는 야비한 성격이다. (   )

💡 어떻게 알았나요?

하이디는 향수병에 시달리다가 [   ]을 앓게 되었습니다.

4

창의

하이디가 겪은 것과 가장 비슷한 경험을 말한 친구의 이름을 쓰세요.

> 원영: 밤에 높은 곳에 올라가 도시를 바라본 적이 있어. 화려하게 빛나는 야경이 너무 아름다웠어.
>
> 민기: 어렸을 때 할머니와 함께 살다가 여기로 이사를 왔어. 가끔 할머니가 보고 싶어서 눈물이 나.
>
> 희수: 얼마 전에 태풍이 와서 나무가 심하게 흔들리는 것을 보았어. 나무가 내 쪽으로 쓰러질까 봐 무서웠어.

(   )

토끼전

소설 | 947자

토끼와 자라가 용궁에 도착하자, 신하들이 토끼를 용왕 앞으로 데려갔다. 용왕은 근엄한 표정으로 토끼에게 말했다.

"내가 병이 들어 고생한 지 오래되었다. 네 간이 약이라 하여 특별히 나의 충직한 신하를 보내 데려온 것이니, 너는 죽는 것을 슬퍼하지 마라."

용왕의 말을 들은 토끼는 자신이 자라의 꾐에 넘어갔음을 깨달았다. 하지만 이미 엎질러진 물이었다. 토끼는 잠시 육지로 돌아갈 방법을 궁리하다가 ㉠둘러댈 만한 거짓말이 떠올라 공손히 절을 하며 말했다.

"제가 한 말씀 드리겠습니다. 제 목숨을 바쳐 용왕님의 병을 고칠 수 있다면 얼마나 기쁘겠습니까? 다만 지금은 제 몸 안에 간이 없습니다. 토끼는 하늘의 기운을 받아 태어나기 때문에 세상 사람들이 모두 제 간을 만병통치약으로 여

깁니다. 그래서 저를 보기만 하면 간을 나누어 달라고 조르지요. 저는 어쩔 수 없이 깊은 산 바위틈에 간을 감춰 두고 다닌답니다. 자라가 저에게 용왕님의 사정을 미리 말해 주었다면 간을 챙겨 왔을 텐데, 안타까울 뿐입니다."

용왕이 토끼의 말을 듣고 화가 나서 호통을 쳤다.

"간사한 놈이 나를 속이려고 드는구나. 세상에 어떤 짐승이 간을 넣었다 뺐다 할 수 있느냐?"

토끼는 안색도 바꾸지 않고 당당하게 거짓말을 계속했다.

"용왕님께서 한번 생각해 보십시오. 만약 제 배를 갈라 간이 있으면 다행이지만, 간이 없으면 용왕님은 낫지 못하실 것 아닙니까? 제 말이 믿기지 않으시면 제 몸에 간을 넣고 빼는 구멍이 있으니 살펴보십시오."

토끼의 말에 용왕이 군사들을 시켜 토끼의 몸을 살펴보게 했다. 군사들은 토끼의 엉덩이에서 간이 출입하는 구멍을 발견하고는 용왕에게 보고했다. 비로소 용왕은 토끼에 대한 의심을 풀었다.

"토 선생, 내가 실례가 많았소이다. 지금부터 선생을 위한 잔치를 열 터이니 놀란 마음을 가라앉히고 내일이라도 육지로 돌아가 간을 가져와 주시오."

용왕은 토끼를 옆자리에 앉히고 토끼를 위해 큰 잔치를 열었다.

어휘 풀이

- **근엄하다** 점잖고 엄숙하다.
- **충직하다** 충성스럽고 정직하다. (忠 충성 충, 直 곧을 직)
- **꾐** 주로 좋지 않은 일을 하도록 다른 사람을 속이거나 부추기는 것.
- **궁리하다** 마음속으로 이리저리 따져 깊이 생각하다.
- **사정** 일의 형편이나 까닭.
- **간사하다** 자기의 이익을 위하여 나쁜 꾀를 부리는 등 마음이 바르지 않다.
- **안색** 얼굴에 나타나는 표정이나 빛깔. (顔 얼굴 안, 色 빛 색)

1 이 글의 내용으로 알맞은 것은 무엇인가요? (   )

내용
이해

① 용왕은 토끼의 말을 끝까지 믿지 않았다.
② 토끼는 용왕에게 잔치를 열어 달라고 했다.
③ 용왕은 군사들을 시켜 토끼의 몸을 살펴보게 했다.
④ 토끼는 목숨을 바쳐서라도 용왕의 병이 낫기를 바랐다.
⑤ 용왕은 자신의 병을 고칠 수 있는 약이 없다고 생각했다.

2 ㉠이 아닌 것은 무엇인가요? (   )

내용
이해

① 간을 챙겨 오지 못해 안타깝다.
② 몸에 간을 넣고 빼는 구멍이 있다.
③ 토끼는 하늘의 기운을 받아 태어난다.
④ 깊은 산 바위틈에 간을 감춰 두고 다닌다.
⑤ 자라가 용왕의 병에 대해 미리 말해 주지 않았다.

3 토끼의 상황과 어울리는 속담에 ○표 하세요.

★추론

(1) 낮말은 새가 듣고 밤말은 쥐가 듣는다.   (   )
(2) 토끼 둘을 잡으려다가 하나도 못 잡는다.   (   )
(3) 자라 보고 놀란 가슴 솥뚜껑 보고 놀란다.   (   )
(4) 호랑이에게 물려 가도 정신만 차리면 산다.   (   )

4 전략 적용
용왕과 토끼의 성격으로 알맞은 것을 찾아 각각 기호를 쓰세요.

★추론

> ㉮ 정직하고 성실하다.   ㉯ 어리석고 이기적이다.
> ㉰ 우직하고 충성스럽다.   ㉱ 꾀가 많고 능청스럽다.

(1) 용왕의 성격: (   )   (2) 토끼의 성격: (   )

5 이 글과 [보기]를 읽고, 김춘추가 이 글의 '간', '용왕', '토끼'에 빗대어 생각한 것이 무엇일지 찾아 선으로 이으세요.

창의

━━ 보기 ━━

신라의 김춘추는 백제와 전쟁을 치르던 중 도움을 받기 위해 고구려의 보장왕을 찾아갔다. 그런데 보장왕은 김춘추에게 신라가 빼앗은 고구려의 옛 땅을 먼저 내놓을 것을 요구했고, 김춘추가 응하지 않자 그를 옥에 가두었다. 문득 『토끼전』이야기가 생각난 김춘추는 보장왕에게 자신을 신라로 돌려보내 주면 왕을 설득해 땅을 주겠다고 거짓 약속을 했다. 그러자 보장왕은 기뻐하며 김춘추를 풀어 주었다.

(1) 간 •   • ① 　김춘추

(2) 용왕 •   • ② 　보장왕

(3) 토끼 •   • ③ 고구려의 옛 땅

💡 어떻게 알았나요?

토끼는 　　　　　　　　　 로 돌아가기 위해 거짓말을 했고, 김춘추는 　　　　　　　 로 돌아가기 위해 거짓 약속을 했습니다.

핵심 정리

6 노트의 빈칸을 채우며, 이 글의 내용을 정리해 보세요.

「토끼전」 정리하기

용왕은 토끼에게 자신의 병을 고치려면 토끼의 ❶ (　　　　　)이 필요하다고 말했다.

⬇

토끼는 꾀를 내어 깊은 산 ❷ (　　　　)에 간을 감춰 두고 다닌다고 거짓말을 했다.

⬇

용왕의 명령에 군사들이 토끼의 엉덩이에서 간을 넣고 빼는 ❸ (　　　　)을 찾았다.

⬇

용왕은 토끼에 대한 의심을 풀고 토끼를 위해 큰 ❹ (　　　　)를 열었다.

어휘 다지기

1 다음 낱말의 뜻으로 알맞은 것을 찾아 선으로 이으세요.

(1) 간사하다 •

(2) 궁리하다 •

(3) 근엄하다 •

• ① 점잖고 엄숙하다.

• ② 마음속으로 이리저리 따져 깊이 생각하다.

• ③ 자기의 이익을 위하여 나쁜 꾀를 부리는 등 마음이 바르지 않다.

2 빈칸에 알맞은 낱말을 보기 에서 찾아 쓰세요.

보기   꾐   사정   안색

(1) 여행에 가지 못할 (   )이 생겼다.

(2) 친구는 멀미가 나는지 (   )이 창백해졌다.

(3) 헨젤과 그레텔은 마녀의 (   )에 빠져 과자 집에 갇히게 되었다.

어휘 키우기

3 다음 설명을 읽고, (   )에서 알맞은 낱말을 골라 ◯표 하세요.

헷갈리는 말

바치다	신이나 웃어른에게 정중하게 드리다. 예 왕에게 선물을 <u>바치다</u>.
받치다	물건의 밑이나 옆 등에 다른 물체를 대다. 예 컵에 쟁반을 <u>받치다</u>.

(1) 베개를 머리에 (바치고 / 받치고) 누웠다.

(2) 식물이 쓰러지지 않도록 지지대를 (바쳐 / 받쳐) 두었다.

(3) 심청이는 아버지의 눈을 뜨게 하기 위해 공양미 삼백 석을 (바쳤다 / 받쳤다).

나는 뻐꾸기다 | 김혜연

앞부분의 줄거리 | 동재는 여섯 살 때 외삼촌 집에 맡겨져 외삼촌과 외숙모, 사촌 형과 살고 있다. 어느 날, 902호에 이사 온 아저씨가 밖에서 오줌을 싸 버린 동재를 집으로 데려와 도와준다.

소설 | 979자

"엄마 심부름도 잘하고, 형이 싫어한다고 컴퓨터도 안 하고, 너 되게 착한 애로구나. 우리 애들은 말 더럽게 안 들었는데."

아저씨는 마치 외계인이라도 보는 듯이 동재를 쳐다보면서 말했다. / 동재는 잠깐 망설이다 사실대로 말했다. 오줌 싸는 것까지 보여 준 사이인데 숨길 필요도 없을 것 같았다.

"엄마 아니고, 외숙모에요. 건이 형은 사촌 형이에요. 전 외삼촌 집에서 살아요."

동재 생각일지는 모르지만 아저씨 표정이 좀 달라졌다. 사람들이 뜻밖의 얘기를 들었을 때 짓는 그런 표정이었다. 다른 사람들도 동재가 이런 이야기를 하면 표정이 달라졌다. 웃고 있던 사람의 얼굴에선 웃음이 사라지면서 가여워하는 표정이 나타나고, 찡그리고 있던 얼굴은 느닷없이 부드러워진다. 갑자기 변해서 더욱 이상해지는 표정을 보고 있는 건 참 불편하다.

무표정이던 아저씨 얼굴에도 살짝 다른 표정이 떠올랐다. 금세 사라지긴 했지만. / 동재는 계속 얘기했다.

"우리 엄마가 저를 외삼촌 집에다 버리고 갔어요. 외숙모가 그러는데 하루만 봐 달라고 맡기고 가서 오 년째 소식이 없대요. 외숙모 말로는 원래 그럴 생각이었던 것 같대요. 엄마가 놓고 간 가방에 출생증명서랑 예방 주사 맞은 날짜가 적혀 있는 수첩까지 다 들어 있더래요. 아빠는 원래 없었던 것 같아요. 아빠랑 살았던 기억이 없어요. 외삼촌도 우리 아빠 얘기는 한 번도 하지 않았어요. 그런데 엄마가 언젠가는 꼭 저를 데리러 올 거예요."

마지막 말은 동재 생각일 뿐이다. 누구도 그렇게 말해 주지 않았지만 동재는 그렇게 믿고 있다. 아저씨는 금세 무표정한 얼굴이 되어 다시 변하지 않았다. 그저 이렇게 한마디 했을 뿐이다.

"뻐꾸기로구나."

그게 무슨 뜻인지는 모르겠지만 동재는 아저씨가 자기를 불쌍하게 여기는 것 같지는 않다고 생각했다. 사람들은 동재 처지를 알게 되면 다 안쓰럽게 바라보곤 했다. 학교 선생님들이 그랬고, 동네 아주머니들도 그랬다. 그런데 아저씨 표정은 그런 것은 아니었다. ㉠동재는 아저씨가 조금 좋아지려고 했다.

1 이 글의 특징으로 알맞은 것은 무엇인가요? (   )

내용
이해

① 본받을 만한 인물의 생애가 담겨 있다.

② 대화를 통해 인물이 처한 상황을 알 수 있다.

③ 두 인물의 갈등을 중심으로 이야기가 전개된다.

④ 비슷한 말이 여러 번 반복되어 리듬감이 느껴진다.

⑤ 시간적 배경과 공간적 배경이 두드러지게 나타난다.

2 동재에 대한 설명으로 알맞지 <u>않은</u> 것을 찾아 기호를 쓰세요.

내용
이해

㉮ 아빠와 살았던 기억이 없다.

㉯ 오 년째 외삼촌 집에서 살고 있다.

㉰ 엄마가 데리러 오지 않을 거라고 믿는다.

㉱ 사촌 형이 싫어해서 컴퓨터를 하지 않는다.

(   )

3 ㉠의 까닭으로 알맞은 것은 무엇인가요? (   )

내용
이해

① 아저씨가 학교 선생님과 닮아서

② 아저씨가 동재를 뻐꾸기라고 불러서

③ 아저씨가 동재를 외계인 보듯이 쳐다봐서

④ 아저씨가 동재를 착한 아이라고 칭찬해 주어서

⑤ 아저씨가 동재를 불쌍하게 여기지 않는 것 같아서

⚡ **어떻게 알았나요?**

사람들은 동재 처지를 알게 되면   바라보곤 했지만, 아저씨의 표정은 그렇지 않았습니다.

전략 적용

4 동재의 성격을 알맞게 짐작한 친구에게 ○표 하세요.

★ 추론

(1) 구민: 솔직한 것 같아. 자신의 처지를 숨기지 않고 사실대로 말하잖아.   (   )

(2) 예나: 소심한 것 같아. 다른 사람들의 표정을 보는 것을 불편해하잖아.   (   )

(3) 성지: 호기심이 많은 것 같아. 아저씨의 가족에 대해 이것저것 물어보잖아.   (   )

5 이 글의 뒷이야기인 보기 의 내용으로 보아, 이 글에서 아저씨가 동재를 '뻐꾸기'라고 한 까닭을 알맞게 짐작한 것은 무엇인가요? (   )

★ 추론

보기

"뻐꾸기라는 새는 스스로 둥지를 만들지 않고 다른 새 둥지에다 알을 낳고 사라진다는구나. 그러면 둥지 주인이 뻐꾸기알을 품는 거야. 둥지 주인은 새끼 뻐꾸기가 알에서 깨어나면 먹이를 먹여서 자기 새끼처럼 키운대. 그러니까 뻐꾸기는 뻐꾸기 둥지가 아닌 다른 새 둥지에서 자라는 거지. 혼자서 스스로 먹이를 잡을 수 있을 때까지 말이다."

들고 보니 동재는 정말 자기가 영락없는 뻐꾸기라는 생각이 들었다.

① 동재가 지금 아저씨 집에 있기 때문에

② 동재가 아저씨 집에서 오줌을 쌌기 때문에

③ 동재가 외숙모를 엄마로 알고 자랐기 때문에

④ 동재가 외삼촌 집에 맡겨져 살고 있기 때문에

⑤ 동재가 남들이 모르는 비밀을 품고 있기 때문에

핵심 정리

6 노트의 빈칸을 채우며, 이 글의 내용을 정리해 보세요.

「나는 뻐꾸기다」 정리하기

아저씨가 동재에게 ❶(   ) 심부름을 잘하고, 형의 말을 잘 듣는다고 칭찬했다.

⬇

동재가 사실은 엄마가 아니라 외숙모이고, 형이 아니라 ❷(   ) 형이라고 말하자, 아저씨의 표정이 조금 달라졌다.

⬇

동재는 자신이 ❸(   ) 집에서 살게 된 이야기를 했다.

⬇

아저씨는 ❹(   )한 얼굴이 되어 동재에게 "뻐꾸기로구나."라고 말했고, 동재는 다른 사람들과 달리 자기를 안쓰럽게 바라보지 않는 아저씨가 좋아지려고 했다.

어휘 다지기

1 다음 낱말의 뜻으로 알맞은 것을 찾아 선으로 이으세요.

(1) 가엾다 •

(2) 떠오르다 •

(3) 망설이다 •

• ① 얼굴에 어떠한 표정이 나타나다.

• ② 마음이 아플 정도로 불쌍하고 딱하다.

• ③ 이리저리 생각만 하고 태도를 결정하지 못하다.

2 빈칸에 알맞은 낱말을 보기 에서 찾아 쓰세요.

보기 　　　金세　　　처지　　　느닷없이

(1) 방에서 놀던 아기가 (　　　　　　　) 울기 시작했다.

(2) 뜨거운 물에 얼음을 넣자 얼음이 (　　　　　　　) 녹았다.

(3) 갑작스러운 사고로 부모님을 잃은 그의 (　　　　　　　)가 안타까웠다.

어휘 키우기

3 다음 뜻풀이를 읽고, 밑줄 친 낱말의 뜻으로 알맞은 것을 찾아 각각 기호를 쓰세요.

동형어

ㄱ 싸다¹ 물건을 안에 넣고 보이지 않게 씌워 가리거나 둘러 말다.

ㄴ 싸다² 주로 어린아이가 똥이나 오줌을 참지 못하고 누다.

ㄷ 싸다³ 물건값이나 사람 또는 물건을 쓰는 데 드는 비용이 보통보다 낮다.

(1) 상점에서 물건을 할인받아 <u>싸게</u> 샀다. 　　　　　　　(　　　)

(2) 막냇동생이 자다가 이불에 오줌을 <u>쌌다</u>. 　　　　　　　(　　　)

(3) 선물을 포장지로 곱게 <u>싸서</u> 친구에게 주었다. 　　　　　　　(　　　)

9 이어질 내용 짐작하기

개념 이해

성격이 급한 민구가 서둘러 길을 가고 있습니다. 이웃집 아저씨는 민구를 보지 못하고 길 위로 물을 쏟아 버렸습니다. 이다음에는 과연 어떤 내용이 이어질까요? 아마 주위를 살피지 않고 급하게 길을 가던 민구가 쏟아지는 물을 맞아 흠뻑 젖게 될 것입니다. 이처럼 앞부분에서 어떤 사건들이 일어났는지, 그 사건을 겪은 인물의 성격은 어떠한지 등을 파악하면 **이어질 내용**을 적절하게 짐작할 수 있습니다.

이렇게 해요!

① 사건이 일어난 차례, 사건들 사이의 원인과 결과 관계 등을 떠올리며 사건의 흐름을 정리합니다.

② 인물의 말과 행동, 생각을 통해 인물의 성격을 파악합니다.

③ 사건의 흐름과 인물의 성격을 바탕으로 다음에 이어질 내용을 짐작합니다.

짐작한 내용이 앞부분의 내용과 자연스럽게 연결되는지 확인해 봐.

확인 문제

[1~2] 다음 글을 읽고, 물음에 답하세요.

페리자드는 보물을 찾으러 간 오빠들에게 안 좋은 일이 생겼다는 것을 알았다. 페리자드는 슬픔에 빠졌지만, 곧 기운을 차리고 짐을 꾸리기 시작했다.

'슬퍼할 시간이 없어. 얼른 오빠들을 구하러 가자.'

이튿날 아침, 페리자드는 집을 나섰다. 몇 날 며칠 동안 오빠들을 찾아 헤매던 페리자드는 나무 아래에 앉아 있는 한 노인을 만났다. 페리자드는 노인에게 보물을 찾으러 온 두 남자를 본 적이 있는지 물었다.

"그 둘은 모두 죽음의 골짜기에서 어떤 소리에 홀려 검은 돌로 변해 버렸소. 아가씨도 돌로 변하게 될 테니 돌아가시오."

"제가 돌이 되는 건 무섭지 않아요. 저는 오빠들을 반드시 구할 거예요! 제발 저에게 방법을 알려 주세요."

페리자드가 끈질기게 설득하자, 노인은 광주리에서 붉은 구슬을 꺼내 페리자드에게 주며 구슬이 이끄는 곳으로 가라고 말했다.

—『천일야화』중

1 이 글에서 일이 일어난 차례에 맞게 기호를 쓰세요.

시간의 흐름에 따라 이야기의 내용을 정리해 봐.

㉮ 페리자드가 오빠들을 구하러 집을 나섰다.
㉯ 노인이 붉은 구슬을 꺼내 페리자드에게 주었다.
㉰ 페리자드가 나무 아래에 앉아 있는 노인을 만났다.
㉱ 노인이 페리자드에게 오빠들이 돌로 변했음을 알려 주었다.

(   ) → (   ) → (   ) → (   )

2 이 글에 이어질 내용을 알맞게 짐작한 친구에게 ○표 하세요.

페리자드의 생각과 행동을 통해 성격을 짐작할 수 있어.

(1) 디연: 페리자드는 소심한 성격인 것 같아. 그러니 붉은 구슬을 따라가도 될지 고민하는 내용이 이어질 거야.   (   )

(2) 민희: 페리자드는 용감한 성격인 것 같아. 그러니 붉은 구슬을 따라가서 오빠들을 구하는 내용이 이어질 거야.   (   )

하늘은 맑건만 | 현덕

앞부분의 줄거리 | 문기는 심부름으로 고기를 사러 갔다가 고깃간 주인의 실수로 원래 받아야 하는 것보다 더 많은 거스름돈을 받는다. 문기는 친구 수만이와 그 돈으로 공과 쌍안경을 사서 방 안에 숨겨 둔다. 며칠 뒤, 문기는 숨겨 둔 공과 쌍안경이 사라진 것을 발견한다.

소설 | 937자

안방에서 저녁상을 받고 앉았던 삼촌은 문기를 불렀다. 두 번 세 번 문기야, 소리가 아랫방 창을 울린다. 방 안에서 문기는 못 들은 양 대답하지 않는다. 그러나 네 번째는 안방 미닫이를 열고 삼촌은, / "문기 아랫방에 없니?"

댓돌 위에 신이 놓여 있는데 없는 양할 수는 없다. 기어이 문기는 그 삼촌 앞에 나가 무릎을 꿇고 앉지 않을 수 없었다. 삼촌은 잠잠히 식사를 계속한다. 그 상 밑에, 안반 뒤에 숨겨 두었던 공이 와 있다. 상을 물릴 임시에 삼촌은 입을 열었다.

"너 요새 학교에 매일 갔었니?" / "네."

삼촌은 상 밑의 그 공을 굴려 내며,

"이거 웬 공이냐?" / "수만이가 준 공이에요."

"이것두?" / 하고 삼촌은 무릎 밑에서 쌍안경을 꺼내 들었다. / "네."

"수만이란 얼마나 돈을 잘 쓰는 아인지 몰라두 이 공은 오십 전은 줬겠구나. 이건 못 줘도 일 원은 넘겨 줬겠구."

그리고 삼촌은, / "수만이란 뭣 하는 집 아이냐?"

문기는 고개를 숙이고 앉아 말이 없다. 삼촌은 숭늉을 마시고 상을 물렸다.

"네 입으로 수만이가 줬다니 네 말이 옳겠지. 설마 네가 날 속이기야 하겠니? 하지만 남이 준다고 아무것이고 덥적덥적 받는다는 것두 좀 생각해 볼 일이거든."

삼촌은 다시 말을 계속한다. / "말 들으니 너 요샌 저녁두 가끔 나가 먹는다더구나. 그것두 수만이에게 얻어먹는 거냐?"

문기는 벌겋게 얼굴이 달아 수그리고 앉았다. 〈중략〉

문기는 아랫방에 내려와 혼자 되자, 삼촌 앞에서보다 갑절 얼굴이 달아올랐다. ㉠지금까지 될 수 있는 대로 생각지 않으려고 힘을 써 오던 그편에 정면으로 제 몸을 세워 놓고 보지 않을 수 없었다. 그러자 자기라는 몸은 벌써 삼촌의 이른바 나쁜 데 빠지고 만 것이었다. 그야 자기는 수만이가 시켜서 한 일이니까 잘못이 없다는 것이지만, 당초에 그것은 제 허물을 남에게 미루려는 얄미운 구실이 아니고 뭐냐. 그리고 문기는 이미 삼촌을 속이었다. 또 써서는 아니 될 돈을 쓰고 말았다.

어휘 풀이

- □ **양** 어떤 모양을 하고 있거나 어떤 행동을 일부러 취함을 나타내는 말.
- □ **미닫이** 옆으로 밀어서 열고 닫는 문.
- □ **댓돌** 한옥에서 마루 아래 놓아 밟고 오르내리도록 만든 돌계단.
- □ **안반** 떡을 칠 때에 쓰는 두껍고 넓은 나무판.
- □ **임시** 정해진 시간에 이를 무렵.
- □ **당초** 일이 생기기 시작한 처음.
- □ **구실** 핑계를 삼을 만한 재료.

1

중심
생각

다음은 이 글에서 일어난 사건입니다. 빈칸에 알맞은 말을 각각 쓰세요.

> 삼촌이 문기를 불러 공과 (　　　　　　　　)이 어디에서 났느냐고 물었고, 문기는
> (　　　　　　　　)가 주었다며 거짓말을 했다.

2

내용
이해

이 글의 내용으로 알맞은 것은 무엇인가요?　(　　　)

① 삼촌은 수만이에 대해 잘 알고 있었다.

② 삼촌은 문기가 자신을 속이고 있다고 생각했다.

③ 문기는 삼촌 앞에서 고개를 꼿꼿이 들고 있었다.

④ 문기는 아랫방에 내려와 자기의 행동을 돌아보았다.

⑤ 문기는 삼촌이 부르는 소리를 끝까지 못 들은 척했다.

3

★추론

㉠에 해당하지 <u>않는</u> 것에 ×표 하세요.

(1) 거짓말로 삼촌을 속인 사실　　　　　　　　　　　　　　　　(　　　)

(2) 써서는 안 되는 돈을 쓴 사실　　　　　　　　　　　　　　　　(　　　)

(3) 삼촌이 나쁘다고 한 곳에 간 사실　　　　　　　　　　　　　　(　　　)

(4) 수만이가 시켜서 한 일이라며 자기 허물을 남에게 미룬 사실　　(　　　)

4

★추론

> 전략 적용

이 글에 이어질 내용을 알맞게 짐작한 친구의 이름을 쓰세요.

> 봉준: 문기는 수만이가 준 물건들이 얼마인지 알게 되었어. 그러니 수만이에게 일
> 　　　원 오십 전을 돌려줄 거야.
>
> 가희: 문기는 자신이 한 일에 부끄러움을 느끼고 있어. 그러니 잘못된 방법으로 얻
> 　　　은 물건들을 갖지 않으려 할 거야.
>
> 지유: 문기는 삼촌에게 잘못을 들키지 않아 다행이라고 생각하고 있어. 그러니 아무
> 　　　일도 없었던 것처럼 물건들을 가지고 놀 거야.

(　　　　　　　　　　)

💡 어떻게 알았나요?

문기는 삼촌의 말을 듣고 벌겋게　　　　　이 달아올랐습니다.

내 생각은 누가 해 줘? | 임사라

앞부분의 줄거리 | '나(나래)'는 유명한 대학 교수인 엄마와 단둘이 산다. '나'의 엄마는 주변에 이혼한 사실을 숨기고, '나'의 아빠가 외국에 나가 있다고 거짓말을 한다. 그러나 이 사실이 알려져 이사를 가게 되고, '나'는 이사 간 동네에서 희주와 친해진다.

소설 | 1,004자

돌아오는 차 안에서 희주는 꼬박꼬박 졸았다. 신호등에 멈춰 섰을 때 희주 아빠가 말했다.

"나래 아빠는 외국 연구소에 계신다죠? ㉠나래는 좋겠다. 훌륭한 부모님이 계셔서."

엄마가 불쑥 대답했다.

"나래 아빠랑 저…… 이혼했어요. 우리 나래만 불쌍해졌죠."

분명 번개가 번쩍했다. 나는 머리가 띵했다. 도무지 믿을 수가 없었다. 아빠 없는 사실을 죽어도 알리지 않으려고 용을 쓰고 사는 우리 엄마가, 순순히 실토하다니? / ㉡잠든 줄 알았던 희주가 화들짝 깨어났다.

"죄송합니다. 괜한 걸 물었습니다."

희주 아빠는 당황해서 살짝 브레이크를 밟았다.

"희주야, 친구들한테 나래 아빠 이야기를 하지 말았으면 해. 여태까지 철저하게 비밀로 해 왔거든. ㉢나래한테 이혼한 집 아이라는 낙인이 찍히게 하고 싶지 않구나. 부탁한다."

"애들이 말을 안 해서 그렇죠, 사실 엄마 아빠 이혼한 애들 굉장히 많아요."

놀랍게도 희주는 어른처럼 의젓하게 말했다. 희주 말이 맞다. 엄만 젊은 대학생들을 가르치고 있으면서 구닥다리라서 솔직하지 못한 거다. 겁쟁이다.

희주 아빠는 아무 걱정 말라고 엄마를 안심시켰다. / 집에 도착할 때까지 우리는 아무 말도 하지 않았다. 뭔지 모르게 분위기가 이상해졌다.

"엄마, 왜 그랬어?"

집에 들어서자마자 내가 화살을 날렸다. 엄마는 죄지은 사람처럼 고개를 푹 수그렸다.

"나도 잘 모르겠어. 동병상련의 마음이었겠지."

엄마 목소리가 기어들어 갔다.

"동병상련이 뭐야?"

"같은 병을 가진 사람, 그러니까 같은 어려움을 가진 사람들끼리 서로 가엾게 여기고 안쓰러워하는 마음이란 뜻이야."

어휘 풀이

☐ **도무지** 아무리 해도.

☐ **실토하다** 거짓 없이 사실대로 다 말하다.

☐ **철저하다** 어떤 일을 하는 데 있어서 매우 조심하여 빈틈이나 부족함이 없다.

☐ **낙인** 바꾸기 힘든 나쁜 평가나 판정을 이르는 말.

☐ **의젓하다** 말이나 행동 등이 점잖고 무게가 있다.

☐ **구닥다리** 오래되어 낡고 시대에 뒤떨어진 사람, 사물, 생각 등을 낮잡아 이르는 말.

② 희주 아빠랑 희주도 외롭고 우리도 외롭다는 뜻인가 보다. 처지가 비슷하다는 건 용기 없고 구식인 엄마 마음까지도 녹여 버릴 만큼 강한 힘인 걸까.

저녁 먹을 때의 들뜬 행복이 훌쩍 날아가 버렸다. 꼭 뒤늦게 백조가 된 걸 깨달은 미운 오리 새끼처럼. / 울컥 쓸쓸한 기분이 들었다. ⓜ오랫동안 애써 감춰 온 흉터를 들킨 것처럼.

이제부터 희주한테는 속상한 마음도 외로운 마음도 다 털어놓을 수 있다고 생각하니까 후련한 마음이 들기도 했다.

1

내용 이해

이 글의 내용으로 알맞지 <u>않은</u> 것은 무엇인가요? (　　　)

① '나'의 엄마는 이혼한 사실을 희주 아빠에게 말했다.

② '나'는 엄마를 용기가 없고 구식인 사람이라고 생각했다.

③ '나', '나'의 엄마, 희주, 희주 아빠는 함께 차를 타고 있었다.

④ '나'는 집에 들어서자마자 엄마 앞에서 죄지은 사람처럼 행동했다.

⑤ '나'의 엄마는 희주에게 '나'의 아빠 이야기를 친구들한테 하지 말아 달라고 부탁했다.

2

구조 파악

이 글에서 '내'가 다음과 같은 생각을 했을 때, 생각한 순서에 맞게 기호를 쓰세요.

> ㉮ '엄마가 다른 사람에게 이혼한 사실을 말하다니 놀라워.'
> ㉯ '내가 이혼한 집 아이라는 것을 희주가 알게 되어 쓸쓸하면서도 후련해.'
> ㉰ '우리 부모님이 이혼했다는 말을 듣고도 편견 없이 말하는 희주는 참 의젓해.'

(　　　) → (　　　) → (　　　)

3

★추론

㉠~㉮을 읽고 짐작한 내용으로 알맞지 <u>않은</u> 것은 무엇인가요? (　　　)

① ㉠: 희주 아빠는 '나'의 부모님이 이혼한 것을 알면서 일부러 비아냥대고 있다.

② ㉡: 희주는 '나'의 부모님이 이혼한 것을 처음 알았을 것이다.

③ ㉢: '나'의 엄마가 지금까지 주변에 이혼한 사실을 숨긴 이유이다.

④ ㉣: 희주의 아빠와 엄마도 함께 살고 있지 않을 것이다.

⑤ ㉮: '흉터'는 '내'가 이혼한 집 아이라는 사실을 말한다.

⚡ 어떻게 알았나요?

'나'의 엄마가 이혼했다는 말을 들은 ＿＿＿＿＿＿는 당황해서 브레이크를 밟았습니다.

4 이 글에 이어질 내용으로 알맞은 것에 〇표 하세요.

★ 추론

(1) '나'의 비밀을 알게 된 희주가 '나'를 놀리고 괴롭힐 것이다. ( )

(2) '나'의 아빠가 외국에서 돌아와 세 식구가 같이 살게 될 것이다. ( )

(3) 처지가 비슷한 '나'의 가족과 희주네 가족이 더 가까워질 것이다. ( )

5 이 글에 나온 '동병상련'이라는 사자성어를 사용할 수 있는 상황은 무엇인가요? ( )

창의

① 은선의 질문에 엉뚱한 대답을 한 호준

② 거짓말을 들킬까 봐 몹시 애태우는 혜민

③ 어려서부터 함께 자라며 친하게 지내는 수경과 소정

④ 한참 전에 심부름을 간 경수가 돌아오기를 기다리는 나라

⑤ 함께 준비한 시험에서 떨어져 서로를 위로하는 해리와 경민

6 노트의 빈칸을 채우며, 이 글의 내용을 정리해 보세요.

「내 생각은 누가 해 줘?」 정리하기

'나'의 엄마가 희주 아빠에게 '나'의 아빠와 ❶ ( )한 사실을 말했다.

⬇

'나'의 엄마가 희주에게 '나'의 아빠 이야기를 ❷ ( )로 해 달라고 부탁했다.

⬇

왜 그랬느냐고 묻는 '나'의 말에 '나'의 엄마는 ❸ ( )의 마음이었을 거라고 말했다.

⬇

'나'는 쓸쓸한 기분이 들었지만, 희주에게 마음을 다 털어놓을 수 있다고 생각하니 ❹ ( ) 마음이 들기도 했다.

어휘 다지기

1 다음 낱말의 뜻으로 알맞은 것을 찾아 선으로 이으세요.

(1) 실토하다 •

(2) 의젓하다 •

(3) 철저하다 •

• ① 거짓 없이 사실대로 다 말하다.

• ② 말이나 행동 등이 점잖고 무게가 있다.

• ③ 어떤 일을 하는 데 있어서 매우 조심하여 빈틈이나 부족함이 없다.

2 빈칸에 알맞은 낱말을 보기 에서 찾아 쓰세요.

보기   낙인   도무지   구닥다리

(1) 이 문제는 아무리 풀어 봐도 (   ) 정답을 모르겠다.

(2) 아버지는 삼십 년이 넘은 (   ) 신발을 버리지 않는다.

(3) 친구를 버리고 도망친 민수에게 비겁한 사람이라는 (   )이/가 찍혔다.

어휘 키우기

3 다음 뜻을 가진 '기(氣)'가 사용된 낱말에 모두 ∨표 하세요.

한자어

氣
기운 기

예 용기(勇氣): 겁이 없고 씩씩한 기운.

(1) 기세(　勢): 기운차게 뻗치는 모양이나 상태.　☐

(2) 일기(日　): 날마다 그날그날 겪은 일이나 생각, 느낌 등을 적은 글.　☐

(3) 인기(人　): 어떤 대상에 쏠리는 많은 사람들의 높은 관심이나 좋아하는 기운.　☐

오만과 편견 | 제인 오스틴

앞부분의 줄거리 | 영국 시골 마을에 사는 엘리자베스는 언니와 함께 이웃인 빙리의 무도회에 참석한다. 빙리의 친구 다아시는 무도회에서 엘리자베스를 보고 사랑에 빠진다. 그러나 엘리자베스는 다아시에 대한 주위 사람들의 말을 듣고 그가 이기적인 사람이라고 생각한다.

소설 | 1,158자

다아시는 엘리자베스에게 자신의 감정을 솔직하게 고백하기 시작했다. ㉠그는 엘리자베스와의 •신분 차이 때문에 감정을 억눌러 왔지만, 사랑하는 마음을 감출 수가 없다며 •청혼했다. 엘리자베스는 언짢은 표정으로 대답했다.

"전 당신의 마음을 받아들일 생각이 조금도 없어요."

다아시는 창백해진 얼굴로 그 이유를 물었다.

"당신은 신분의 차이를 이유로 우리 언니와 빙리 씨를 갈라놓았어요. 언니의 행복을 망친 사람의 청혼을 어떻게 •승낙할 수 있겠어요? 게다가 당신은 위컴도 불행하게 만들었어요. 그를 목사직에 추천하겠다는 약속을 어겼고, 그분이 받아야 할 •유산도 주지 않았잖아요! 저는 처음부터 당신이 •오만하고 이기적인 사람이라고 생각했어요. 당신과는 절대 결혼하지 않을 거예요."

"저를 그렇게 생각하고 계셨군요. 그런 줄도 모르고 당신을 향한 사랑을 키워 온 것이 부끄럽네요. 부디 행복하시길 빌겠습니다."

말을 마친 다아시는 황급히 밖으로 나갔다. ㉡엘리자베스는 그토록 좋은 가문에서 자란 다아시가 자신에게 사랑을 고백한 사실이 놀라웠다. 그리고 그에 대한 미움으로 머릿속이 복잡해졌다.

이튿날 아침, 머리를 식힐 겸 산책을 나간 엘리자베스 앞에 다아시가 모습을 드러냈다. 그는 빠른 걸음으로 다가와 편지를 주고 돌아갔다. 편지에는 어제 엘리자베스가 비난했던 일들에 관한 •해명이 담겨 있었다.

'제가 당신의 언니인 제인과 빙리의 결혼을 막았다는 것을 •부인하지는 않겠습니다. 그러나 신분의 차이 때문만은 아닙니다. 저는 제인이 빙리를 좋아하지 않는다고 생각했습니다. 그래서 친구에게 신중히 결정하라고 조언했을 뿐입니다. 위컴에 관해서는 보다 긴 설명이 필요합니다. 제 아버지께서는 위컴을 무척 아끼셨습니다. 그래서 돌아가시기 전, 위컴을 목사직에 추천하고 유산을 전해 주라는 유언을 남기셨지요. 그러나 위컴은 제게 본인은 목사가 될 생각이 없으니 목사직에 추천하지 말고, 대신 자기 몫의 유산보다 많은 돈을 달라고 요구했습니다. 그래서 저는 그가 받기로 한 유산의 세 배를 주었습니다. 그러나 그는 그 돈을 다 써 버리고 돌아와 목사직에 추천해 달라

어휘 풀이

☐ **신분** 개인의 사회적인 위치나 계급.

☐ **청혼하다** 결혼하기를 청하다. (請 청할 청, 婚 혼인할 혼)

☐ **승낙하다** 청하는 바를 들어주다. (承 받들 승, 諾 허락할 낙)

☐ **유산** 죽은 사람이 남겨 놓은 재산.

☐ **오만하다** 태도나 행동이 건방지거나 거만하다.

☐ **해명** 까닭이나 내용을 풀어서 밝힘. (解 풀 해, 明 밝을 명)

☐ **부인하다** 어떤 내용이나 사실을 옳거나 그러하다고 인정하지 않다. (否 아닐 부, 認 알 인)

고 하더군요. 제가 거절하자, ⓒ위컴은 어린 제 여동생을 꾀어 도망칠 궁리까지 했습니다. 여동생 몫의 재산을 가로채기 위해서요.'

편지를 다 읽은 엘리자베스는 부끄러움을 느끼며 이렇게 말했다.

"내가 편견에 사로잡혀 진실을 바로 보지 못했구나!"

1 이 글의 내용으로 알맞지 <u>않은</u> 것은 무엇인가요? (   )

내용
이해

① 다아시는 엘리자베스에게 사랑하는 마음을 고백했다.

② 다아시는 편지로 엘리자베스의 오해에 대해 해명했다.

③ 엘리자베스는 청혼을 받은 다음 날 아침 다아시를 찾아갔다.

④ 엘리자베스는 처음부터 다아시를 오만하고 이기적인 사람이라고 생각했다.

⑤ 엘리자베스는 편지를 읽고 편견에 사로잡힌 자신에 대해 부끄러움을 느꼈다.

2 다아시의 편지에 쓰인 사실로 알맞은 것을 두 개 고르세요. (,   )

내용
이해

① 위컴은 목사가 되고 싶어 했다.

② 위컴은 다아시 여동생 몫의 재산을 가로채려 했다.

③ 다아시는 빙리에게 제인과 결혼하지 말라고 조언했다.

④ 다아시는 제인이 빙리를 좋아하지 않는다고 생각했다.

⑤ 다아시는 위컴에게 그가 받기로 한 유산을 주지 않았다.

💡 어떻게 알았나요?

위컴은 다아시에게 받은   을 다 써 버리고 돌아왔습니다.

3 ㉠~㉢에 대해 짐작한 내용을 알맞게 말한 친구의 이름을 쓰세요.

★ 추론

> 강현: ㉠을 보니, 당시에는 서로 신분이 다른 사람들이 결혼하는 일이 흔했나 봐.
>
> 나정: ㉡을 보니, 엘리자베스의 신분이 다아시의 신분보다 높았겠구나.
>
> 진욱: ㉢을 보니, 다아시는 위컴에게 배신감을 느끼고 그를 싫어했을 것 같아.

(   )

4 이 글에 이어질 내용에서 엘리자베스가 할 행동을 알맞게 짐작한 것에 ○표 하세요.

✶ 추론

(1) 편지의 내용을 믿지 않고 다아시를 계속 차갑게 대할 것이다. ( )

(2) 다아시에게 그를 오해하여 무례하게 굴었던 일을 사과할 것이다. ( )

5 엘리자베스가 보기 의 '나'에게 해 줄 말로 가장 알맞은 것은 무엇인가요? ( )

창의

보기

가장 친한 친구가 내 험담을 하고 다녔다는 소문을 듣고 크게 실망했어. 나는 그 날 이후로 그 친구를 피해 다니고 있어.

① 가장 친한 친구가 너에 대해 나쁘게 말하고 다녔다니, 정말 속상했을 것 같아.

② 네가 잘못한 것도 아닌데 친구를 피해 다닐 이유는 없지. 당당하게 다니도록 해.

③ 모두와 친하게 지낼 수는 없어. 나쁜 일은 잊고 다른 친구들과 사이좋게 지내렴.

④ 사실을 알아보지 않고 오해하면 후회할 거야. 친구에게 소문의 진실을 확인해 봐.

⑤ 친구가 그동안 너에게 서운한 점이 많았을 거야. 네 행동을 돌아보는 것이 좋겠어.

핵심 정리

6 노트의 빈칸을 채우며, 이 글의 내용을 정리해 보세요.

「오만과 편견」 정리하기

엘리자베스가 오해하고 있던 것	다아시가 편지에 쓴 진실
• 신분의 ❶( )를 이유로 언니와 빙리 씨를 갈라놓았다.	• ❸( )이 빙리를 좋아하지 않는다고 생각해서 빙리에게 신중히 결정하라고 조언했다.
• 위컴을 ❷( )직에 추천하겠다는 약속을 어겼다. • 위컴이 받아야 할 유산을 주지 않았다.	• 위컴이 목사가 될 생각이 없다고 하였다. • 위컴이 받기로 한 유산의 세 배를 주었으나, 그는 돈을 다 쓰고 돌아와 ❹( ) 몫의 재산까지 가로채려 했다.

1 다음 낱말의 뜻으로 알맞은 것을 찾아 선으로 이으세요.

(1) 승낙하다 •   • ① 결혼하기를 청하다.

(2) 오만하다 •   • ② 청하는 바를 들어주다.

(3) 청혼하다 •   • ③ 태도나 행동이 건방지거나 거만하다.

2 빈칸에 알맞은 낱말을 보기 에서 찾아 쓰세요.

보기	신분	유산	해명

(1) 그에 대한 나쁜 소문이 퍼지자, 그가 직접 (   )에 나섰다.

(2) 조선 시대에는 노비와 양반의 (   )이 엄격하게 구분되었다.

(3) 아버지는 할아버지가 돌아가시면서 남긴 (   )을 모두 병원에 기부하였다.

어휘 키우기

3 다음 설명을 읽고, (   )에서 알맞은 낱말을 골라 ○표 하세요.

헷갈리는 말

드러내다	가려 있거나 보이지 않던 것을 보이게 하다. 예 모습을 <u>드러내다</u>.
들어내다	물건을 들어서 밖으로 옮기다. 예 의자를 <u>들어내다</u>.

(1) 동생은 신이 나서 이를 (드러내고 / 들어내고) 웃었다.

(2) 이사를 가기 위해 방에서 침대를 (드러냈다 / 들어냈다).

(3) 책장에 꽂혀 있던 책을 (드러낸 / 들어낸) 뒤에 먼지를 털었다.

10

뒷받침 문장의 적절성 판단하기

개념 이해

비타민이 풍부한 과일을 소개하는 자리에 사과, 귤, 복숭아, 브로콜리가 나와 있습니다. 하지만 브로콜리가 이 자리에 있는 것은 적절하지 않습니다. 브로콜리는 과일이 아니라 채소이기 때문입니다. 이처럼 글을 읽을 때도 중심 문장과 함께 제시된 **뒷받침 문장이 적절한지** 판단하는 것이 중요합니다. 뒷받침 문장은 중심 문장과 관련이 있고 글의 전체 흐름에 어울릴 때, 적절하다고 판단할 수 있습니다.

이렇게 해요!

① 문단의 중심 문장과 뒷받침 문장을 파악합니다.

② 뒷받침 문장이 중심 문장과 관련이 있는지 확인합니다.

③ 뒷받침 문장의 내용이 글의 전체 흐름에 맞는지 확인합니다.

> 뒷받침 문장의 내용이
> 앞뒤 문장과 자연스럽게
> 연결되는지 확인해
> 보는 것도 좋아.

확인 문제

[1~2] 다음 글을 읽고, 물음에 답하세요.

지구에 사는 생물은 오랜 기간 환경에 적응하며 진화해 왔다. 이러한 생물의 특징을 관찰하여 새로운 제품을 개발하는 것을 '생체 모방 기술'이라고 한다. ㉠생체 모방 기술은 인류의 삶을 편리하고 풍요롭게 만들어 주었다.

가방과 운동화 등에 널리 쓰이는 찍찍이 테이프는 산우엉 열매를 본떠 만들어졌다. ㉡산우엉 열매는 동물의 털이나 사람의 옷에 쉽게 붙으며 잘 떨어지지 않는다. 표면에 무수히 많은 갈고리 모양의 가시가 있기 때문이다. 이를 관찰한 스위스의 기술자 메스트랄은 한쪽 면에 갈고리가 촘촘히 박혀 있어 쉽게 떼었다 붙일 수 있는 찍찍이 테이프를 발명하였다.

헬리콥터의 프로펠러는 단풍나무 씨앗에서 아이디어를 얻었다. 단풍나무 씨앗은 양쪽에 얇고 납작한 날개가 달려 있다. ㉢그래서 바람을 타고 빙글빙글 돌면서 수백 미터 떨어진 곳까지 날아갈 수 있다. 씨앗을 멀리 퍼뜨리기 위해 진화한 식물의 형태가 프로펠러를 개발하는 데 영감을 준 것이다.

방수복 또한 연잎을 연구하여 제작된 발명품이다. ㉣연꽃은 흙탕물에서도 깨끗하게 피어나는 특성 때문에 고결함을 상징한다. 연잎의 표면을 확대해 보면 아주 미세한 크기의 돌기로 덮여 있다. 이 미세 돌기로 인해 연잎에 떨어진 물은 안으로 스며들지 못하고 동그랗게 맺히거나 굴러떨어진다. 방수복의 표면에는 이와 같은 연잎의 원리가 적용되어 있다.

> 찍찍이 테이프, 프로펠러, 방수복은 모두 어떻게 만들어졌을까?

1 이 글에 대한 설명으로 알맞은 것에 ○표 하세요.

(1) 주제는 생체 모방 기술의 뜻과 발전 과정이다. ( )

(2) 각 문단의 중심 문장은 모두 첫 번째 문장이다. ( )

(3) 생체 모방 기술로 만들어진 제품들을 소개하고 있다. ( )

2 ㉠~㉣ 중 각 문단의 뒷받침 문장으로 적절하지 <u>않은</u> 것을 찾아 기호를 쓰세요.

( )

> 각 문단의 중심 문장과 관련 있는 내용인지 따져 보자!

피라미드는 누가 만들었을까?

1 피라미드는 고대 이집트의 왕인 파라오의 무덤이다. 피라미드 중에서 가장 규모가 큰 쿠푸왕의 피라미드는 평균 2.5톤 무게의 돌을 230만 개 이상 쌓아서 만들었다. 이 거대한 피라미드는 4,500년 전에 지어졌다고는 믿기 힘들 만큼 웅장하고 정교하다.

▲ 쿠푸왕의 피라미드(가운데)

2 피라미드는 오랫동안 노예 노동의 결과물로 여겨져 왔다. 고대 그리스의 역사가인 헤로도토스가 20년 동안 10만 명의 노예를 ˙동원하여 쿠푸왕의 피라미드를 만들었다고 기록했기 때문이다. 이 기록이 많은 사람에게 받아들여지면서 피라미드는 가혹한 노예 제도를 상징하게 되었다.

3 그러나 최근에는 노예가 아닌 일반 농민이 피라미드를 만들었다는 주장이 힘을 얻고 있다. 그 첫 번째 증거는 피라미드를 만든 일꾼의 마을에서 ˙발굴된 ˙유골이다. 이곳에서는 1,000구가 넘는 유골이 나왔는데, 남녀의 비율이 거의 비슷했고 아동의 유골도 많았다. 만약 이들이 노예였다면 일하는 곳 근처에서 가정을 꾸리고 살 수 없었을 것이다. 게다가 부러진 곳을 수술한 흔적이 있는 유골도 발견되었다. 당시로서는 꽤 수준 높은 치료를 받았다는 점에서 피라미드 일꾼들이 노예가 아니었다고 볼 수 있다.

4 두 번째 증거는 피라미드를 지은 일꾼들의 ˙파업과 ˙결근에 관한 기록이다. '토리노 파피루스'라는 문서를 보면 ˙임금이 제때 지급되지 않자 일꾼들이 파업을 했다고 기록되어 있다. 또 피라미드 근처에서 ˙출토된 석판에는 일꾼들이 몸이 아파서, 전갈에게 물려서, 가족의 장례에 참석하기 위해서 등의 이유로 일을 쉬었다는 기록이 있다. 일꾼들은 임금을 받고 일했고, 파업을 벌일 수 있었으며, 개인적인 사정으로 작업에서 빠지기도 했던 것이다. 이것은 일꾼들이 노예가 아니라 자유로운 신분의 농민이었기에 가능한 일이다.

5 ㉠고고학자들은 피라미드 건설이 농민들에게 일거리를 제공하는 역할을 했다고 설명한다. ㉡당시 이집트에서는 봄이 되면 나일강이 흘러넘쳐 농사를 지을 수 없었다. ㉢이집트는 나일강을 중심으로 문명을 형성하고 발전시켰다. ㉣이 시기에 국가가 농민들에게 일을 주고 임금을 지급하여 생계를 보장하는 것이 피라미드 건설의 목적 중 하나였다.

어휘 풀이

☐ **동원하다** 어떤 목적을 이루려고 사람이나 물건, 방법 등을 한데 모으다.

☐ **발굴되다** 땅속이나 큰 덩치의 흙, 돌 더미 등에 묻혀 있는 것이 발견되어 파내지다.

☐ **유골** 무덤 속에서 나온 뼈. (遺 남길 유, 骨 뼈 골)

☐ **파업** 노동자들이 집단적으로 한꺼번에 작업을 중지하는 일.

☐ **결근** 일을 해야 하는 날에 직장에 가지 않고 빠짐.

☐ **임금** 일을 한 대가로 받는 돈.

☐ **출토되다** 땅속에 묻혀 있던 물건이 밖으로 나오게 되다. (出 날 출, 土 흙 토)

1 이 글의 내용으로 알맞은 것에 ◯표 하세요.

내용
이해

(1) 헤로도토스는 가혹한 노예 제도에 반대하였다. ( )

(2) 당시 이집트에서는 봄마다 나일강이 흘러넘쳤다. ( )

(3) 쿠푸왕의 피라미드는 세계에서 가장 오래된 피라미드이다. ( )

2 일반 농민이 피라미드를 만들었다는 주장에 대한 근거가 <u>아닌</u> 것은 무엇인가요? ( )

내용
이해

① 피라미드를 만든 일꾼의 유골에서 발견된 수술 흔적

② 임금을 제때 받지 못한 일꾼들이 파업을 했다는 기록

③ 일꾼들이 받은 임금의 액수가 정리되어 있는 토리노 파피루스

④ 일꾼들이 개인적인 사정으로 작업에서 빠졌다는 내용이 적힌 석판

⑤ 일하는 곳 근처에서 일꾼들이 가정을 꾸리고 살았음을 보여 주는 유골

⚡ **어떻게 알았나요?**

일꾼의 마을에서 발굴된 유골은 　　　　　　의 비율이 거의 비슷했고, 　　　　의 유골도 많았습니다.

3 이 글을 읽고 짐작한 내용으로 알맞지 <u>않은</u> 것을 찾아 기호를 쓰세요.

★ 추론

㉮ 노예가 피라미드 건설에 참여하면 일반 농민이 될 수 있었구나.

㉯ 고고학자는 피라미드와 같은 오래된 유적을 연구하는 사람인가 봐.

㉰ 헤로도토스의 기록을 본 사람들은 다른 피라미드도 노예가 만들었다고 추측했을 거야.

( )

4

전략 적용

다음은 **5**문단을 읽고 평가한 내용입니다. ㉠~㉣ 중 알맞은 기호를 골라 빈칸에 쓰세요.

평가

　　5문단은 피라미드 건설의 목적을 설명하는 문단으로, 중심 문장은 ( )
이다. 따라서 이와 관련 없는 내용인 ( )은 뒷받침 문장으로 적절하지 않다.

독도는 우리 땅

인문 | 993자

교과 연계
사회 5-1 국토와 우리 생활

1 '영토'란 한 나라의 주권이 미치는 땅의 범위를 말한다. 우리나라 영토의 동쪽 끝은 동해에 위치한 독도이다. 행정 구역상으로 경상북도 울릉군에 속하는 독도는 과거에도 현재에도 명백히 우리의 영토이다. 일본은 독도에 대한 °영유권을 지속적으로 주장하지만, 독도가 우리 땅이라는 증거는 우리나라와 일본의 여러 °문헌에서 찾을 수 있다.

2 독도에 관한 가장 오래된 기록은 1145년 고려의 학자 김부식이 쓴 『삼국사기』이다. 여기에는 신라의 장군 이사부가 512년에 '우산국'을 °정벌했다고 적혀 있다. 우산국은 지금의 울릉도와 독도를 함께 부르던 말로, 이를 통해 신라 시대 때부터 독도가 우리의 영토였음을 알 수 있다. ㉠또 『세종실록지리지』, 『동국문헌비고』 등 조선 시대의 문헌들에도 독도가 우리 땅이라고 쓰여 있다. 1900년에는 고종이 「대한 제국 칙령 제41호」를 발표하여 독도가 울릉군에 속한 조선의 땅임을 국제적으로 °공표하였다.

3 독도가 우리 영토라는 증거는 일본의 문헌에서도 발견된다. 울릉도를 둘러싸고 조선과 일본 사이에 °분쟁이 발생하자, 1695년에 일본 정부는 지방 행정 구역인 돗토리번에 울릉도의 ㉡소속을 묻는 문서를 보냈다. 이에 돗토리번은 울릉도와 독도가 돗토리번에 속하지 않는다는 답변서를 보냈고, 이듬해 일본 정부는 두 섬이 일본의 영토가 아님을 공식적으로 확인했다. 1877년에는 당시 일본의 최고 행정 기관인 태정관에서 '울릉도와 독도가 일본과 관계없음을 명심할 것'이라는 지시를 내리기도 했다. 이 「태정관 지령」 역시 독도가 우리 땅임을 ㉢증명하는 자료 중 하나이다.

4 일본이 독도의 영유권을 주장하기 시작한 것은 1905년부터이다. 러시아와 전쟁을 하고 있던 일본은 독도의 군사적 중요성을 깨닫고, 독도를 자국 영토로 불법적으로 °편입시켰다. 그리고 지금까지도 독도가 자기네 영토라고 ㉣강변하고 있다. 일본의 이러한 주장에 맞서 우리나라 정부는 독도가 명백한 우리 고유의 영토임을 세계에 알리고, 독도에 경비대를 두는 등 독도를 지키기 위한 노력을 기울이고 있다.

▲ 독도

어휘 풀이

☐ **영유권** 일정한 영토에 대한 해당 국가의 관할권.

☐ **문헌** 옛날의 제도나 문물을 아는 데 증거가 되는 자료나 기록.

☐ **정벌하다** 적이나 나쁜 무리를 힘으로 물리치다.

☐ **공표하다** 여러 사람에게 널리 드러내어 알리다.

☐ **분쟁** 말썽을 일으키어 시끄럽고 복잡하게 다툼. (紛 어지러울 분, 爭 다툴 쟁)

☐ **편입시키다** 이미 짜인 조직이나 단체 등에 끼어 들어가게 하다. (編 엮을 편, 入 들 입)

1 독도에 대한 내용으로 알맞지 <u>않은</u> 것은 무엇인가요? (　　　)

내용
이해

① 경상북도 울릉군에 속한다.　　　　② 우리나라 영토의 동쪽 끝이다.

③ 우리나라 경비대가 머무르고 있다.　　④ 울릉도와 함께 우산국으로 불렸다.

⑤ 1905년부터 러시아도 영유권을 주장하고 있다.

💡 **어떻게 알았나요?**

우리나라 정부는 독도에 　　　　　　　를 두는 등 독도를 지키기 위해 노력하고 있습니다.

2 다음 ㉮~㉰가 각각 어떤 문헌과 관련된 내용인지 찾아 각각 기호를 쓰세요.

내용
이해

> ㉮ 신라 시대 때부터 독도가 우리의 영토였음을 알 수 있다.
> ㉯ 독도가 울릉군에 속한 조선의 땅임을 국제적으로 공표하였다.
> ㉰ 울릉도와 독도가 일본과 관계없음을 명심하라는 지시를 내렸다.
> ㉱ 일본 정부가 울릉도와 독도가 일본의 영토가 아님을 공식적으로 확인했다.

(1)『삼국사기』: (　　　　)　　　　(2)「태정관 지령」: (　　　　)

(3) 돗토리번 답변서: (　　　　)　　　(4)「대한 제국 칙령 제41호」: (　　　　)

3
평가

전략 적용

② 문단의 뒷받침 문장인 ㉠을 알맞게 평가한 친구의 이름을 쓰세요.

> 지연: ②문단은 신라가 독도와 울릉도를 정벌했다는 기록에 대한 내용이야. 그러므로 ㉠은 뒷받침 문장으로 적절하지 않아.
> 창민: ②문단은 독도가 우리의 영토라는 증거가 담긴 우리나라 문헌에 관한 내용이야. 그러므로 ㉠은 뒷받침 문장으로 적절해.

(　　　　　　　　　)

4 ㉡~㉱의 뜻을 <u>잘못</u> 짐작한 것에 ✕표 하세요.

★ 추론

(1) ㉡: 어떤 기관이나 단체에 속함　　　　　　　　　　　　　(　　　)

(2) ㉢: 어떤 의견이나 주장 등에 반대하여 말하는　　　　　　(　　　)

(3) ㉣: 이치에 맞지 않는 것을 억지로 주장하거나 변명하고　(　　　)

5 이 글과 <u>보기</u>를 읽고 보인 반응으로 알맞지 <u>않은</u> 것은 무엇인가요? (   )

창의

> **보기**
>
> 현재 일본은 국제 사회를 상대로 독도가 일본 고유의 영토라고 주장하고 있다. 일본이 내세우는 근거는 자신들이 17세기에 처음 독도를 발견하고 이용해 왔다는 것, 17세기 중엽에 돗토리번 주민에게 울릉도와 독도를 오가는 면허를 발급했다는 것, 1905년에 독도를 일본의 행정 구역인 시마네현에 편입시키고 '다케시마'로 명명함으로써 독도의 영유권을 확립했다는 것 등이다.

① 『삼국사기』의 기록에 따르면 일본이 독도를 처음으로 발견했다고 볼 수 없어.

② 우리도 여러 문헌을 근거로 일본이 억지 주장을 하고 있음을 세계에 알려야겠어.

③ 우리나라도 독도를 우리 행정 구역으로 편입시키고 새롭게 명명하는 것이 좋겠어.

④ 고종이 먼저 독도가 우리 땅임을 공표했으니 독도의 영유권을 확립한 건 우리나라야.

⑤ 돗토리번 답변서를 통해 일본은 독도에 대한 영유권이 없다는 것을 스스로 인정했어.

핵심 정리

6 노트의 빈칸을 채우며, 이 글의 내용을 정리해 보세요.

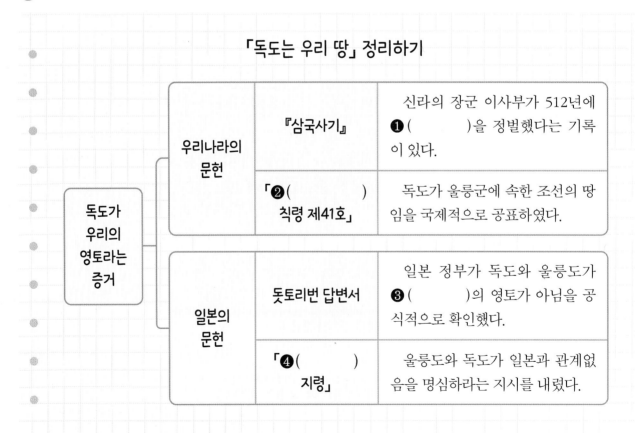

「독도는 우리 땅」 정리하기

독도가 우리의 영토라는 증거	우리나라의 문헌	『삼국사기』	신라의 장군 이사부가 512년에 ❶( )을 정벌했다는 기록이 있다.
		「❷( ) 칙령 제41호」	독도가 울릉군에 속한 조선의 땅임을 국제적으로 공표하였다.
	일본의 문헌	돗토리번 답변서	일본 정부가 독도와 울릉도가 ❸( )의 영토가 아님을 공식적으로 확인했다.
		「❹( ) 지령」	울릉도와 독도가 일본과 관계없음을 명심하라는 지시를 내렸다.

어휘 다지기

1 다음 낱말의 뜻으로 알맞은 것을 찾아 선으로 이으세요.

(1) 공표하다 •

(2) 정벌하다 •

(3) 편입시키다 •

• ① 적이나 나쁜 무리를 힘으로 물리치다.

• ② 여러 사람에게 널리 드러내어 알리다.

• ③ 이미 짜인 조직이나 단체 등에 끼어 들어가게 하다.

2 빈칸에 알맞은 낱말을 보기 에서 찾아 쓰세요.

보기	문헌	분쟁	영유권

(1) 독도의 (　　　　　　　)은 우리나라가 가지고 있다.

(2) 두 나라는 석유가 나는 땅을 차지하기 위해 (　　　　　　　)을 벌였다.

(3) 조선 시대의 (　　　　　　　)을 통해 우리는 그 시대의 생활상을 알 수 있다.

어휘 키우기

3 다음 뜻을 가진 '증(證)'이 사용된 낱말에 모두 V표 하세요.

한자어

證
증거 증

예 증거(證據): 어떤 사건이나 사실을 확인할 수 있는 근거.

(1) 검증(檢 ▨): 검사하여 증명함. ☐

(2) 갈증(渴 ▨): 목이 말라 물을 마시고 싶은 느낌. ☐

(3) 신분증(身分 ▨): 자신의 신분이나 소속을 증명하는 문서나 카드. ☐

예술가의 똥

예술 | 1,062자

1 2016년, 밀라노의 미술 경매장에서 평범하게 생긴 깡통 하나가 약 4억 원이라는 엄청난 가격에 팔렸습니다. 깡통을 둘러싼 라벨에는 이렇게 적혀 있었습니다. "정량 30g. 신선하게 보존됨. 1961년 5월에 제작되었음." 이 깡통은 이탈리아의 예술가인 피에로 만초니가 만든 〈예술가의 똥〉이라는 작품입니다.

2 〈예술가의 똥〉은 만초니가 자신의 대변을 90개의 깡통에 나누어 담아 밀봉한 작품으로 알려져 있습니다. ㉠깡통에 내용물을 넣어 밀봉하는 기술은 1810년에 영국에서 개발되었습니다. 모든 깡통에는 1번부터 90번까지의 번호와 만초니의 서명이 적혀 있고, 정량과 제작 날짜 등을 표기한 라벨이 붙어 있습니다. 그리

▲ 〈예술가의 똥〉

고 만초니는 이 작품을 출품할 때, 깡통에 든 대변의 무게와 같은 무게의 금값으로 가격을 정했습니다. ㉡똥에 금과 동일한 가격을 매긴 것입니다.

3 만초니는 대체 왜 이런 작품을 만들었을까요? 보통 '예술'이라고 하면 아름다운 그림이나 조각 등을 떠올립니다. 하지만 〈예술가의 똥〉은 그러한 예술과 다릅니다. 그래서 사람들은 이 작품을 보며 '이런 것도 예술이라고 할 수 있을까?'를 생각해 보게 됩니다. 만초니는 기존의 고정 관념을 깬 작품을 선보임으로써 사람들에게 예술의 의미를 물은 것입니다.

4 다른 한편으로 만초니는 이 작품을 통해 예술을 돈으로만 바라보는 세태를 비판하고자 했습니다. 당시에 부유한 수집가들은 예술에 관심이 있어서가 아니라 자신의 부를 과시하기 위해 예술품을 비싸게 사들였습니다. 그러면서 수집가들에게 인기 있는 예술품들의 가격이 치솟았습니다. 만초니는 가치가 없다고 여겨지는 똥을 금값에 팔아 이러한 현실을 꼬집었던 것입니다.

5 〈예술가의 똥〉 안에 진짜 만초니의 똥이 들어 있는지는 확실하지 않습니다. 많은 사람이 궁금해했지만, 작품의 가치가 떨어질까 봐 누구도 선뜻 깡통을 열어 보지 못했습니다. 그러다 1989년에 드디어 한 미술 단체가 깡통을 열어 보았습니다. 그런데 깡통 안에는 스펀지로 둘러싸인 작은 깡통이 하나 더 들어 있었습니다. 이 단체는 고민 끝에 결국 작은 깡통을 열지 않기로 했습니다. 그래서 깡통 안에 무엇이 들어 있는지는 아직 아무도 모른답니다.

어휘 풀이

□ **경매장** 값을 가장 높이 부르는 사람에게 물건을 파는 일인 경매를 하는 곳. (競 다툴 경, 賣 팔 매, 場 마당 장)

□ **정량** 일정하게 정해진 분량. (定 정할 정, 量 헤아릴 량)

□ **밀봉하다** 단단히 붙여 꼭 봉하다.

□ **출품하다** 전시회 등에 작품이나 물품을 내놓다. (出 날 출, 品 물건 품)

□ **고정 관념** 이미 굳어져서 쉽게 바뀌지 않는 생각. (固 굳을 고, 定 정할 정, 觀 볼 관, 念 생각할 념)

□ **세태** 사람들의 일상생활, 풍습 등에서 보이는 세상의 상태나 형편. (世 세대 세, 態 모양 태)

□ **과시하다** 자랑하여 보이다. (誇 자랑할 과, 示 보일 시)

1 글쓴이가 이 글을 쓴 목적은 무엇인가요? ( )

중심
생각

① 이탈리아의 유명한 예술가들을 소개하기 위해

② 〈예술가의 똥〉이 제작된 과정을 알려 주기 위해

③ 피에로 만초니의 생애를 사실대로 기록하기 위해

④ 예술 작품을 비싼 값에 팔아야 한다고 주장하기 위해

⑤ 〈예술가의 똥〉이라는 작품의 특징과 그 의미를 설명하기 위해

2 〈예술가의 똥〉에 대한 설명으로 알맞지 <u>않은</u> 것은 무엇인가요? ( )

내용
이해

① 2016년에 약 4억 원에 팔렸다.

② 만초니가 30g의 금값으로 가격을 정했다.

③ 당시에 부유한 수집가들이 비싸게 사들였다.

④ 만초니의 대변을 담은 작품으로 알려져 있다.

⑤ 정량과 제작 날짜 등을 표기한 라벨이 붙어 있다.

💡 어떻게 알았나요?

만초니는 깡통에 든 _____ 의 무게와 같은 무게의 _____ 으로 가격을 정했습니다.

3 만초니가 〈예술가의 똥〉을 만든 목적으로 알맞지 <u>않은</u> 것에 ✕표 하세요.

내용
이해

(1) 예술을 돈으로 바라보는 현실을 꼬집으려고 ( )

(2) 고정 관념을 깨는 예술 작품을 선보이는 세태를 비판하려고 ( )

(3) 보통의 예술과 다른 작품을 통해 예술의 의미를 생각해 보게 하려고 ( )

4 〈예술가의 똥〉을 누구도 선뜻 열어 보지 못한 까닭이 무엇인지 기호를 쓰세요.

★ 추론

> ㉮ 깡통을 열어 더러운 대변이 노출되면 작품의 아름다움이 사라지기 때문이다.
>
> ㉯ 내용물을 확인하기 위해 깡통을 여는 것은 작품을 훼손하는 일이기 때문이다.
>
> ㉰ 안에 대변이 아니라 작은 깡통이 들어 있다는 사실을 다들 알고 있었기 때문이다.

( )

전략 적용

다음은 ⊙과 ⓒ이 뒷받침 문장으로 적절한지를 판단하며 나눈 대화입니다. 알맞게 말하지 <u>못한</u> 친구의 이름을 쓰세요.

> 은수: ⊙과 ⓒ이 있는 **2**문단은 〈예술가의 똥〉의 특징을 설명하고 있어.
>
> 나영: ⊙과 ⓒ이 뒷받침 문장으로 적절한지 판단하려면 중심 문장과 관련이 있는
> 지, 앞뒤 문장과 자연스럽게 연결되는지 등을 확인해 보면 돼.
>
> 태진: ⊙은 **2**문단의 중심 문장인 첫 번째 문장과 관련이 없는 내용이야. 그러니 뒷
> 받침 문장으로 적절하지 않아.
>
> 규빈: ⓒ은 앞에 나오는 문장과 자연스럽게 연결되지 않는 내용이야. ⓒ도 뒷받침
> 문장으로 적절하지 않아.
>
> 찬희: ⊙과 ⓒ이 글의 전체 흐름에 맞는지도 살펴보는 것이 좋겠어.

(   )

핵심 정리

6 노트의 빈칸을 채우며, 이 글의 내용을 정리해 보세요.

「예술가의 똥」 정리하기

피에로 만초니의 〈예술가의 똥〉

특징	의도
• 작가인 만초니가 자신의 대변을 90개의 ❶( )에 나누어 담아 밀봉한 작품으로 알려져 있음. • 깡통에 든 대변의 무게와 같은 무게의 금값으로 ❷( )을 정함.	• 고정 관념을 깬 작품을 선보임으로써 사람들에게 ❸( )의 의미를 물음. • 예술을 돈으로만 바라보는 세태를 ❹( )함.

어휘 다지기

1 다음 낱말의 뜻으로 알맞은 것을 찾아 선으로 이으세요.

(1) 과시하다 •   • ① 자랑하여 보이다.

(2) 밀봉하다 •   • ② 단단히 붙여 꼭 봉하다.

(3) 출품하다 •   • ③ 전시회 등에 작품이나 물품을 내놓다.

2 빈칸에 알맞은 낱말을 보기 에서 찾아 쓰세요.

> 보기   세태   정량   고정 관념

(1) 이 약은 반드시 (   )을/를 지켜서 복용하세요.

(2) 그는 (   )이/가 강해서 새로운 것을 잘 받아들이지 못한다.

(3) 이 소설은 일제 강점기의 (   )을/를 자세히 묘사한 작품이다.

어휘 키우기

3 다음 밑줄 친 낱말과 같은 뜻의 '들다'가 쓰인 것에 ∨표 하세요.

동형어

> 만초니는 이 작품을 출품할 때, 깡통에 <u>든</u> 대변의 무게와 같은 무게의 금값으로 가격을 정했습니다.

(1) 양손에 짐을 <u>들고</u> 뛰다가 넘어졌다.   ☐

(2) 나는 팥이 <u>들어</u> 있는 붕어빵을 좋아한다.   ☐

(3) 새로 산 가위가 잘 <u>들어서</u> 종이가 깔끔하게 잘렸다.   ☐

근거의 타당성 판단하기

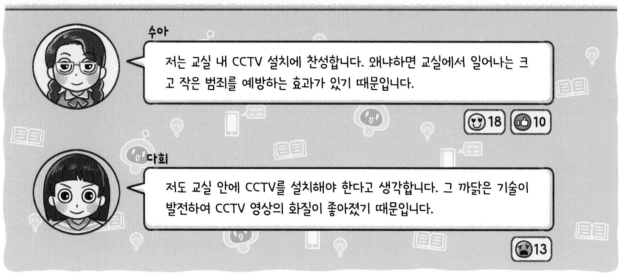

← 5반 학급 토론방 28명 참여 🔍 ☰

📢— 교실 내 CCTV 설치에 대한 자신의 주장과 근거를 말해 봅시다.

수아
저는 교실 내 CCTV 설치에 찬성합니다. 왜냐하면 교실에서 일어나는 크고 작은 범죄를 예방하는 효과가 있기 때문입니다.

😊18 👍10

다희
저도 교실 안에 CCTV를 설치해야 한다고 생각합니다. 그 까닭은 기술이 발전하여 CCTV 영상의 화질이 좋아졌기 때문입니다.

😲13

개념 이해

수아와 다희 모두 교실 내 CCTV 설치에 찬성하고 있습니다. 그런데 CCTV가 범죄를 예방한다는 근거를 든 수아는 공감을 받은 반면, CCTV의 화질이 좋아졌다는 근거를 든 다희는 공감을 받지 못했습니다. 수아가 제시한 근거는 주장을 뒷받침하지만, 다희가 제시한 근거는 주장과 관련이 없기 때문입니다.

이렇듯 근거는 주장과 관련이 있고, 주장을 뒷받침할 때 타당하다고 말할 수 있습니다. 주장하는 글을 읽을 때는 근거의 타당성을 판단하며 읽어야 합니다.

이렇게 해요!

① 글을 읽고 주장과 근거를 파악합니다.
② 근거가 주장과 관련이 있는지, 주장을 뒷받침하는지를 확인하여 근거의 타당성을 판단합니다.

> 통계나 설문 조사 등이 근거로 사용되었다면 그 내용이 정확한지, 믿을 만한지 판단해야 해.

확인 문제

[1~2] 다음 글을 읽고, 물음에 답하세요.

> 최근 서울시 교육청은 서울 시내 76개 학교에 '그린 급식 바(bar)'를 설치하여 채식 선택제를 운영하기로 하였다. 채식 선택제란 채식을 원하는 학생에게 채식 급식을 제공하는 제도이다. 나는 다음과 같은 이유로 채식 선택제 도입에 찬성한다.
>
> 첫째, 학생들이 먹고 싶은 음식을 스스로 선택할 수 있다. 현재의 급식 제도는 정해진 메뉴를 제공하기 때문에 특정 음식에 알레르기가 있거나 육류를 먹고 싶지 않은 학생들의 선택이 제한된다. 채식 선택제는 급식 메뉴의 다양성을 확보하고, 학생들이 식단을 선택할 권리를 보장한다.
>
> 둘째, 학생들의 육류 소비량을 줄여 환경을 보호할 수 있다. 유엔 식량 농업 기구에 따르면, 지구 온난화의 주범으로 꼽히는 온실가스의 약 18%가 가축을 기르는 축산업에서 발생한다고 한다. 또한 가축에게 줄 사료를 생산하기 위해 매년 엄청난 면적의 산림이 파괴되고 있다. 만약 하루에 한 끼라도 육류 소비를 줄인다면 환경 보호에 도움이 될 것이다.

1 글쓴이의 주장이 무엇인지 빈칸에 말을 각각 쓰세요.

(   ) 선택제 도입에 (   )한다.

> 글쓴이의 주장은 보통 첫 번째 문단에서 드러나.

2 글쓴이가 제시한 근거의 타당성을 알맞게 판단한 친구에게 ○표 하세요.

(1) 기징: 두 가지 근거 모두 글쓴이의 주장과 관련이 있고, 주장을 뒷받침하고 있으니 타당해. (   )

(2) 명진: 첫 번째 근거는 글쓴이의 주장과 관련이 있지만, 두 번째 근거는 주장과 관련 없는 내용이라 타당하지 않아. (   )

> 이 글의 두 가지 근거가 무엇인지를 먼저 파악해 봐.

교차로에 필요한 횡단보도

넓은 교차로에서 종종 볼 수 있는 '대각선 횡단보도'는 한 번의 보행 신호 안에 대각선 방향을 포함한 모든 방향으로 길을 건널 수 있는 횡단보도입니다. 현재 우리나라에 설치된 대각선 횡단보도는 1,700여 개로, 전국 교차로에 설치된 횡단보도의 3.4%밖에 되지 않습니다. 보행자의 사고를 줄이고 안전한 교통 환경을 만들기 위해서는 대각선 횡단보도를 더 많이 설치해야 합니다. 대각선 횡단보도를 설치하면 다음과 같은 효과를 기대할 수 있습니다.

▲ 대각선 횡단보도

첫째, ㉠대각선 횡단보도는 교차로에서 일어나는 교통사고를 예방합니다. 직선 방향의 횡단보도만 있는 일반적인 교차로에서는 각 횡단보도의 보행 신호가 순서대로 켜집니다. 그렇기에 한 횡단보도에서 보행자가 길을 건널 때, 다른 방향에서는 차량이 지나갑니다. 이와 달리 대각선 횡단보도에서는 모든 방향의 보행 신호가 한 번에 켜집니다. 그러면 네 방향에서 달려오던 차량이 일제히 정지하고, 교차로 내부는 보행자만 다니는 안전한 공간이 됩니다. 따라서 차량으로 인한 교통사고 위험이 줄어듭니다.

둘째, ㉡대각선 횡단보도는 보행자의 무단 횡단을 줄입니다. 일반적인 교차로에서 보행자가 대각선 방향으로 가려면 'ㄱ'자나 'ㄴ'자 형태로 횡단보도를 두 번 건너야 합니다. 이렇게 불편하다 보니 무단 횡단을 해서라도 빨리 건너가려는 보행자가 많고, 이는 때때로 사고로 이어집니다. 하지만 대각선 방향으로 한 번에 건너갈 수 있는 대각선 횡단보도에서는 보행자가 무단 횡단을 할 가능성이 적습니다.

이처럼 대각선 횡단보도는 교통사고와 무단 횡단을 방지하는 효과가 있습니다. 실제로 대각선 횡단보도를 설치하기 전과 후의 사고율을 비교해 보았더니 교통사고가 크게 감소했다고 합니다. 그러므로 대각선 횡단보도 설치를 확대하여 보행자가 더욱 안전하게 길을 건널 수 있게 해야 합니다.

어휘 풀이

□ **교차로** 두 길이 엇갈린 곳.

□ **보행** 걸어 다님. (步 걸음 보, 行 다닐 행)

□ **차량** 도로나 선로 위를 달리는 모든 차를 통틀어 이르는 말. (車 수레 차, 輛 수레 량)

□ **일제히** 여럿이 한꺼번에.

□ **내부** 안쪽의 부분. (內 안 내, 部 나눌 부)

1
중심
생각

이 글의 주장이 무엇인지 빈칸에 알맞은 말을 쓰세요.

교차로에 (   ) 설치를 확대하자.

2
내용
이해

이 글의 내용으로 알맞지 <u>않은</u> 것은 무엇인가요?   (   )

① 대각선 횡단보도는 교차로에 설치된다.

② 우리나라 교차로에 설치된 횡단보도의 개수는 1,700여 개이다.

③ 교차로에 대각선 횡단보도를 설치한 후 교통사고가 크게 줄었다.

④ 대각선 횡단보도에서는 모든 방향의 보행 신호가 한 번에 켜진다.

⑤ 일반적인 교차로에서 대각선 방향으로 가려면 횡단보도를 두 번 건너야 한다.

3
★ 추론

다음 상황에서 일어날 일을 알맞게 짐작한 것을 두 개 고르세요.   (,   )

대각선 횡단보도가 설치된 교차로에서 보행 신호가 켜졌다.

① 한 방향에서는 차량이 지나간다.

② 보행자가 직선 방향으로 건널 수 없다.

③ 네 방향에서 오던 차량이 모두 정지한다.

④ 보행자가 한 번에 대각선 방향으로 건너갈 수 있다.

⑤ 네 방향에서 기다리고 있던 차량이 동시에 출발한다.

💡 어떻게 알았나요?

대각선 횡단보도의 보행 신호가 켜지면 교차로 내부는   만 다니는 안전한 공간이 됩니다.

4
평가

전략 적용

이 글의 근거인 ㉠, ㉡에 대한 평가로 알맞은 것에 ○표 하세요.

(1) 대각선 횡단보도를 설치했을 때 기대할 수 있는 사고 예방 효과를 설명하고 있으므로, ㉠은 타당한 근거이다.   (   )

(2) 대각선 횡단보도를 설치했을 때 발생할 수 있는 교통사고에 대해 설명하고 있으므로, ㉡은 타당하지 않은 근거이다.   (   )

빙하가 녹고 있다

사회 | 1,005자

📖 교과 연계
사회 5-1 국토와 우리 생활

1 국토가 가라앉아 사라질 위험에 처한 나라가 있습니다. 남태평양의 작은 섬나라 투발루입니다. 투발루는 평균 해발 고도가 3m에 불과할 만큼 낮고 평평한 섬입니다. 투발루의 해수면은 매년 4~5mm씩 올라서, 투발루를 이루는 아홉 개의 섬 가운데 벌써 두 개가 완전히 바다에 잠겼습니다. 과학자들은 2060년이면 투발루의 거의 모든 섬이 수몰될 것으로 전망했습니다.

2 ㉠투발루의 섬이 사라지는 까닭은 지구 온난화로 인해 빙하가 녹았기 때문입니다. 지난 백 년 동안 지구의 평균 온도는 1℃나 높아졌습니다. 이렇게 지구의 온도가 올라가자, 남극과 북극의 빙하가 녹아 바다로 흘러 들어갔습니다. 그 결과로 바닷물의 양이 늘어나 해수면이 상승한 것입니다. 이와 같은 빙하의 소실은 투발루만이 아니라 전 세계를 위협하는 문제가 될 수 있습니다.

3 극지방의 빙하가 녹아 해수면이 크게 상승하면, 해안 저지대의 많은 도시가 물에 잠길 수 있습니다. 전 세계 인구의 3분의 1 이상이 바닷가와 가까운 지역에 살고 있습니다. 지금처럼 해수면 상승이 지속될 경우 뉴욕, 상하이, 베네치아 등 해안가의 도시들이 바닷속으로 사라지고, 약 10억 명의 사람들이 살 곳을 잃게 됩니다.

4 한편, 북극의 빙하가 녹으면서 북극 항로를 이용하여 더욱 효율적으로 배를 운항할 수 있게 되었습니다. 북극 항로는 아시아와 유럽을 잇는 최단 항로로, 기존 항로에 비해 운행 거리가 짧고 시간이 적게 소요된다는 장점이 있습니다. 과거에는 북극 빙하가 뱃길을 가로막아서 얼음이 녹는 여름철에만 한시적으로 북극 항로를 이용할 수 있었습니다. 그러나 빙하의 양이 감소함에 따라 북극 항로로 다닐 수 있는 기간이 늘어나고 있습니다.

5 "우리는 가라앉고 있습니다. 하지만 다른 모든 사람도 마찬가지입니다." 지구 온난화의 위험성을 알리기 위해 허벅지까지 차오른 바닷물 속에서 연설한 투발루 외교 장관의 말입니다. 빙하는 한번 녹으면 다시 생기기까지 수십 년에서 수 세기가 필요합니다. 더 늦기 전에 지구 온난화를 막고 빙하를 지키기 위한 노력을 기울여야 합니다.

▲ 투발루

어휘 풀이

□ **해발 고도** 평균 해수면을 기준으로 하여 잰 어떤 지점의 높이.

□ **수몰되다** 물속에 잠기다. (水 물 수, 沒 잠길 몰)

□ **소실** 사라져 없어짐. (消 꺼질 소, 失 잃을 실)

□ **저지대** 낮은 지대.

□ **항로** 배가 바다 위에서 지나다니는 길. (航 배 항, 路 길 로)

□ **운항하다** 배나 비행기 등을 움직이게 하거나 사용하다. (運 운전할 운, 航 배 항)

□ **소요되다** 필요로 되거나 요구되다.

□ **한시적** 일정한 기간에 한정되어 있는 것.

1 글쓴이의 주장으로 알맞은 것에 ◯표 하세요.

_{중심
생각}

(1) 효율적인 북극 항로를 적극적으로 이용해야 한다. ( )

(2) 지구 온난화를 막고 빙하를 지키기 위해 노력해야 한다. ( )

(3) 국토가 사라질 위험에 처한 투발루의 주민들을 구조해야 한다. ( )

2 이 글을 읽고 알 수 <u>없는</u> 것은 무엇인가요? ( )

_{내용
이해}

① 북극 항로의 장점

② 지구 온난화의 원인

③ 해수면 상승의 문제점

④ 지난 백 년 동안 지구 평균 온도의 변화

⑤ 녹은 빙하가 다시 생기는 데 걸리는 시간

3 ㉠을 설명하고자 할 때, 순서에 맞게 기호를 쓰세요.

_{내용
이해}

> ㉮ 해수면이 상승한다. ㉯ 섬이 바다에 잠긴다.
>
> ㉰ 지구의 온도가 상승한다. ㉱ 바닷물의 양이 늘어난다.
>
> ㉲ 극지방의 빙하가 녹는다.

( ) → ( ) → ( ) → ( ) → ㉯

💡 어떻게 알았나요?

㉠에 대한 내용은 　　　 문단에서 확인할 수 있습니다.

4 _{전략 적용}

다음은 이 글에 제시된 근거의 타당성을 평가한 것입니다. 빈칸에 들어갈 알맞은 말은 무엇인가요? ( )

_{평가}

> 이 글의 [　　　]에서는 빙하가 녹았을 때의 좋은 점을 근거로 제시하고 있습니다. 그런데 이는 주장과 관련이 없고, 주장을 뒷받침하지 못하므로 타당하지 않은 근거입니다.

① **1**문단 ② **2**문단 ③ **3**문단 ④ **4**문단 ⑤ **5**문단

5 글쓴이가 보기 를 읽고 보일 반응으로 알맞은 것에 ○표 하세요.

창의

> **보기**
>
> 지구 온난화는 산악 지역의 빙하까지 빠른 속도로 녹이고 있다. 산악 빙하는 산 아래 지역에 식수를 공급하는 역할을 한다. 특히 히말라야산맥은 극지방 다음으로 빙하가 많은 곳인데, 아시아의 열여섯 개 국가가 이 빙하에서 녹은 물을 식수로 사용하고 있다. 지금과 같은 속도로 빙하가 녹아 없어진다면, 2100년경에는 약 20억 명의 사람들이 물 부족을 겪게 될 것이다.

(1) 세계적인 물 부족 문제를 보여 주는 보기 의 내용은 내가 주장하려는 것과 아무런 관련이 없어. ( )

(2) 보기 의 내용은 우리가 시급히 해결해야 할 중요한 사안이니까 나의 주장에 대한 근거로 삼아야겠어. ( )

(3) 보기 는 빙하의 소실로 인한 문제점을 다루고 있으므로 나의 주장을 뒷받침하는 근거로 활용하면 좋겠어. ( )

핵심 정리

6 노트의 빈칸을 채우며, 이 글의 내용을 정리해 보세요.

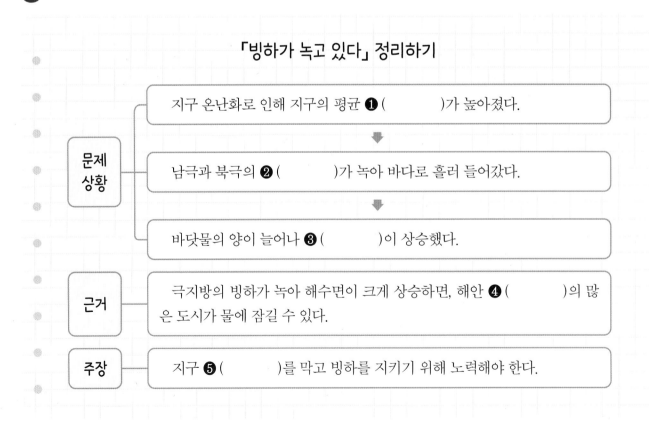

「빙하가 녹고 있다」 정리하기

문제 상황
지구 온난화로 인해 지구의 평균 ❶( )가 높아졌다.

남극과 북극의 ❷( )가 녹아 바다로 흘러 들어갔다.

바닷물의 양이 늘어나 ❸( )이 상승했다.

근거
극지방의 빙하가 녹아 해수면이 크게 상승하면, 해안 ❹( )의 많은 도시가 물에 잠길 수 있다.

주장
지구 ❺( )를 막고 빙하를 지키기 위해 노력해야 한다.

어휘 다지기

1 다음 낱말의 뜻으로 알맞은 것을 찾아 선으로 이으세요.

(1) 소요되다 •

(2) 수몰되다 •

(3) 운항하다 •

• ① 물속에 잠기다.

• ② 필요로 되거나 요구되다.

• ③ 배나 비행기 등을 움직이게 하거나 사용하다.

2 빈칸에 알맞은 낱말을 보기 에서 찾아 쓰세요.

보기   소실   항로   한시적

(1) 이 제도는 1년 동안 (   )(으)로 시행될 예정이다.

(2) 우리나라는 전쟁으로 인해 문화재의 (   )이/가 많았다.

(3) 선장은 날씨가 나빠질 것이라는 예보를 확인하고 (   )을/를 변경했다.

어휘 키우기

3 다음 뜻풀이를 읽고, 밑줄 친 낱말의 뜻으로 알맞은 것을 찾아 각각 기호를 쓰세요.

다의어

| 녹다 | ㉠ 얼음이나 얼음같이 차가운 것이 열을 받아 액체가 된다.
㉡ 추워서 굳어진 몸이나 신체 부위가 풀리다.
㉢ 감정이 누그러지다. |

(1) 집에 들어오니 얼었던 몸이 <u>녹는다</u>.   (   )

(2) 날이 따뜻해져서 눈사람이 <u>녹아</u> 버렸다.   (   )

(3) 친구의 사과를 받고 서운했던 마음이 <u>녹았다</u>.   (   )

문화유산을 보호하려면

예술 | 904자

📖 교과 연계
사회 4-1 우리가 알아보는 지역의 역사

문화유산에는 우리 민족의 역사와 문화가 고스란히 녹아 있다. 수천, 수백 년을 이어 내려온 문화유산은 옛것을 배우는 교육의 장이 되기도 하고, 사람들이 여유를 느끼는 쉼터가 되기도 한다. 「문화유산법」은 이러한 우리의 문화유산을 잘 보존하기 위해 제정된 법이다.

「문화유산법」에 근거하여, 각 시·도 지자체는 주요 문화유산 인근에 위치한 건물의 높이를 일정하게 제한하는 규정을 두고 있다. 그런데 최근 몇몇 지역에서 문화유산 주변에 고층 건물을 지을 수 있도록 해당 규정을 바꾸려는 움직임을 보이고 있다. 이렇게 문화유산 주변 건물의 높이 제한을 완화해도 괜찮은 것일까?

전문가들은 높이 제한이 풀리면 문화유산 주변의 경관이 훼손될 수 있다고 지적한다. 고층 건물들로 에워싸인 문화유산을 상상해 보자. 문화유산이 지닌 웅장함과 고즈넉함이 반감될 수밖에 없다. 문화유산은 주변의 아름다운 경관과 조화될 때 그 가치가 훨씬 높아진다. 그래서 다른 나라들도 높이 제한 규정을 두어 문화유산과 주변 경관을 함께 보존하고 있다.

또한 주변에 고층 건물이 들어서면 문화유산이 손상될 가능성이 있다. 건물을 높게 올릴 때 발생하는 진동은 오랜 시간을 견디며 약해진 문화유산에 충격을 준다. 고층 건물이 햇빛이나 바람을 가리는 것도 문화유산에 악영향을 미칠 수 있다. 문화유산은 한번 상하면 복원하기 어려우므로 애초에 잘 보호하는 것이 중요하다.

건물의 높이 제한을 완화하려는 것은 문화유산 주변 지역을 발전시키기 위해서이다. 실제로 문화유산 주변의 주민들은 낡고 오래된 건물을 개발하지 못해 불편을 겪고 있다. 하지만 이는 집을 무상으로 수리해 주거나 세금을 감면해 주는 것과 같은 간접적인 지원을 통해 보상하는 것이 바람직하다. 지역 개발보다는 문화유산 보호가 우선이다. 문화유산을 제대로 보호하려면 높이 제한 규정을 유지해야 한다.

어휘 풀이

□ **고스란히** 조금도 줄어들거나 변한 것 없이 원래의 상태 그대로.

□ **인근** 이웃한 가까운 곳. (鄰 이웃 인, 近 가까울 근)

□ **완화하다** 긴장된 상태나 급박한 것을 느슨하게 하다.

□ **경관** 산이나 들, 강, 바다 등의 자연이나 지역의 풍경. (景 경치 경, 觀 볼 관)

□ **고즈넉하다** 고요하고 아늑하다.

□ **반감되다** 절반으로 줄다. (半 반 반, 減 덜 감)

□ **감면하다** 매겨야 할 부담 등을 덜어 주거나 면제하다. (減 덜 감, 免 면할 면)

1 글쓴이가 생각하는 문제 상황이 무엇인지 빈칸에 알맞은 말을 각각 쓰세요.

내용
이해

> (   ) 제한 규정을 바꾸어 문화유산 주변에 (   ) 건
> 물을 짓는 것

2 이 글의 내용으로 알맞은 것은 무엇인가요? (   )

내용
이해

① 문화유산을 보호하려면 햇빛과 바람을 가려야 한다.

② 문화유산은 고층 건물과 조화될 때 그 가치가 높아진다.

③ 문화유산 주변의 주민들에게는 집을 무상으로 수리해 주고 있다.

④ 문화유산 주변 건물의 높이 제한 규정은 「문화유산법」에 근거한다.

⑤ 다른 나라에서는 문화유산 주변에 지어지는 건물의 높이를 제한하지 않는다.

3 ㉮~㉺ 중에서 글쓴이의 주장과 근거에 해당하는 것을 찾아 각각 기호를 쓰세요.

구조
파악

> ㉮ 문화유산이 손상될 수 있다.
> ㉯ 문화유산 주변 지역을 발전시킬 수 있다.
> ㉰ 문화유산 주변의 아름다운 경관이 훼손될 수 있다.
> ㉱ 문화유산 주변의 낡고 오래된 건물을 개발해야 한다.
> ㉲ 문화유산 주변 건물의 높이 제한 규정을 완화해서는 안 된다.

(1) 주장: (   )   (2) 근거: (,   )

💡 어떻게 알았나요?

글쓴이는 주장에 대한 근거를   문단과   문단에 제시하였습니다.

전략 적용

4 이 글의 근거가 타당하다고 판단할 때, 그 까닭으로 알맞지 <u>않은</u> 것에 ✕표 하세요.

평가

(1) 주장과 근거가 관련이 있어서   (   )

(2) 근거가 주장을 뒷받침해 주어서   (   )

(3) 주장에 대한 근거를 여러 개 들어서   (   )

5

창의

이 글의 내용을 바탕으로 보기 의 빈칸에 알맞은 말을 두 개 고르세요. (,   )

보기

　백제 초기 문화유산인 서울 풍납동 토성 인근에는 지붕이 사선으로 잘린 듯한 특이한 디자인의 아파트가 있다. 이 아파트는 1998년에 지어진 것으로, [　　　　　　　　　　　　] 직사각형 모양의 일반적인 아파트와 다르게 삼각형 모양으로 만들어졌다.

▲ 풍납동 토성 인근 아파트

① 높이 제한 규정을 지키기 위해
② 주민들의 불편을 해소하기 위해
③ 손상되었을 때 더 쉽게 복원하기 위해
④ 풍납동 토성 주변의 경관을 보존하기 위해
⑤ 건물의 웅장함과 고즈넉함을 유지하기 위해

핵심 정리

6

노트의 빈칸을 채우며, 이 글의 내용을 정리해 보세요.

「문화유산을 보호하려면」 정리하기

주장
❶ (　　　　　) 주변 건물의 높이 제한 규정을 유지해야 한다.

근거 1	근거 2
높이 제한이 풀리면 문화유산 주변의 경관이 ❷ (　　　　)될 수 있다.	문화유산 주변에 ❸ (　　　　) 건물이 들어서면 문화유산이 손상될 가능성이 있다.

어휘 다지기

1 다음 낱말의 뜻으로 알맞은 것을 찾아 선으로 이으세요.

(1) 감면하다 •

(2) 반감되다 •

(3) 완화하다 •

• ① 절반으로 줄다.

• ② 긴장된 상태나 급박한 것을 느슨하게 하다.

• ③ 매겨야 할 부담 등을 덜어 주거나 면제하다.

2 빈칸에 알맞은 낱말을 보기 에서 찾아 쓰세요.

보기   경관   인근   고스란히

(1) 설악산은 사시사철 빼어난 (   )을/를 자랑한다.

(2) 우리 집은 학교 (   )에 있어서 등교하기 편하다.

(3) 새 자전거를 사기 위해 세뱃돈을 (   ) 저금했다.

어휘 키우기

3 다음 뜻풀이를 읽고, 밑줄 친 낱말의 뜻으로 알맞은 것을 찾아 각각 기호를 쓰세요.

동형어

㉠ 장¹(張) 종이나 유리 등의 얇고 넓적한 물건을 세는 단위.
㉡ 장²(場) 어떤 일이 행해지는 곳.
㉢ 장³(醬) 음식의 간을 맞추는 데 쓰는 짠맛이 나는 흑갈색 액체.

(1) 감자전이 싱거워서 장에 찍어 먹었다.   (   )

(2) 가장 마음에 드는 사진 두 장을 골랐다.   (   )

(3) 학급 문제를 해결하기 위한 토론의 장이 열렸다.   (   )

질문하며 읽기

개념 이해

글의 내용을 잘 이해하기 위해서는 **질문**을 하며 자신이 글을 제대로 읽고 있는지 점검하는 것이 좋습니다. 글을 읽으며 글의 의미를 제대로 이해하고 있는지 스스로 질문해 보고, 그 질문에 대한 답을 글 속에서 찾거나 앞뒤 내용을 바탕으로 짐작해 봅니다. 이렇게 질문하며 글을 읽으면, 글에 제시된 정보와 글쓴이가 말하고자 하는 바를 더 정확하게 파악할 수 있습니다.

이렇게 해요!

① 글을 읽으며, 글의 내용을 정확하게 이해하고 있는지 점검하는 질문을 만들고 답해 봅니다.

> **예** 이 낱말은 무슨 뜻일까?, 이 문장은 어떤 의미일까?

② 글을 다 읽은 후, 글의 내용을 정리하는 질문을 만들고 답해 봅니다.

> **예** 이 글을 쓴 목적은 무엇일까?, 이 글의 주제는 무엇일까?

> 글을 읽기 전에는 제목이나 그림, 사진 등을 보고 내용을 추측하는 질문을 해 볼 수 있어.

확인 문제

[1~2] 다음 글을 읽고, 물음에 답하세요.

> 조선 시대에 과거 시험을 치르고 나면 시험에 합격한 사람에게는 답안지를 돌려주었다. 그러나 낙방한 사람에게는 답안지를 돌려주지 않았는데, 이 답안지를 '낙폭지'라고 불렀다. 종이가 귀했던 당시에는 낙폭지를 나라에서 직접 관리하며 다양한 물품에 재활용했다.
>
> 낙폭지가 가장 요긴하게 쓰인 곳은 군사 물품이었다. 『조선왕조실록』에 따르면 추운 지역에 배치된 군사들에게 솜 대신 낙폭지를 넣어 만든 옷을 지급했다고 한다. 또 낙폭지로 화살과 갑옷을 제작했다는 기록도 있다.
>
> 낙폭지는 미술품 제작에도 활용되었다. 특히 병풍이나 벽화를 제작할 때 낙폭지를 배접지로 사용하는 경우가 많았다. 그림의 뒤판에 낙폭지를 덧대어 작품의 형태를 단단하게 고정한 것이다.
>
> 낙폭지는 문화유산을 복원하거나 보존 처리하는 과정에서 하나씩 발견되고 있다. ㉠문화유산 연구자들은 이렇게 발견된 낙폭지를 분석하여 해당 문화유산이 언제 만들어졌는지를 추정한다. 그러니 낙폭지는 과거에는 부족한 물자를 대체하는 유용한 재료였고, 현재에는 문화유산의 제작 시기를 알아내는 중요한 단서라 할 수 있다.

1 이 글과 관련된 질문으로 알맞지 <u>않은</u> 것에 ✕표 하세요.

질문의 답이 이 글의 내용과 관련 없는 것을 찾아봐.

(1) '배접지'가 무슨 뜻일까?　　　　　　　　　　　　　　(　)

(2) 다양한 물품에 낙폭지를 재활용한 까닭은 무엇일까?　(　)

(3) 과거 시험에 합격한 사람은 답안지를 받아서 어디에 썼을까?　(　)

2 다음은 ㉠을 읽고 떠올린 질문입니다. 답을 알맞게 짐작한 것에 ○표 하세요.

1문단의 내용을 바탕으로 질문의 답을 짐작해 봐.

> 낙폭지를 분석해서 어떻게 문화유산의 제작 시기를 추정할 수 있을까?

(1) 어느 해에 치러진 과거 시험의 낙폭지인지를 확인할 것이다.　(　)

(2) 낙폭지로 만든 문화유산이 언제 유행했는지를 알아볼 것이다.　(　)

과자의 보호자, 질소

맛있는 과자를 먹으려고 설레는 마음으로 과자 봉지를 열었는데, 안에 든 과자가 너무 적어 실망할 때가 있습니다. 과자가 많아 보이도록 일부러 공기를 채워 놓은 것 같아 기분이 나빠지기도 합니다. 과자 봉지 속 기체는 무엇이며, 왜 넣는 것일까요?

과자 봉지에 들어가는 기체는 '질소'입니다. 질소는 우리가 숨 쉬는 공기의 대부분을 차지합니다. 공기의 약 78%가 질소이고, 21%가 산소이지요. 무색의 기체인 질소는 냄새와 맛이 없을 뿐만 아니라, 독성이 없고 다른 물질과 잘 반응하지 않습니다. 그래서 식품의 맛과 향에 영향을 미치지 않으며 식품에 닿아도 안전합니다.

질소를 과자 봉지에 채우는 이유는 크게 두 가지입니다. 첫 번째는 외부의 충격으로부터 과자가 부서지는 것을 방지하기 위해서입니다. 봉지 안에 질소가 가득 들어 있으면, 손으로 봉지를 눌러도 과자에 잘 닿지 않습니다. 질소가 마치 방어막처럼 과자를 보호해 주는 것입니다. 질소 덕택에 공장에서 생산된 과자가 우리 손에 들어오기까지 부서지지 않고 그 모양을 유지할 수 있습니다.

두 번째는 과자의 변질을 막기 위해서입니다. 대부분의 식품은 산소에 노출되면 신선도가 떨어지고 맛과 식감이 달라집니다. 특히 과자는 대개 기름에 튀겨서 만드는데, 기름과 산소가 만나면 '산패'라는 현상이 일어나 본래의 맛이 변하고 불쾌한 냄새가 날 수 있습니다. 하지만 질소는 과자와 접촉해도 아무런 반응을 일으키지 않습니다. 이러한 이유로 과자를 포장할 때는 봉지 안에 있는 산소를 모두 빼내고 질소를 충전합니다.

몇 달 전에 만들어진 과자 봉지를 뜯어도 과자의 바삭한 식감과 신선한 맛을 느낄 수 있는 것은 그 안에 질소가 들어 있기 때문입니다. 만약 과자 봉지에 질소를 넣지 않는다면, 우리는 엉망으로 부서지고 맛도 이상한 과자를 먹어야 할지 모릅니다. 질소는 과자의 모양과 맛을 지켜 주는 과자의 보호자인 셈입니다.

과학 | 924자

📖 교과 연계
과학 3-2 물질의 상태

어휘 풀이

☐ **무색** 아무 빛깔이 없음. (無 없을 무, 色 빛 색)

☐ **반응하다** 물질 사이에 화학적 변화가 일어나다.

☐ **변질** 물건의 바탕이나 성질이 달라짐. (變 변할 변, 質 바탕 질)

☐ **대개** 일반적인 경우에.

☐ **접촉하다** 서로 맞닿다. (接 접할 접, 觸 닿을 촉)

1 질소에 대한 설명으로 알맞지 <u>않은</u> 것에 ✕표 하세요.

내용
이해

(1) 냄새, 맛, 독성이 없다. ( )

(2) 공기의 약 78%를 차지한다. ( )

(3) 기름과 만나면 산패 현상이 일어난다. ( )

⚡ 어떻게 알았나요?

질소는 다른 물질과 잘 　　　　　 하지 않습니다.

2 이 글을 읽고 알 수 있는 내용으로 알맞은 것은 무엇인가요? ( )

내용
이해

① 질소는 우리 눈에 보인다.

② 몇 달 전에 만들어진 과자는 맛이 이상하다.

③ 과자 봉지 안에는 질소와 산소가 들어 있다.

④ 과자 봉지에 과자만 있으면 충격을 받았을 때 쉽게 부서진다.

⑤ 과자의 양이 많아 보이게 하려고 과자 봉지에 공기를 채운다.

3 과자를 다음과 같은 상태로 오래 두었을 때 일어날 수 있는 일을 두 개 고르세요.

★ 추론 (,)

① 과자가 바삭해진다.

② 과자의 맛이 달라진다.

③ 과자에 독성이 생긴다.

④ 과자에서 질소가 나온다.

⑤ 과자에서 불쾌한 냄새가 난다.

전략 적용

4 이 글을 잘 이해하기 위해 떠올린 질문으로 가장 알맞은 것을 찾아 기호를 쓰세요.

창의

⑦ 과자가 눅눅해졌을 때는 어떻게 해야 할까?

⑭ 과자 봉지에 왜 산소가 아니라 질소를 채울까?

⑮ 질소를 과자 봉지에 채우는 세 번째 이유는 무엇일까?

( )

박씨전

앞부분의 줄거리 | 병자년 겨울, 청나라의 장수 용골대와 용울대가 조선에 쳐들어왔다. 조선의 임금은 남한산성으로 몸을 피했지만 용골대의 공격에 결국 항복했다. 그 무렵, 박씨는 자신의 집에 침입한 용울대의 목숨을 빼앗았다.

소설 | 957자

"용울대 장군이 어떤 여자의 손에 죽었습니다."

아우의 소식을 듣고 분노한 용골대는 군사들을 데리고 박씨의 집으로 향했다. 박씨의 집 후원에 다다랐을 때, 한 장군이 황급히 용골대 앞을 가로막았다.

"장군, 이 후원의 나무들에서 예사롭지 않은 기운이 느껴집니다. 함부로 들어갔다가는 큰 화를 입을 것 같으니 들어가지 마십시오."

"아우의 원수를 갚지 못하고 고국으로 돌아갈 수는 없다. 조선의 임금에게 항복까지 받은 내가 무엇이 두렵겠는가?"

용골대는 군사들에게 나무에 불을 지르라고 명령했다. 그러자 갑자기 나무들이 무수한 군사로 변해 청나라 군사들을 둘러쌌다. 이 광경을 본 청나라 군사들은 넋을 놓고 허둥거렸다. 혼란한 와중에 나무 사이로 한 여자가 나타났다.

"어리석은 용골대야! 나는 박씨 부인의 시비 계화다. 너도 네 동생처럼 내 칼에 죽고 싶어서 찾아온 것이냐?"

이 말을 들은 용골대는 화를 참을 수 없었다.

"너희 임금이 항복했으니 너도 이제 청나라 백성인데, 어찌 이런 짓을 하느냐?"

용골대와 군사들은 계화를 향해 화살을 쏘았다. 그러나 화살은 계화를 맞히기는커녕 몇 걸음 앞에 떨어져 버렸다. 그러자 용골대는 군사들을 시켜 후원 곳곳에 불을 질렀다. 사방에서 일어난 불길이 하늘을 가득 메웠다.

이때, 박씨가 밖으로 나와 옥으로 만든 부채를 쥐고 불길을 향해 부쳤다. 그러자 갑자기 큰 바람이 불면서 불길이 청나라 군사들을 덮쳤다. 용골대는 군사들이 죽는 것을 　　⑦　　으로 바라보았다. 그러고는 왕비와 세자, 대군을 모시고 청나라로 돌아갈 채비를 했다. 박씨는 계화를 시켜 용골대에게 소리쳤다.

"조선의 운수가 나빠 너희에게 패배하는 치욕을 당했지만, 왕비만은 데려가지 못한다! 당장 모셔 오너라!"

용골대가 코웃음을 치자, 계화가 주문을 외웠다. 그러자 난데없이 비가 쏟아지고 얼음이 얼고 눈이 날려 청나라 군사들이 한 걸음도 움직일 수 없게 되었다. 그제야 용골대는 박씨를 이길 수 없음을 깨닫고 용서를 빌었다.

어휘 풀이

- □ **후원** 집 뒤에 있는 정원이나 작은 동산. (後 뒤 후, 園 동산 원)
- □ **예사롭다** 흔히 있을 만하다.
- □ **고국** 주로 남의 나라에 있는 사람이 자신의 조상 때부터 살던 나라를 이르는 말.
- □ **혼란하다** 뒤죽박죽이 되어 어지럽고 질서가 없다. (混 섞을 혼, 亂 어지러울 란)
- □ **시비** 곁에서 시중을 드는 여자 종.
- □ **메우다** 어떤 장소를 가득 채우다.
- □ **채비** 어떤 일을 위해 필요한 물건, 자세 등이 미리 갖추어지거나 그렇게 되게 함.
- □ **치욕** 욕되고 창피스러움. (恥 부끄러워할 치, 辱 욕될 욕)

1 이 글의 특징으로 알맞은 것은 무엇인가요? (　　　)

내용
이해

① 영웅적인 남성이 주인공으로 등장한다.
② 현실에서 일어날 수 없는 사건이 일어난다.
③ 과거와 현재를 넘나들며 이야기가 전개된다.
④ 배경이 되는 자연 풍경이 아름답게 그려진다.
⑤ 한 인물의 마음속 갈등이 두드러지게 나타난다.

💡 **어떻게 알았나요?**

용골대가 나무에 불을 지르라고 명령하자, 나무들이 무수한 　　　　　　 로 변했습니다.

2 이 글의 내용으로 알맞지 <u>않은</u> 것은 무엇인가요? (　　　)

내용
이해

① 용골대는 조선의 임금에게 항복을 받았다.
② 박씨는 옥으로 만든 부채로 큰 바람을 일으켰다.
③ 박씨는 용골대와 군사들이 쏜 화살을 모두 피했다.
④ 용골대는 아우의 원수를 갚기 위해 박씨의 집으로 향했다.
⑤ 계화가 주문을 외우자 비가 쏟아지고 얼음이 얼고 눈이 날렸다.

3 ㉠에 들어갈 사자성어로 알맞은 것에 ○표 하세요.

★ 추론

(1) 백전백승(百戰百勝): 싸울 때마다 다 이김. (　　　)
(2) 임기응변(臨機應變): 그때그때의 상황에 맞게 바로 결정하거나 처리함. (　　　)
(3) 속수무책(束手無策): 손을 묶은 것처럼 어찌할 도리가 없어 꼼짝 못 함. (　　　)

4

전략 적용

이 글의 내용을 잘 이해하기 위한 질문을 알맞게 말하지 <u>못한</u> 친구의 이름을 쓰세요.

창의

> 태현: 용골대가 말하는 '고국'은 어디일까?
> 원호: 용골대의 명령을 따른 군사들은 몇 명일까?
> 효정: 사방에 불이 난 상황에서 박씨와 계화는 어떤 행동을 했을까?
> 민영: 박씨가 왕비만은 청나라로 데려가지 못하게 하려는 까닭은 무엇일까?

(　　　　　　　)

5 이 글과 보기를 읽고 알맞게 짐작한 것에 ○표 하세요.

★ 추론

보기

이 글은 1636년에 일어난 병자호란을 바탕으로 한 소설이다. 당시 조선의 왕이었던 인조는 청나라 군대를 피해 남한산성으로 피란을 갔다가 46일 만에 항복하였으며, 청나라 황제에게 무릎을 꿇고 머리를 조아리는 굴욕을 겪었다. 이 글에는 병자호란에서의 참혹한 패배를 받아들이고 싶지 않았던 사람들의 마음이 반영되어 있다.

(1) 이 글은 실제로 일어난 전쟁을 배경으로 쓰였으므로 역사적 사실만을 담고 있을 것이다.

( )

(2) 이 글에서 박씨가 용골대를 혼내 주는 장면을 읽으며 사람들은 전쟁에서 진 슬픔을 위로받았을 것이다. ( )

(3) 이 글의 작가는 당시 백성들이 힘을 합쳐 청나라를 물리친 역사를 후대에 알리기 위해 이 글을 썼을 것이다. ( )

핵심 정리

6 노트의 빈칸을 채우며, 이 글의 내용을 정리해 보세요.

「박씨전」 정리하기

아우의 소식을 듣고 분노하여 박씨의 집으로 향한 ❶( )가 후원의 나무에 불을 지르라고 명령하자, 나무들이 군사로 변해 청나라 군사들을 둘러쌌다.

⬇

용골대와 군사들이 계화를 향해 ❷( )을 쏘았지만, 계화를 맞힐 수 없었다.

⬇

용골대가 군사들을 시켜 후원에 불을 질렀으나, 박씨가 옥으로 만든 ❸( )를 부치자 큰 바람이 불어 불길이 군사들을 덮쳤다.

⬇

용골대가 왕비, 세자, 대군과 ❹( )로 돌아가려 하자, 계화가 주문을 외웠다.

⬇

박씨를 이길 수 없음을 깨달은 용골대가 용서를 빌었다.

어휘 다지기

1 다음 낱말의 뜻으로 알맞은 것을 찾아 선으로 이으세요.

(1) 메우다 •

(2) 예사롭다 •

(3) 혼란하다 •

• ① 흔히 있을 만하다.

• ② 어떤 장소를 가득 채우다.

• ③ 뒤죽박죽이 되어 어지럽고 질서가 없다.

2 빈칸에 알맞은 낱말을 보기 에서 찾아 쓰세요.

보기   고국   채비   치욕

(1) 할머니는 아기에게 옷을 입혀 밖으로 나갈 (   )을/를 했다.

(2) 해외에서 오랫동안 생활한 그는 언제나 (   )을/를 그리워했다.

(3) 우리나라는 1910년에 일본에 나라를 빼앗기는 (   )을/를 겪었다.

어휘 키우기

3 다음 뜻을 가진 '후(後)'가 사용된 낱말에 모두 ∨표 하세요.

한자어

後
뒤 후

예 후원(後園): 집 뒤에 있는 정원이나 작은 동산.

(1) 직후(直 후): 어떤 일이 있고 난 바로 다음. ☐

(2) 향후(向 후): 이것에 뒤이어 오는 때나 자리. ☐

(3) 노후(老 후): 제구실을 하지 못할 정도로 낡고 오래됨. ☐

기계에 명령하는 방법, 코딩

과학 | 1,019자

📖 교과 연계
사회 3-1 교통과 통신 수단의 변화

우리가 컴퓨터로 다양한 일을 할 수 있는 것은 프로그램이 있기 때문입니다. 컴퓨터로 글을 쓰려면 문서 작성 프로그램이 있어야 하고, 인터넷에 접속하려면 인터넷 브라우저 프로그램이 필요합니다. 프로그램이 없다면 컴퓨터는 그저 고철 덩어리에 불과합니다.

프로그램은 순서에 따라 하나씩 처리되는 명령어들로 구성되어 있습니다. 예를 들어, '아이콘을 누르면 프로그램을 실행하기', '마우스의 오른쪽 버튼을 누르면 메뉴 창을 띄우고, 다시 왼쪽 버튼을 누르면 메뉴 창을 없애기' 등의 명령어들을 모아 놓은 것이 프로그램입니다. 그런데 컴퓨터는 인간의 말을 알아들을 수 없습니다. ___㉠___ 프로그램을 만들려면 컴퓨터가 알아들을 수 있는 언어로 명령어를 입력해 주어야 합니다. 이것이 바로 '코딩'입니다. 쉽게 말해 코딩은 프로그램의 명령어를 컴퓨터가 이해할 수 있는 언어로 입력하는 작업을 뜻합니다.

컴퓨터에만 코딩이 사용되는 것은 아닙니다. 우리 주변에 있는 대부분의 가전제품과 기계가 코딩을 통해 입력된 명령대로 작동합니다. '손 안의 컴퓨터'나 다름없는 스마트폰, 숫자 버튼을 누르면 해당 층으로 이동하는 엘리베이터, 알아서 온도를 조절해 밥을 지어 주는 전기밥솥, 연기를 감지하여 경고음을 울려 주는 화재경보기까지 코딩이 쓰이지 않는 전자 기기를 찾기 힘들 정도입니다. 나아가 미래의 핵심 산업인 인공 지능이나 사물 인터넷 등도 코딩을 거쳐야 구현할 수 있습니다. 이제 코딩은 세상을 만들고 움직이는 기술로 자리 잡았습니다.

코딩이 이렇게 중요하다 보니, 전 세계적으로 코딩 교육 열풍이 불고 있습니다. 이미 미국, 영국, 중국, 핀란드 등 여러 나라가 코딩을 정규 교육 과목으로 채택하였습니다. 어린이 코딩 교육에서는 전문가가 하는 것처럼 복잡한 프로그램을 만들지 않습니다. 블록 맞추기와 같은 재미있는 게임을 통해 코딩의 원리를 쉽게 이해하고, 간단한 프로그램을 만들어 보는 활동을 합니다. 어린이는 자신이 원하는 대로 프로그램이 작동하도록 명령어를 하나하나 구상하는 과정에서 창의력과 논리적 사고력, 문제 해결력을 기를 수 있습니다.

어휘 풀이

☐ **접속하다** 정보 등을 얻기 위해 들어가다. (接 접할 접, 續 이을 속)

☐ **명령어** 컴퓨터 프로그램을 작동시키거나 멈추게 만드는 기계 언어. (命 목숨 명, 令 명령할 령, 語 말씀 어)

☐ **아이콘** 컴퓨터에서 실행할 수 있는 명령을 문자나 그림으로 나타낸 것.

☐ **구현하다** 어떤 내용을 구체적인 사실로 나타나게 하다. (具 갖출 구, 現 나타날 현)

☐ **열풍** 매우 세차게 일어나는 기운이나 기세를 비유적으로 이르는 말. (烈 세찰 열, 風 바람 풍)

☐ **정규** 정식으로 정해진 규정이나 규범. (正 바를 정, 規 법 규)

☐ **구상하다** 앞으로 할 일의 내용, 규모, 실현 방법 등을 곰곰이 생각하다.

1 이 글을 읽고 알 수 있는 내용을 두 개 고르세요. (　,　)

내용
이해

① 코딩 교육 열풍은 전 세계적인 현상이다.

② 프로그램은 하나의 명령어로 구성되어 있다.

③ 프로그램이 있어야 컴퓨터로 다양한 일을 할 수 있다.

④ 컴퓨터에는 코딩이 사용되지만, 전자제품에는 사용되지 않는다.

⑤ 어린이 코딩 교육에서는 전문가 수준의 프로그램을 만들어 본다.

💡 어떻게 알았나요?

　　　　　 이 없는 컴퓨터는 　　　　 덩어리에 불과합니다.

2 코딩에 대한 설명으로 알맞지 <u>않은</u> 것에 ✕표 하세요.

내용
이해

(1) 엘리베이터와 화재경보기에도 쓰인다. (　　)

(2) 인공 지능과 사물 인터넷을 구현하는 데 필요하다. (　　)

(3) 인간이 이해할 수 있게 명령어를 입력하는 작업이다. (　　)

(4) 미국, 영국, 핀란드 등에서 정규 교육 과목으로 채택하였다. (　　)

3 이 글의 특징으로 알맞은 것을 찾아 기호를 쓰세요.

구조
파악

⑦ 코딩과 프로그램의 차이점을 찾아 설명하고 있다.

⑭ 코딩이 무엇인지를 구체적인 예를 들어 설명하고 있다.

⑮ 코딩 교육이 발전해 온 과정을 시간의 흐름에 따라 설명하고 있다.

(　　　　)

4 ㉠에 들어갈 이어 주는 말로 알맞은 것은 무엇인가요? (　　)

★ 추론

① 그래서　　　② 그러나　　　③ 그리고　　　④ 하지만　　　⑤ 왜냐하면

5 이 글을 잘 이해하기 위해 떠올린 질문으로 가장 알맞지 <u>않은</u> 것은 무엇인가요? (   )

창의

① '사물 인터넷'이 무엇일까?

② 글쓴이가 왜 이 글을 썼을까?

③ 어린이 코딩 교육에서는 어떤 활동을 할까?

④ 우리나라에서 많이 사용되는 문서 작성 프로그램은 무엇일까?

⑤ 스마트폰이 '손 안의 컴퓨터'와 다름없다는 말은 어떤 의미일까?

핵심 정리

6 노트의 빈칸을 채우며, 이 글의 내용을 정리해 보세요.

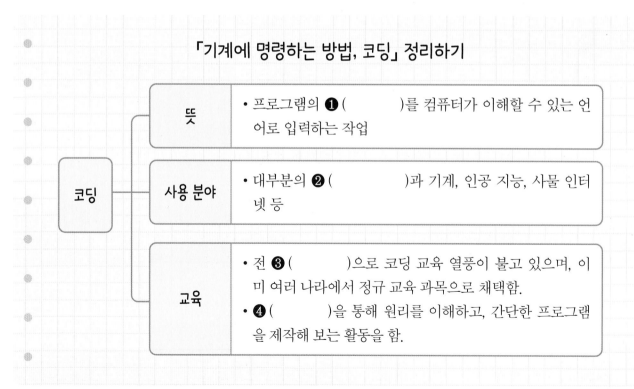

「기계에 명령하는 방법, 코딩」 정리하기

코딩

뜻	• 프로그램의 ❶( )를 컴퓨터가 이해할 수 있는 언어로 입력하는 작업
사용 분야	• 대부분의 ❷( )과 기계, 인공 지능, 사물 인터넷 등
교육	• 전 ❸( )으로 코딩 교육 열풍이 불고 있으며, 이미 여러 나라에서 정규 교육 과목으로 채택함. • ❹( )을 통해 원리를 이해하고, 간단한 프로그램을 제작해 보는 활동을 함.

어휘 다지기

1 다음 낱말의 뜻으로 알맞은 것을 찾아 선으로 이으세요.

(1) 구상하다 •

(2) 구현하다 •

(3) 접속하다 •

• ① 정보 등을 얻기 위해 들어가다.

• ② 어떤 내용을 구체적인 사실로 나타나게 하다.

• ③ 앞으로 할 일의 내용, 규모, 실현 방법 등을 곰곰이 생각하다.

2 빈칸에 알맞은 낱말을 보기 에서 찾아 쓰세요.

보기	열풍	정규	아이콘

(1) 스마트폰 화면의 (   )을/를 누르면 앱이 실행된다.

(2) 한류 (   )에 힘입어 해외에서 한식의 인기가 높아지고 있다.

(3) 지진이 일어나자 방송국은 (   ) 방송을 중단하고 재난 속보를 내보 냈다.

어휘 키우기

3 다음 설명을 읽고, (   )에서 알맞은 낱말을 골라 ○표 하세요.

헷갈리는 말

맞추다	떨어져 있는 여러 부분을 알맞은 자리에 대어 붙이다. 예 퍼즐을 맞추다.
맞히다	문제에 대한 답을 옳게 대다. 예 정답을 맞히다.

(1) 색종이의 모서리를 잘 (맞춰서 / 맞혀서) 접었다.

(2) 학생들은 퀴즈의 답을 정확하게 (맞췄다 / 맞혔다).

(3) 아버지는 능숙한 솜씨로 창문을 창틀에 (맞추어 / 맞히어) 끼웠다.

작품 출처

위치	작품	출처
22쪽	이준연, 「팔려 간 백일홍나무」	『밤에 온 눈사람』, 창비, 1990.
28쪽	전현정, 「으랏차차 뚱보 클럽」	『으랏차차 뚱보 클럽』, 비룡소, 2013.
33쪽	문삼석, 「보글보글」	『그냥』, 아침마중, 2013.
34쪽	박목월, 「물새알 산새알」	『산새알 물새알』, 푸른책들, 2016.
36쪽	기형도, 「엄마 걱정」	『입 속의 검은 잎』, 문학과지성사, 1989.
40쪽	나희덕, 「내 유년의 울타리는 탱자나무였다」	『반통의 물』, 창비, 1999.
100쪽 102쪽	김혜연, 「나는 뻐꾸기다」	『나는 뻐꾸기다』, 비룡소, 2009.
106쪽	현덕, 「하늘은 맑건만」	『하늘은 맑건만』, 창비, 2018.
108쪽	임사라, 「내 생각은 누가 해 줘?」	『내 생각은 누가 해 줘?』, 비룡소, 2009.

사진 출처

위치	사진	출처
16쪽	부석사 무량수전	국가유산청 국가유산포털
50쪽	마리 퀴리의 수첩	런던웰컴도서관
81쪽	탈춤	국가유산청 국가유산포털
82쪽	선돌	북앤포토
124쪽	〈예술가의 똥〉	Jens Cederskjold

※ 퍼블릭 도메인 및 셔터스톡 사진은 따로 표기하지 않았습니다.

최상위권
독해의 비결,
추론

용선생

추론독해

4

초등 국어 **4단계**

4·5학년 권장

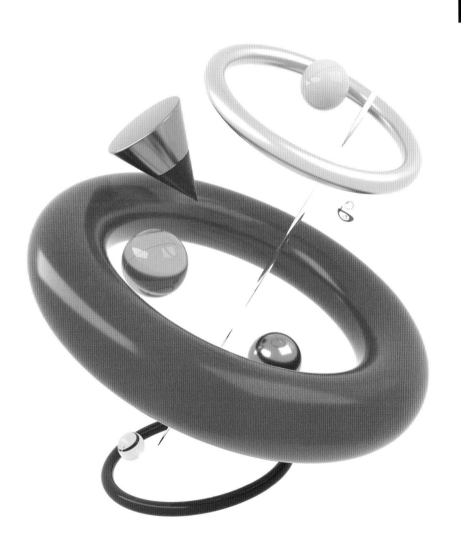

정답과 해설

사회평론주니어

용선행

추론독해

4

초등 국어 **4단계**

4・5학년 권장

정답과 해설

① 글의 주제 찾기

① 글에서 여러 번 반복되는 중심 낱말을 찾습니다.

② 문단의 중심 문장을 파악합니다.

③ 중심 낱말과 중심 문장을 종합하여 글쓴이가 전달하려는 생각이 무엇인지 알아봅니다.

확인 문제

1 마추픽추

2 1: 마추픽추는 15세기 잉카 문명을 대표하는 유적입니다.

2: 빙엄은 1911년에 잉카 제국의 유적을 답사하기 위해 안데스산맥을 오르다가 마추픽추를 발견하였습니다.

3: 마추픽추에는 잉카인의 기술 수준을 보여 주는 건축물이 남아 있습니다.

3 잉카, 기술

1 이 글은 마추픽추의 특징과 발견 과정 등을 설명하고 있습니다. 따라서 이 글에서 가장 중요한 낱말인 중심 낱말은 '마추픽추'입니다.

✎ 이 문제를 틀렸다면

중심 낱말은 글에서 자주 나오는 낱말인 경우가 많습니다. 글에서 반복되는 낱말을 찾아봅니다.

2 중심 문장은 문단의 내용을 대표하는 문장입니다. 각 문단에서 중심적으로 다루고 있는 내용은 다음과 같습니다.

문단	중심 내용
1	마추픽추의 위치와 특징
2	마추픽추의 발견
3	마추픽추에 남아 있는 건축물

따라서 1, 3문단의 중심 문장은 각 문단의 첫 번째 문장이고, 2문단의 중심 문장은 마지막 문장입니다.

3 이 글은 15세기 잉카 문명을 대표하는 유적인 마추픽추의 특징과 발견 과정, 그리고 잉카인의 기술 수준을 보여 주는 마추픽추의 건축물을 다루고 있습니다.

연습

비가 오면 개미집은 물에 잠길까?

1 ㉯ 💡비, 대응   **2** ③   **3** ①

4 (2) ○

1 이 글은 땅속에 집을 짓고 사는 개미들이 비가 올 때 개미집이 침수되지 않게 대응하는 다양한 방법을 설명하고 있습니다.

오답 피하기 💡

㉮ 이 글에 개미들이 집을 짓는 방법은 나오지 않습니다.

㉯ 이 글에서 개미들이 습도를 감지할 수 있다는 내용은 나오지만(4문단), 개미들이 습도를 감지하는 방법을 설명하지는 않습니다.

2 4문단에서 개미들은 비가 올 것 같으면 입구 주변에 담처럼 쌓아 놓은 흙의 높이를 더 높게 만든다고 하였습니다.

✎ 이 문제를 틀렸다면

①은 5문단을, ②는 2문단을, ④는 1문단을, ⑤는 3문단을 읽으며 확인해 봅니다.

3 ㉠의 앞 문장은 개미집의 흙더미로는 빗물을 완전히 차단하기 어렵다는 내용이고, ㉠의 뒤 문장은 개미들이 위쪽으로 새로운 굴을 파서 알이나 애벌레 등을 안전한 곳으로 옮긴다는 내용입니다. ㉠의 앞 내용이 뒤 내용의 원인이므로, ㉠에는 원인과 결과를 이어 주는 말인 '그래서'가 들어가는 것이 알맞습니다.

오답 피하기 💡

②, ④ '그러나'와 '하지만'은 앞의 내용과 반대되는 내용을 이어 주는 말입니다.

③ '그리고'는 앞의 내용과 비슷한 내용을 이어 주는 말입니다.

⑤ '왜냐하면'은 앞의 내용이 결과이고 뒤의 내용이 원인일 때 두 내용을 이어 주는 말입니다.

4 갑자기 많은 양의 비가 내려 개미집 곳곳이 빠르게 물에 잠긴 상황은 5문단의 '비가 너무 많이 내려서 대응할 수 없다고 판단되는 상황'과 유사합니다. 따라서 개미들은 기존의 집을 버리고 새로운 집을 짓기 위해 이동할 것입니다.

오답 피하기 💡

(1) 개미들이 집을 지을 때 하는 행동입니다(2문단).

(3) 집으로 들어온 빗물을 완전히 차단할 수는 없지만, 대응이 가능하다고 판단될 때 개미들이 하는 행동입니다(3문단).

(4) 비가 올 것이 예상될 때 개미들이 하는 행동입니다(4문단).

조선 시대의 소방서, 금화도감

1 (3)○   **2** ④ 💡급수비   **3** ③

4 민정   **5** (1) 금화군 (2) 화재 (3) 화마

6 ❶ 세종 ❷ 우물 ❸ 불 ❹ 곡식

어휘 다지기

1 (1)③ (2)① (3)②

2 (1) 방화 (2) 참사 (3) 구제

어휘 키우기

3 (1) 부치려고 (2) 부친 (3) 붙이고

---

1 이 글은 조선 시대의 공공 기관인 '금화도감'이 만들어진 계기와 금화도감이 담당한 일이 무엇인지 설명하고 있습니다.

오답 피하기 💬

(1) 2문단에 금화도감이 한양에 설치되었다는 내용이 있지만 이는 금화도감에 대한 정보 중 하나이지, 이 글의 주제라고 보기는 어렵습니다.

(2) 소방서와 금화도감의 차이점은 이 글에 나와 있지 않습니다.

(4) 5문단에 금화도감에서 실시한 피해자 구제 활동에 대한 내용이 나와 있지만, 이는 금화도감의 역할 중 하나이므로 글 전체의 주제라고 보기 어렵습니다.

2 4문단에 따르면 불채와 도끼 등을 사용해 화재를 진압한 것은 급수비가 아니라 금화군입니다.

✏️ **이 문제를 틀렸다면**

①과 ②는 2문단을, ③은 4문단을, ⑤는 5문단을 읽으며 확인해 봅니다.

3 ㉠에 이어지는 내용에 따르면, 금화도감은 관청 안이 아니라 마을마다 사다리를 비치하게 하였습니다.

오답 피하기 💬

금화도감은 화재 예방을 위해 관청 안과 마을의 다섯 집마다 우물을 파게 하고(②), 우물이 부족한 마을에는 독에 물을 채워 두게 하였습니다(⑤). 또 화재가 났을 때 빠르게 불을 끌 수 있도록 마을마다 물을 푸는 그릇과 사다리를 비치하게 하였으며(④), 작은 화재가 큰불로 번지는 것을 막기 위해 집과 집 사이에 담을 쌓게 했습니다(①).

4 집과 집 사이의 담은 작은 화재가 큰불로 번지는 것을 막기 위해 쌓은 것이므로, 불이 옮겨붙지 않는 재료로 만들었을 것이라고 짐작할 수 있습니다.

오답 피하기 💬

유미: 금화도감에서는 불이 났을 때 금화군을 보내 불을 끄기

도 하고, 화재 피해를 입은 백성들의 구제 활동도 담당하였습니다. 따라서 금화도감이 설치된 뒤에도 한양에 화재가 일어났을 것입니다.

지희: 5문단에서 "조선 시대의 민가는 대부분 나무와 짚으로 만든 초가집이었기 때문에, 불이 나면 집 전체가 잿더미가 되고는 했다."라고 하였으므로, 나무와 짚은 불에 잘 타는 재료였을 것입니다.

5 한자를 풀어 보면 어려운 낱말의 뜻을 쉽고 정확하게 이해할 수 있다는 보기 의 내용을 참고할 때, (1)의 '불을 막는 군인.'이라는 뜻을 가진 낱말로는 '불 화(火)'와 '금할 금(禁)', '군사 군(軍)'으로 이루어진 '금화군(禁火軍)'을 찾을 수 있습니다(4문단). (2)의 '불로 인한 재앙.'이라는 뜻을 가진 낱말로는 '불 화(火)'와 '재앙 재(災)'로 이루어진 '화재(火災)'를 찾을 수 있습니다(1문단). (3)의 '불을 마귀에 비유하여 이르는 말.'이라는 뜻을 가진 낱말로는 '불 화(火)'와 '마귀 마(魔)'로 이루어진 '화마(火魔)'를 찾을 수 있습니다(2문단).

6 '금화도감'은 한양에서 도적들의 방화로 인한 참사가 일어나자, 이를 안타깝게 여긴 ❶ 세종 대왕이 1426년 2월에 만든 기관입니다. 금화도감에서는 마을에 ❷ 우물을 파고 그릇과 사다리를 비치하게 하는 등의 일을 했고(화재 예방), 불이 났다는 소식이 들리면 금화군을 보내 ❸ 불을 끄도록 했으며(화재 진압), 화재를 당한 백성들에게 ❹ 곡식과 살림살이를 제공해 일정 기간 동안 먹고살 수 있도록 지원해 주었습니다(피해자 구제).

어휘 다지기

2 (1)의 빈칸에는 '일부러 불을 지름.'이라는 뜻의 '방화'가, (2)의 빈칸에는 '비참하고 끔찍한 일.'이라는 뜻의 '참사'가, (3)의 빈칸에는 '어려운 처지에 놓인 사람을 도와줌.'이라는 뜻의 '구제'가 들어가는 것이 알맞습니다.

어휘 키우기

3 '부치다'와 '붙이다'는 뜻이 다르지만 글자가 비슷하여 헷갈리는 말입니다. (1)에서는 우체국에서 소포를 보낸다는 것이므로 '부치려고'가 알맞습니다. (2)에서는 친구가 편지를 보냈다는 것이므로 '부친'이 알맞습니다. (3)에서는 반창고를 상처에 맞닿아 떨어지지 않게 한 것이므로 '붙이고'가 알맞습니다.

무량수전의 아름다움

1 무량수전, 건축   **2** ④

3 (1) ② (2) ⓒ (3) ㉠ (4) ⓒ

4 (1) ○ 💡기둥   **5** 소민

6 ❶ 부석사 ❷ 항아리 ❸ 안허리곡 ❹ 주심포

어휘 다지기

1 (1) ② (2) ① (3) ③

2 (1) 착시 (2) 양식 (3) 백미

어휘 키우기

3 (1) ㉠ (2) ⓒ (3) ⓛ

---

1 이 글에서는 부석사 무량수전의 기둥과 처마, 공포에 사용된 건축 기법과 그 효과에 대해 설명하고 있습니다.

2 3문단에 따르면 안허리곡은 귀퉁이 쪽 처마가 실제보다 처져 보이는 착시 현상을 막아 줍니다.

🖉 **이 문제를 틀렸다면**

①은 1문단을, ②는 4문단을, ③과 ⑤는 2문단을 읽으며 확인해 봅니다.

3 단정하고 정갈한 느낌을 주는 것은 기둥 위에만 공포를 올리는 주심포 양식입니다(②). 건물이 바깥쪽으로 벌어져 보이지 않게 하는 것은 기둥의 머리 부분을 건물 안쪽으로 약간씩 기울인 안쏠림 기법입니다(ⓒ). 기둥의 중간 부분이 얇아 보이는 착시를 보완하는 것은 항아리 모양의 배흘림기둥입니다(㉠). 처마선이 곡선을 그리게 되어 주변 풍경과 자연스럽게 어우러지도록 만드는 것은 건물의 가운데보다 귀퉁이의 처마 끝을 더 튀어나오게 하는 안허리곡 기법입니다(ⓒ).

4 4문단에 따르면 무량수전에는 기둥 위에만 공포를 올리는 주심포 양식이 사용되었습니다.

오답 피하기 ❗

(2) 공포가 기둥 사이에도 있는 것으로 보아, 다포 양식입니다.

5 보기 에서는 기둥의 중간 부분을 약간 굵게 하고 위아래를 가늘게 처리하는 기법인 '엔타시스'에 대해 설명하고 있는데, 이는 이 글에서 설명한 배흘림기둥과 유사한 기법입니다. 배흘림기둥은 목조 건축물인 무량수전에 사용되었으므로, 기둥의 중간 부분을 굵게 만드는 것은 석조 건축물이 아니더라도 가능할 것입니다.

오답 피하기 ❗

성주: 배흘림기둥은 중간이 가장 굵고 위아래로 가면서 점점 가늘어지는 항아리 모양의 기둥입니다. 엔타시스도 기둥의 중간 부분을 약간 굵게 하고 위아래를 가늘게 처리하는 기법이므로 배흘림기둥과 비슷한 기법이라고 볼 수 있습니다.

승철: 배흘림기둥은 멀리서 바라보았을 때 기둥의 중간 부분이 얇아 보이는 착시를 보완하여 시각적으로 안정감을 줍니다. 파르테논 신전도 배흘림기둥과 유사한 엔타시스 기법이 기둥에 적용되었으므로 시각적으로 안정감이 느껴질 것입니다.

6 ❶부석사 무량수전의 기둥, 처마, 공포를 살펴보면 세심하게 적용된 건축 기법을 확인할 수 있습니다. 먼저 무량수전의 기둥은 ❷항아리 모양의 배흘림기둥이며, 일부 기둥에는 안쏠림 기법이 사용되었습니다. 무량수전의 처마에는 건물 가운데보다 귀퉁이의 처마 끝을 더 튀어나오게 하는 ❸안허리곡 기법이 사용되었습니다. 한편, 무량수전은 공포를 기둥 위에만 올리는 ❹주심포 양식으로 지어졌습니다.

어휘 다지기

2 (1)의 빈칸에는 '어떤 사물을 실제의 그것과 다르게 보게 되는 시각적인 착각 현상.'이라는 뜻의 '착시'가, (2)의 빈칸에는 '시대나 부류에 따라 독특하게 나타나는, 예술 작품이나 건축물 등의 형식.'이라는 뜻의 '양식'이, (3)의 빈칸에는 '흰 눈썹이라는 뜻으로, 여럿 가운데에서 가장 뛰어난 사람이나 훌륭한 물건을 비유적으로 이르는 말.'이라는 뜻의 '백미'가 들어가는 것이 알맞습니다.

어휘 키우기

3 '시각'은 형태는 같지만 뜻이 서로 다른 동형어입니다. (1)에는 시간의 어느 한 시점이라는 ㉠의 뜻이, (2)에는 물체의 모양 등을 보는 눈의 감각이라는 ⓒ의 뜻이, (3)에는 사물을 파악하는 자세라는 ⓛ의 뜻이 알맞습니다.

인물, 사건, 배경 알기

① 이야기의 인물을 파악하려면 누가 주인공인지, 누구에게 일어난 일인지를 찾아봅니다.

② 이야기의 사건을 파악하려면 어떤 일이 일어났는지를 확인합니다.

③ 이야기의 배경을 파악하려면 언제, 어디에서 일이 일어났는지를 살펴봅니다.

확인 문제
21쪽

1 선비, 구렁이 **2** (3)×

1 이 글의 사건은 선비의 화살에 남편을 잃은 구렁이가 복수를 위해 선비를 잡아먹으려고 하는 것입니다. 따라서 이러한 사건을 겪는 선비와 구렁이가 이 글의 인물입니다.

✎ **이 문제를 틀렸다면**

글에서 누가 사건을 겪고 있는지 확인해 봅니다. 사람뿐만 아니라 동물, 식물, 사물 모두 이야기의 인물이 될 수 있습니다.

2 이 글에서 일어난 사건은 넬로가 마을에 불을 지른 것이 아니라, 코제 씨가 자신의 방앗간에 불을 지른 범인으로 넬로를 지목한 것입니다. 넬로가 마을에 불을 질렀다는 내용은 이 글에 나와 있지 않습니다.

오답 피하기 💧

(1) 이 글에서 사건이 일어난 공간적 배경은 코제 씨의 방앗간 앞입니다.

(2) 이 글에서 사건을 겪는 인물은 코제 씨와 넬로, 그리고 마을 사람들입니다.

연습
22~23쪽

팔려 간 백일홍나무

1 (1)× **2** ①, ⑤ 💡꽁보리밥

3 (2)○ **4** 정민

1 이 글의 공간적 배경은 산수리골의 벼들이 들판입니다. "황금물결로 넘실거리던 벼들이 들판은 물 빠진 바다처럼 쓸쓸했습니다."라는 문장이 이 글에 나오지만, 이때 '물 빠진 바다'는 벼를 다 추수하고 난 벼들이 들판의 모습을 비유적으로 표현한 것으로, 이 글의 공간적 배경이라고 볼 수 없습니다.

오답 피하기 💧

(2) "백일홍나무는 세 번째의 꽃을 피웠습니다."를 통해 이 글의 시간적 배경을 알 수 있습니다. 백일홍나무는 백 날 동안 세 번의 꽃을 피우는데, 마지막 세 번째 꽃이 피는 시기는 '벼가 노랗게 익을 무렵'입니다.

2 산수리골 농부들은 모를 심을 무렵에, 벼 이삭이 나올 무렵에, 벼가 노랗게 익을 무렵에 꽃을 피우는 백일홍나무가 농사철을 알려 주는 귀한 나무였다고 말했습니다. 따라서 산수리골에서 벼농사를 짓는다는 것을 알 수 있습니다(①). 한편, 꽁보리밥에 짜증이 난 산수리골 아이들은 백일홍나무가 세 번째 꽃을 피운 것을 보고 곧 쌀밥을 먹겠다며 좋아했습니다. 이를 통해 산수리골 아이들은 꽁보리밥보다 쌀밥을 좋아한다는 것을 알 수 있습니다(⑤).

3 산수리골 사람들은 트럭에 실린 백일홍나무를 보고 눈물을 흘리며 백일홍나무가 없는 벼들이 들판이 쓸쓸할 것 같다고 생각했습니다. 그리고 백일홍나무를 실은 트럭이 사라질 때까지 우두커니 서서 한숨을 내쉬었습니다. 따라서 산수리골 사람들은 백일홍나무가 벼들이 들판을 떠나는 것이 안타까워서 ㉠과 같이 행동했다고 짐작할 수 있습니다.

4 먼 곳으로 이사를 가야 하는 정민이와 서울로 팔려 가게 된 백일홍나무 모두 가까운 사람들과 헤어지게 되어 아쉽고 슬픈 마음을 느꼈을 것입니다.

✎ **이 문제를 틀렸다면**

민규, 현주, 정민이가 각각 어떤 마음을 느꼈을지 짐작해 보고, 이 글에 나타난 백일홍나무의 마음과 비교해 봅니다.

노인과 바다

1 청새치   **2** ④   **3** ④

4 (2)○ 💡끝부분   **5** ③

6 ❶ 노인 ❷ 상어 ❸ 항구 ❹ 자정 ❺ 손잡이

어휘 다지기

1 (1)② (2)① (3)③

2 (1)필사적 (2)키 (3)정오

어휘 키우기

3 (1)묵었다 (2)묵을 (3)묶어

---

1 이 글에서 일어난 일, 즉 이 글의 사건은 노인이 자신이 잡은 커다란 청새치를 지키기 위해 작은 배에서 상어들과 싸움을 벌인 것입니다.

2 이 글은 노인이 커다란 청새치를 배에 묶은 때인 정오쯤부터 상어 떼의 마지막 공격을 받은 때인 자정 무렵까지 벌어지는 일을 다루고 있습니다.

> **오답 피하기** 💡
> ① 이 글에서 사건이 벌어지는 공간적 배경은 바다 한가운데, 노인의 배 위입니다.
> ② 이 글에 사람이 아닌 것을 사람처럼 표현한 부분은 없습니다.
> ③ 이 글은 사실 또는 작가의 상상력에 바탕을 두고 허구적으로 이야기를 꾸민 '소설'입니다.
> ⑤ 이 글의 등장인물인 노인은 과거의 일을 돌이켜 생각하고 있지 않습니다.

3 처음 나타난 상어를 무찌른 노인은 청새치가 피를 흘리고 있어서 곧 다른 상어들이 나타날 것이라고 생각했습니다. 그리고 잠시 뒤, 노인의 예상대로 상어 떼가 몰려왔습니다. 즉, 노인은 상어 떼가 나타날 것을 예상했던 것입니다.

> **오답 피하기** 💡
> ① 노인이 청새치를 배에 묶고 얼마 지나지 않아 청새치의 피 냄새를 맡은 상어가 배를 따라왔습니다.
> ② 자정 무렵, 상어 떼를 다시 마주한 노인은 상어가 있을 곳을 짐작해 필사적으로 몽둥이를 휘둘렀지만, 곧 상어 떼에게 몽둥이를 빼앗겼습니다.
> ③ 노인은 청새치의 주둥이를 뱃머리의 말뚝에 묶고, 청새치의 꼬리를 배의 뒤쪽에 잡아맸습니다.
> ⑤ 상어 떼와 다시 싸움이 붙은 자정 무렵, 상어 떼가 청새치를 물 때마다 배가 심하게 흔들렸습니다.

4 ㉠의 앞에서 노인은 청새치를 지키기 위해 상어에게

몽둥이를 휘두르고, 몽둥이를 빼앗기자 키에서 손잡이를 떼어 내 상어를 때렸습니다. 또 ㉠의 뒤에서 노인은 부러진 끝부분으로 상어를 찔렀습니다. 이러한 노인의 행동으로 볼 때, ㉠과 같은 상황에서 노인은 어떻게 해서든지 상어와 끝까지 싸우겠다고 생각했을 것입니다.

5 제시된 말에서는 상어 떼가 몰려오는 어려운 상황을 예상하면서도 포기하지 않고 의지를 다지는 노인의 가치관이 드러납니다. 이와 가치관이 비슷한 친구는 어려움 속에서도 용기를 잃지 않는 강인한 의지가 중요하다고 말한 해인이입니다.

> ✏️ **이 문제를 틀렸다면**
> 인물이 특정 상황에서 한 말과 행동에는 인물의 가치관이 드러납니다. 따라서 노인이 어떤 상황에서 이러한 말을 했는지 살펴보고 노인의 가치관을 파악해 봅니다.

6 정오쯤, ❶노인이 거대한 청새치를 잡아 배에 묶었습니다. 얼마 지나지 않아 청새치의 피 냄새를 맡고 배를 따라온 상어가 청새치에게 달려들었고, 노인은 작살로 ❷상어의 머리를 찔렀습니다. 잠시 뒤, 청새치를 노리는 상어 떼가 몰려오자 노인은 칼과 몽둥이를 휘두르며 상어 떼와 싸움을 벌였습니다. 해가 지자, 노인은 어둠 속에서 ❸항구의 불빛을 확인하고 그쪽으로 방향을 틀었습니다. 그러나 ❹자정 무렵 다시 한번 상어 떼와 싸움이 붙었고, 마지막 상어의 머리를 때리던 노인은 키 ❺손잡이의 부러진 끝부분으로 상어를 찔러 쫓아냈습니다.

어휘 다지기

2 (1)의 빈칸에는 '죽을힘을 다하는 것.'이라는 뜻의 '필사적'이, (2)의 빈칸에는 '배의 방향을 조종하는 장치.'라는 뜻의 '키'가, (3)의 빈칸에는 '낮 열두 시.'라는 뜻의 '정오'가 들어가는 것이 알맞습니다.

어휘 키우기

3 '묵다'와 '묶다'는 뜻이 다르지만 글자가 비슷하여 헷갈리는 말입니다. (1)에서는 친구 집에서 손님으로 머무른다는 것이므로 '묵었다'가 알맞습니다. (2)에서는 손님으로 머무를 곳을 정하지 못한 것이므로 '묵을'이 알맞습니다. (3)에서는 배를 붙들어 맨 것이므로 '묶어'가 알맞습니다.

실전 2

으랏차차 뚱보 클럽

1 ③ 💡가을　　　**2** ④　　　**3** ④

4 도희　　　　　　**5** (1)○

6 ❶역도부　❷바벨　❸역도　❹해

어휘 다지기

1 (1)③ (2)① (3)②

2 (1)대자 (2)심정 (3)오기

어휘 키우기

3 (1)㉠ (2)㉢ (3)㉡

---

1 "일요일 오후, 역도부 훈련실엔 아무도 없었다.", "붉게 물든 가을 하늘이 무척이나 높았다."에서 이 글의 시간적 배경이 가을, 일요일 오후임을 알 수 있습니다.

✏️ **이 문제를 틀렸다면**

시간과 공간을 나타내는 말에 동그라미 치며 이야기의 배경을 파악해 봅니다.

2 철민이 형은 화를 내며 훈련실 밖으로 나가다가 역도를 하고 싶다는 '나'의 말에 멈춰 서서 따라 나오라고 말했고, 쭈뼛쭈뼛 형을 따라나선 '나'는 철민이 형과 해가 뉘엿뉘엿 질 때까지 운동장을 돌고 또 돌았습니다.

오답 피하기 🔔

① '나'는 살 빼라는 엄마 잔소리를 듣지 않고 마음대로 실컷 먹으려고 역도를 시작했습니다.

② '내'가 증량한 바벨을 막 들어 올리려는 순간 철민이 형이 '나'를 옆으로 밀쳤습니다. 따라서 '나'는 증량한 바벨을 들어 올리지 못했습니다.

③ 사물함을 걷어차고 훈련실 밖으로 나간 사람은 철민이 형입니다.

⑤ '나'는 일요일 오후, 아무도 없는 역도부 훈련실에서 혼자 바벨을 들어 올리는 연습을 했습니다.

3 철민이 형은 증량한 바벨을 들어 올리려는 '나'를 밀치고 ㉠과 같이 말했습니다. 이는 역도를 시작한 지 얼마 되지 않은 '내'가 무리하게 연습하다 다칠까 봐 걱정하는 마음으로 건넨 충고라고 짐작할 수 있습니다.

4 '나'는 화가 나서 훈련실 밖으로 나간 철민이 형을 붙잡고 역도를 하고 싶은 마음을 전하며 역도를 가르쳐 달라고 소리쳤습니다. 그 말을 들은 철민이 형이

멈춰 서서 '나'를 보자, '나'는 ㉡과 같이 눈물을 흘렸습니다. 이는 철민이 형이 그냥 나가 버리지 않고 돌아본 것이 다행스러웠기 때문에 흘린 안도의 눈물이라고 볼 수 있습니다.

5 제시된 편지에서 윤호는 키가 작아서 농구를 잘할 수 없다는 부모님의 말씀을 듣고 속상했던 마음을 전하고 있습니다. 이 글의 '나'는 왜 역도를 하게 되었느냐는 질문에 "뚱보 주제에 무슨 운동을 하냐고 무시하는 사람들한테 뚱보도 잘할 수 있는 게 있다는 걸 보여 주고 싶어졌어요."라고 말했습니다. 이러한 '나'의 태도로 보아, '나'는 윤호에게 포기하지 말고 열심히 연습해서 키가 작아도 농구를 잘할 수 있다는 것을 부모님께 보여 드리자고 말할 것입니다.

6 일요일 오후, '내'가 ❶역도부 훈련실에서 무거운 추로 바꿔 끼운 ❷바벨을 들어 올리려는 순간, 주장인 철민이 형이 '나'를 밀쳤습니다. '나'는 화를 내고 밖으로 나가려는 철민이 형을 붙잡고 ❸역도를 가르쳐 달라고 말했고, 철민이 형은 '나'에게 따라 나오라고 했습니다. 철민이 형과 '나'는 ❹해가 질 때까지 운동장을 돌다가 운동장 한가운데 누워 '내'가 역도를 하게 된 까닭에 대해 이야기를 나누었습니다.

어휘 다지기

2 (1)의 빈칸에는 '한자 '大' 자와 같이 팔과 다리를 양쪽으로 크게 벌린 모양.'이라는 뜻의 '대자'가, (2)의 빈칸에는 '마음속에 품고 있는 생각이나 감정.'이라는 뜻의 '심정'이, (3)의 빈칸에는 '능력은 부족하면서도 남에게 지기 싫어하는 마음.'이라는 뜻의 '오기'가 들어가는 것이 알맞습니다.

어휘 키우기

3 '빠지다'는 한 낱말이 여러 가지 뜻을 가진 다의어입니다. (1)에는 박힌 물건이 제자리에서 나온다는 ㉠의 뜻이, (2)에는 어떤 일에 참여하지 않는다는 ㉢의 뜻이, (3)에는 속에 있는 기체가 밖으로 새어 나간다는 ㉡의 뜻이 알맞습니다.

감각적 표현 알기

① 대상의 느낌이 생생하게 나타난 부분을 찾습니다.
  • 색깔, 모양, 동작 등을 눈으로 보듯이 표현한 것
  • 소리를 귀로 듣듯이 표현한 것
  • 냄새나 향기를 코로 맡듯이 표현한 것
  • 맛을 입으로 맛보듯이 표현한 것
  • 감촉, 온도 등을 손으로 만지듯이 표현한 것
② '살금살금'처럼 대상의 모양이나 움직임을 흉내 내는 의태어와 '삐악삐악'처럼 대상의 소리를 흉내 내는 의성어도 감각적 표현입니다.

확인 문제 33쪽

1 ④   **2** (3) ×

1 이 시에서 ㉠의 '보글보글'은 찌개 냄비가 끓는 소리를 귀로 듣듯이 표현한 것입니다. 이와 같은 감각적 표현은 강아지가 짖는 소리를 귀로 듣는 것처럼 표현한 '깽깽 짖는 강아지'입니다.

오답 피하기 ❗
① 병아리의 색을 눈으로 보듯이 표현한 것입니다.
② 솜사탕의 맛을 입으로 맛보듯이 표현한 것입니다.
③ 풍선의 촉감을 손으로 만지듯이 표현한 것입니다.
⑤ 풀의 향기를 코로 맡듯이 표현한 것입니다.

2 ㉢은 민주의 얼굴색을 눈으로 보듯이 표현한 것입니다.

✏️ 이 문제를 틀렸다면
㉠~㉣이 대상의 색깔, 소리, 냄새, 맛, 온도 중 무엇을 표현하고 있는지 찾아봅니다.

물새알 산새알

1 ⑤ 💡 물새알, 산새알   **2** ③
3 (1) ③ (2) ① (3) ②   **4** (2) ○

1 3연에서 "물새알은 / 간간하고 짭조름한 / 미역 냄새 / 바람 냄새."라고 하였습니다.

오답 피하기 ❗
①, ② 2연을 통해 산새는 잎수풀 둥지 안에 알을 낳으며, 산새알은 알락달락 얼룩져 있다는 것을 알 수 있습니다.
③, ④ 1연을 통해 물새는 바닷가 바위틈에 알을 낳으며, 물새알은 보얗게 하얗다는 것을 알 수 있습니다.

2 이 시에 모양을 흉내 내는 말은 나타나 있지만('알락달락'), 소리를 흉내 내는 말은 없습니다.

오답 피하기 ❗
① 이 시는 총 스물여섯 줄이고, 여섯 개의 연으로 묶여 있으므로, 6연 26행으로 이루어진 시입니다.
② 이 시는 '산(山)'을 제외한 모든 말이 순우리말로 되어 있습니다.
④ 이 시는 '보얗게 하얀, 알락달락 얼룩진, 간간하고 짭조름한, 달콤하고 향긋한, 날갯죽지 하얀, 머리꼭지에 빨간 댕기를 드린'과 같은 꾸며 주는 말을 사용하여 대상을 실감 나게 표현하고 있습니다.
⑤ 이 시는 소리가 같은 말을 반복하여 운율을 형성하고 있습니다.

3 ㉠은 물새알의 짠맛을 마치 입으로 맛보듯이 표현한 것이고(③), ㉡은 산새알에서 나는 풀꽃 냄새를 마치 코로 맡듯이 표현한 것이며(①), ㉢은 물새의 날갯죽지의 하얀색을 마치 눈으로 보듯이 표현한 것입니다(②).

✏️ 이 문제를 틀렸다면
㉠, ㉡, ㉢이 대상의 색깔을 표현하고 있는지, 냄새를 표현하고 있는지, 맛을 표현하고 있는지 생각해 봅니다.

4 ㉣은 사람이 아니라 동물인 '산새'를 꾸며 주고 있습니다. 그러므로 ㉣은 산새가 머리에 진짜 빨간 댕기를 드렸다는 의미가 아니라, 산새의 머리꼭지에 빨간 털이 나 있다는 의미일 것입니다.

오답 피하기 ❗
(1) ㉣은 산새알이 아니라 산새를 꾸며 주고 있습니다.
(3) '댕기'는 땋아 내린 머리카락 끝에 장식으로 달아 놓은 끈이나 헝겊 조각을 뜻합니다. 즉, 댕기는 사람의 머리에 하는 장식이므로 산새의 머리에 빨간 댕기가 달려 있다는 짐작은 알맞지 않습니다.

실전 1

엄마 걱정

1 ④　　　　　　**2** (3) ○

3 (1) ㉠ (2) ㉡ (3) ㉢　　**4** ②

5 ③ 💡타박타박

6 ❶ 엄마 ❷ 유년 ❸ 혼자

어휘 다지기

1 (1) ① (2) ③ (3) ②

2 (1) 눈시울 (2) 윗목 (3) 유년

어휘 키우기

3 (1) ㉢ (2) ㉡ (3) ㉠

---

1 1연 4행의 "나는 찬밥처럼 방에 담겨"는 '내'가 빈방에서 혼자 찬밥을 먹는 모습을 보여 주는 것이 아니라, 빈방에서 혼자 엄마를 기다리는 '나'의 서글픈 모습을 찬밥에 비유하여 표현한 것입니다.

오답 피하기 🎤

① 1연의 "아무리 천천히 숙제를 해도 / 엄마 안 오시네."에서 알 수 있습니다.

② 1연의 "어둡고 무서워 / 금 간 창틈으로 고요히 빗소리 / 빈방에 혼자 엎드려 훌쩍거리던"에서 알 수 있습니다.

③ 1연의 "열무 삼십 단을 이고 / 시장에 간 우리 엄마"에서 알 수 있습니다.

⑤ 1연의 "시장에 간 우리 엄마 / 안 오시네, 해는 시든 지 오래"에서 알 수 있습니다.

2 1연에는 홀로 어머니를 기다리던 '나'의 어린 시절이, 2연에는 지금 '내'가 그러한 어린 시절을 떠올리며 느끼는 슬픔과 그리움이 나타나 있습니다. 따라서 1연의 시간은 과거이고, 2연의 시간은 현재입니다.

오답 피하기 🎤

(1) 1연은 9행, 2연은 3행으로 이루어져 있습니다.

(2) 1연에서는 '안 오시네', '안 들리네' 등 소리가 비슷한 말이 반복되어 나오지만, 2연에서는 그렇지 않습니다.

(4) 이 시에서 '나'와 엄마가 대화를 주고받는 내용은 나오지 않습니다.

3 ㉠은 발소리를 귀로 듣듯이 표현한 것이고, ㉡은 창틈에 금이 간 모양을 눈으로 보듯이 표현한 것이며, ㉢은 눈시울의 온도를 손으로 만지듯이 표현한 것입니다.

✏️ **이 문제를 틀렸다면**

㉠~㉢이 각각 눈, 귀, 코, 입, 손 중에서 무엇을 통해 느껴지는 것을 표현하고 있는지 확인해 봅니다.

---

4 '빈방', '윗목', '어둡고', '훌쩍거리던'은 '나'의 힘든 어린 시절을 보여 주는 표현으로, 이 시의 어둡고 쓸쓸한 분위기를 형성합니다. 하지만 '열무'는 '나'의 엄마가 시장에 팔러 간 채소일 뿐이므로 이 글의 분위기와 관련이 없습니다.

✏️ **이 문제를 틀렸다면**

이 시에서 차갑고, 어둡고, 외로운 느낌을 주는 낱말에 동그라미 쳐 봅니다.

5 "아무리 천천히 숙제를 해도"에서는 엄마를 기다리며 외로움과 두려움을 잊기 위해 일부러 천천히 숙제를 하는 '나'의 모습이 떠오릅니다.

오답 피하기 🎤

① "찬밥처럼 방에 담겨"는 작고 차가운 빈방에 덩그러니 혼자 있는 서글픈 '나'의 모습을 나타낸 표현입니다.

② "금 간 창틈"은 금이 간 창문을 바꾸지 못할 정도로 가난한 '나'의 가정 형편을 보여 주는 표현입니다.

④ "배춧잎 같은 발소리 타박타박"은 지친 엄마의 발걸음을 나타낸 표현입니다.

⑤ "눈시울을 뜨겁게 하는"은 어른이 된 '내'가 외로웠던 옛날을 떠올리며 느끼는 슬픔을 나타낸 표현입니다.

6 이 시의 1연은 어린 시절의 '내'가 열무를 팔러 시장에 간 ❶엄마를 기다리는 내용이고, 2연은 어른이 된 '내'가 ❷유년 시절의 기억을 떠올리며 눈시울이 뜨거워진다는 내용입니다. 이를 통해 알 수 있는 이 시의 주제는 '빈방에 ❸혼자 남아 엄마를 기다리던 어린 시절의 외로움'입니다.

어휘 다지기

2 (1)의 빈칸에는 '눈언저리의 속눈썹이 난 곳.'이라는 뜻의 '눈시울'이, (2)의 빈칸에는 '온돌방에서 아궁이로부터 먼 쪽의 방바닥.'이라는 뜻의 '윗목'이, (3)의 빈칸에는 '어린 나이나 때.'라는 뜻의 '유년'이 들어가는 것이 알맞습니다.

어휘 키우기

3 '가다'는 한 낱말이 여러 가지 뜻을 가진 다의어입니다. (1)에는 줄이 생긴다는 ㉢의 뜻이, (2)에는 눈길이 쏠린다는 ㉡의 뜻이, (3)에는 장소를 이동한다는 ㉠의 뜻이 알맞습니다.

내 유년의 울타리는 탱자나무였다

1 (3) ○ **2** ⑤ **3** ④

4 ②, ④ 💡눈 **5** ㉢

6 ❶탱자 ❷가시 ❸독 ❹아버지 ❺슬픔

어휘 다지기

1 (1) ③ (2) ② (3) ①

2 (1) 흔적 (2) 으레 (3) 예사

어휘 키우기

3 (1) 한창 (2) 한참 (3) 한창

---

1 이 글은 어린 시절 탱자나무 울타리가 많은 마을에서 살았던 글쓴이가 탱자와 관련된 자신의 경험을 소개하고, 그 경험을 통해 얻은 깨달음을 솔직하게 표현한 '수필'입니다.

오답 피하기 ❗
(1) 글쓴이가 탱자의 생김새와 특징을 언급하고 있기는 하지만, 정보를 설명하기 위해 이 글을 쓴 것은 아닙니다.

2 '나'는 탱자 가시에 자주 찔렸으며 그러다 손이 퉁퉁 붓기도 했지만, 그 뒤에 탱자 꽃잎을 보다가 스스로의 가시에 찔린 흔적을 발견했다고 하였습니다. 그러므로 '나'는 탱자 가시에 찔린 뒤에도 탱자 나무에 가까이 갔음을 알 수 있습니다.

✏️ **이 문제를 틀렸다면**
①과 ③은 첫 번째 문단을, ②는 두 번째 문단을, ④는 세 번째 문단을 읽으며 확인해 봅니다.

3 '나'는 탱자 가시 때문에 벌겋게 부어오른 상처를 보면서 탱자나무 가시에 독이 들어 있을 것이라고 단정했습니다. 얼마 후에 아버지는 '나'에게 탱자나무 가시에 독이 있는 것은 아니고, 아름다운 꽃과 열매를 지키기 위해 가시가 있는 것이라고 가르쳐 주셨습니다.

오답 피하기 ❗
아버지는 탱자나무가 아닌 다른 나무가 자기를 지키는 방법에는 냄새가 지독하거나(②), 나뭇잎이 아주 써서 먹을 수 없거나(⑤), 열매에 독성이 있거나, 모습이 아주 흉하게 생긴 것(③)이 있다고 가르쳐 주셨습니다.

4 ㉠은 탱자의 색과 크기를 눈으로 보듯이 표현하고 있습니다. 이와 같은 감각적 표현이 아닌 것은 탱자의 맛을 입으로 맛보듯이 표현한 "탱자의 시큼한 맛"

과 탱자의 냄새를 코로 맡듯이 표현한 "오래 남아 있던 탱자 냄새"입니다.

오답 피하기 ❗
① 탱자의 색을 눈으로 보듯이 표현하였습니다.
③ 탱자 가시의 모양을 눈으로 보듯이 표현하였습니다.
⑤ 손바닥의 색을 눈으로 보듯이 표현하였습니다.

5 탱자 꽃잎을 보다가 스스로의 가시에 찔린 흔적을 발견한 '나'는 스스로를 지키기 위해 주어진 가시가 때로는 스스로를 찌르기도 한다는 사실을 깨닫고 ㉡과 같이 느꼈습니다. 이는 꽃과 열매를 지키기 위한 가시가 자신에게 상처를 주기도 한다는 것이 슬펐기 때문일 것입니다.

6 '나'는 어린 시절 ❶탱자가 남아돌 만큼 탱자나무 울타리가 많은 마을에 살았습니다. '나'는 친구들과 뾰족한 탱자 ❷가시에 침을 발라 손바닥이나 코에 붙이며 놀았습니다. 그래서 탱자 가시에 찔리곤 하는 것이 예사였는데, 탱자 가시에 찔린 곳이 벌겋게 부어오른 것을 본 뒤로 '나'는 탱자 가시에 ❸독이 있을 것이라고 단정했습니다. 얼마 후, ❹아버지가 '나'에게 탱자 가시는 아름다운 꽃과 열매를 지키기 위해 있는 것이라고 가르쳐 주셨습니다. 그러던 어느 날 '나'는 스스로의 가시에 찔린 탱자 꽃잎을 보고 알 수 없는 ❺슬픔을 느꼈습니다.

어휘 다지기

2 (1)의 빈칸에는 '어떤 현상이나 실체가 없어졌거나 지나간 뒤에 남은 자국이나 자취.'라는 뜻의 '흔적'이, (2)의 빈칸에는 '틀림없이 언제나.'라는 뜻의 '으레'가, (3)의 빈칸에는 '보통 있는 일.'이라는 뜻의 '예사'가 들어가는 것이 알맞습니다.

어휘 키우기

3 '한참'과 '한창'은 뜻이 다르지만 글자가 비슷하여 헷갈리는 말입니다. (1)에서는 유채꽃이 가장 왕성하게 핀 때인 것이므로 '한창'이 알맞습니다. (2)에서는 시간이 상당히 지나는 동안 서점을 뒤진 것이므로 '한참'이 알맞습니다. (3)에서는 가장 활기 있게 음식 준비를 하는 때인 것이므로 '한창'이 알맞습니다.

원인과 결과 파악하기

① 일이 일어난 차례를 따져 봅니다.
② 어떤 일이 일어난 까닭과, 그 까닭 때문에 생긴 일을 찾아 원인과 결과를 파악합니다.

확인 문제

45쪽

1 (1) ② (2) ①　　　　　　**2** (2) ×

1 아프리카의 농촌 지역에서는 전기 시설이 열악하여 일반적인 냉장고를 사용할 수 없었기 때문에(원인), 애써 만든 음식이 쉽게 상하곤 했습니다(결과). 또한 모하메드 바 아바가 전기가 필요 없는 '항아리 냉장고'를 발명하였기 때문에(원인) 이 지역 사람들이 음식을 오랫동안 신선하게 보관할 수 있게 되었습니다(결과).

✏️ **이 문제를 틀렸다면**
이어 주는 말을 살펴보며 원인과 결과를 파악해 봅니다. '그래서', '그러므로', '따라서' 등은 앞 문장이 원인이고 뒤 문장이 결과일 때 이어 주는 말입니다. 그리고 '왜냐하면'은 앞 문장이 결과이고 뒤 문장이 원인일 때 이어 주는 말입니다.

2 식물의 잎이 처지면서 윤기가 사라지고 흐물흐물해지는 것은 물이 부족할 때 생기는 결과입니다.

✏️ **이 문제를 틀렸다면**
글에서 원인과 결과가 차례대로 제시되지 않을 때도 있습니다. 어떤 일이 먼저 일어난 원인이고 어떤 일이 나중에 일어난 결과인지 생각하며 글을 읽어 봅니다.

토마토의 억울한 누명

1 ③ 💡 남아메리카　　　　**2** ②, ④
3 ㉮　　　　　　　　　　**4** (2) ×

1 2문단에서 토마토는 남아메리카가 원산지이며, 16세기 스페인 탐험가들에 의해 유럽으로 전해졌다고 하였습니다.

✏️ **이 문제를 틀렸다면**
①은 5문단을, ②는 3문단을, ④는 4문단을, ⑤는 1문단을 읽으며 확인해 봅니다.

2 토마토를 처음 본 유럽 사람들은 독성분이 들어있는 맨드레이크와 토마토가 닮았다는 이유로 기피했습니다(④). 이후 18세기에 유럽의 몇몇 귀족들이 토마토를 납 접시에 담아 먹고 사망하는 사건이 일어나자, 토마토를 먹으면 죽는다는 오해가 퍼져 토마토를 더욱 꺼리게 되었습니다(②).

3 ㉡의 앞에는 위험한 식물로 여겨진 맨드레이크와 닮았다는 이유로 사람들이 토마토를 기피했다는 내용이 나오고, ㉡의 뒤에는 토마토를 먹고 사망하는 사건이 일어나 토마토를 먹으면 죽는다는 오해가 생겼다는 내용이 나옵니다. ㉡의 앞뒤로 난처한 일이 잇따라 일어나고 있으므로 ㉡에는 '설상가상(雪上加霜)'이 들어가는 것이 알맞습니다.

✏️ **이 문제를 틀렸다면**
㉮~㉣에 제시된 사자성어를 ㉡에 하나씩 넣어 보고, 앞뒤 내용이 자연스럽게 연결되는 것을 찾습니다.

4 3문단에서 18세기 유럽의 귀족들이 납이 묻은 토마토를 먹고 사망했다고 하였습니다.

오답 피하기 💬
(1) 당시 사람들은 토마토를 먹으면 죽는다고 오해하고 있었기 때문에 존슨이 토마토를 베어 물었을 때 그가 죽을까 봐 두려워서 비명을 질렀을 것입니다.
(3) 토마토는 몸에 좋은 영양소가 풍부한 건강식품입니다. 따라서 "의사는 빨간 토마토를 싫어한다."라는 말은 토마토를 먹으면 병원에 가지 않아도 될 정도로 토마토가 건강에 좋다는 것을 강조하기 위한 말일 것입니다.

실전 1

위대한 과학자, 마리 퀴리

1 (1) ○ **2** ②

3 ②, ③ 💡물리학상, 화학상

4 ㉼ **5** (3) ○

6 ❶ 폴란드 ❷ 폴로늄 ❸ 여성 ❹ 라듐 ❺ 방사선

어휘 다지기

1 (1) ③ (2) ② (3) ①

2 (1) 다량 (2) 특허 (3) 공로

어휘 키우기

3 (2) V (3) V

---

1 이 글은 폴로늄과 라듐을 발견한 과학자인 마리 퀴리의 생애를 사실대로 쓴 전기문입니다.

2 3문단에서 '폴로늄'이라는 이름이 마리의 조국인 폴란드를 뜻한다는 것은 알 수 있지만, '라듐'이라는 이름의 뜻은 이 글에 나와 있지 않습니다.

오답 피하기 🔔

① 마리는 어떤 물질이 방사선을 내뿜는 현상에 대해 '방사능'이라는 이름을 붙였습니다(2문단).

③ 당시 폴란드에서는 여성이 대학에 진학하는 것을 허용하지 않기 때문에 마리는 프랑스로 건너갔습니다(1문단).

④ 마리는 남편인 피에르와 함께 방사능 연구에 몰두했습니다(3문단).

⑤ 폴로늄은 우라늄보다 400배 강한 방사능을 가지고 있고(3문단), 라듐은 우라늄보다 250만 배 강한 방사능을 가지고 있습니다(4문단). 이를 통해 라듐이 폴로늄보다 더 강한 방사능을 가진 물질임을 알 수 있습니다.

3 마리가 방사능을 연구하면서 피치블렌드라는 광석을 사용한 것은 맞지만, 마리가 피치블렌드를 처음으로 연구에 사용했다는 내용은 이 글에서 확인할 수 없습니다(②). 한편, 마리가 새로운 연구 주제를 찾고 있을 때 우라늄이 방사선을 내뿜는 물질이라는 사실은 이미 알려져 있었으므로, 마리가 우라늄을 발견했다는 것은 이 글의 내용과 맞지 않습니다(③).

4 ㉠과 ㉮~㉰를 일이 일어난 차례에 맞게 정리하면 '라듐에서 나오는 방사선이 암세포를 파괴했기 때문에(㉰), 라듐을 잘 이용하면 암을 치료할 수 있었고(㉮), 이를 안 마리가 라듐에 특허를 신청하지 않아(㉠), 많은 과학자가 라듐을 자유롭게 이용할 수 있

었다(㉯).'입니다. 그러므로 ㉠ 때문에 생긴 일이면서 ㉠보다 나중에 일어난 일인 ㉯가 ㉠의 결과입니다.

✏️ **이 문제를 틀렸다면**

㉠ 뒤의 '그래서'는 앞 문장이 원인이고 뒤 문장이 결과일 때 앞뒤 문장을 이어 주는 말입니다.

5 이 글에서는 다량의 방사선이 마리의 몸에 해로운 영향을 미쳤다고 하였고, 보기 에서는 마리의 수첩에서 지금까지도 방사선이 나온다고 하였습니다. 따라서 마리의 수첩을 함부로 만지면 방사선이 몸에 해로운 영향을 줄 것이라고 짐작할 수 있습니다.

오답 피하기 ❗

(1) 마리는 수첩 때문이 아니라 다량의 방사선에 노출되었기 때문에 건강이 악화되었습니다. 100년이 지난 지금까지도 방사선이 방출되는 마리의 수첩은 마리가 얼마나 많은 양의 방사선에 노출되었는지를 알려 줍니다.

(2) 마리의 수첩을 관람하기 전 방호복과 보호 장구를 착용하는 까닭은 수첩이 망가지지 않도록 하기 위함이 아니라, 수첩에서 방출되는 방사선이 관람자의 몸에 해로운 영향을 미치지 않게 하기 위함입니다.

6 마리 퀴리는 1867년에 ❶폴란드의 수도 바르샤바에서 태어났고, 프랑스로 건너가 소르본 대학교에서 공부했습니다. 과학자 피에르와 결혼한 후에도 연구를 계속하던 마리는 1898년에 강력한 방사선을 내뿜는 물질인 ❷폴로늄과 라듐을 발견하였고, 이를 인정받아 1903년에 ❸여성 최초로 노벨 물리학상을 받았습니다. 이후 마리는 피치블렌드에서 순수한 ❹라듐을 분리하여 1911년에 노벨 화학상을 수상하였고, 1934년에 ❺방사선에 의한 병으로 세상을 떠났습니다.

어휘 다지기

2 (1)의 빈칸에는 '많은 분량.'이라는 뜻의 '다량'이, (2)의 빈칸에는 '발명 또는 새로운 기술을 생각해 낸 사람이나 단체가 그 발명이나 기술에 관해 독점적으로 가지는 권리.'라는 뜻의 '특허'가, (3)의 빈칸에는 '어떤 일을 위해 바친 노력과 수고.'라는 뜻의 '공로'가 들어가는 것이 알맞습니다.

어휘 키우기

3 '쓸 용(用)'이 쓰인 낱말은 (2)의 '용어(用語)'와 (3)의 '용품(用品)'입니다. (1)의 '용모(容貌)'는 '얼굴 용(容)'이 사용된 낱말입니다.

빨대에 숨은 과학

1 새롬   **2** ㉯, ㉮, ㉰   **3** ⑤

4 (2)○ 💡안   **5** (1) 낮아져서 (2) 높은

6 ❶ 공기 ❷ 낮은 ❸ 기압 ❹ 차이

어휘 다지기

1 (1) ② (2) ① (3) ③

2 (1) 성질 (2) 사방 (3) 원리

어휘 키우기

3 (1) ㉡ (2) ㉠ (3) ㉢

---

1 2문단의 마지막 문장에서, 공기는 기압이 높은 곳에서 낮은 곳으로 이동하는 성질이 있다고 하였습니다.

✏️ **이 문제를 틀렸다면**

기압에 대한 내용은 모두 2문단에 나와 있습니다. 2문단에서 기압의 특징을 확인해 봅니다.

2 빨대는 기압의 차이를 이용해 음료수를 빨아올립니다. 음료수에 빨대를 꽂고 입으로 빨면(㉯), 빨대 안의 공기가 입속으로 이동합니다(㉰). 그 순간 빨대 안의 기압이 낮아지고(㉮), 상대적으로 기압이 높은 빨대 바깥쪽의 공기가 음료수를 빨대 안쪽으로 밀어냅니다(㉰). 그 결과 우리 입속으로 음료수가 들어오게 됩니다(㉯).

3 ㉠의 앞 문장은 빨대를 음료수에 꽂아 두기만 했을 때는 아무 일도 일어나지 않는다는 내용이고, ㉠의 뒤 문장은 빨대 안과 밖의 기압이 같기 때문이라는 내용입니다. 빨대 안과 밖의 기압이 같은 것이 원인이고 아무 일도 일어나지 않는 것이 결과이므로, ㉠에는 뒤 문장이 앞 문장의 원인일 때 이어 주는 말인 '왜냐하면'이 들어가야 합니다.

💧 **오답 피하기**

① '그리고'는 앞 문장의 내용과 비슷한 내용을 이어 주는 말입니다.

②, ④ '따라서'와 '그러므로'는 뒤 문장이 앞 문장의 결과일 때 이어 주는 말입니다.

③ '하지만'은 앞 문장의 내용과 반대되는 내용을 이어 주는 말입니다.

4 음료수 안에 넣은 빨대와 컵 밖으로 뺀 빨대를 동시에 빨면, ㉡과 같은 일이 일어납니다. 그 까닭은 컵 밖에 있는 빨대를 통해 흡입한 공기가 다시 음료수에 담긴 빨대 안으로 들어가서 빨대 안과 밖에 기압 차이가 생기지 않기 때문입니다.

💧 **오답 피하기**

(1) 빨대로 음료수를 빨아올릴 수 있는 이유는 빨대를 빠는 힘 때문이 아니라 기압 차이 때문이므로(1문단), 빨대를 빠는 힘이 충분해도 빨대 안과 밖에 기압 차이가 생기지 않으면 음료수를 마실 수 없습니다.

(3) 두 빨대를 동시에 빨 때, 빨대 안의 기압은 높아지지 않습니다.

5 이 글에서 공기의 양이 적어지면 공기의 무게가 줄어들어 기압이 낮아지고, 공기는 기압이 높은 곳에서 낮은 곳으로 이동하는 성질이 있다고 하였습니다. 보기 에 따르면 진공청소기도 빨대처럼 기압의 차이를 이용한 물건이므로, 진공청소기 내부의 프로펠러가 청소기 안쪽의 공기를 밖으로 빼내면 청소기 안의 기압이 낮아져서 상대적으로 기압이 높은 청소기 바깥의 공기가 먼지와 함께 청소기 안으로 이동할 것입니다.

6 기압은 ❶공기가 물체를 누르는 힘이며, 공기는 기압이 높은 곳에서 ❷낮은 곳으로 이동하는 성질이 있습니다. 빨대는 바로 이러한 기압의 차이에 따라 공기가 이동하는 것을 이용한 물건입니다. 빨대로 음료수를 빨면, 빨대 안의 ❸기압이 빨대 밖보다 낮아지면서 빨대 밖의 공기가 음료수를 빨대 안쪽으로 밀어내 음료수가 입속으로 들어오게 됩니다. 만약 빨대 하나는 음료수에 넣고 하나는 컵 밖으로 뺀 채 두 개의 빨대를 동시에 빨면, 기압의 ❹차이가 생기지 않아서 음료수가 빨려 올라오지 않습니다.

어휘 다지기

2 (1)의 빈칸에는 '사물이나 현상이 가지고 있는 고유의 특성.'이라는 뜻의 '성질'이, (2)의 빈칸에는 '동서남북의 주위 일대.'라는 뜻의 '사방'이, (3)의 빈칸에는 '사물의 본질이나 바탕이 되는 이치.'라는 뜻의 '원리'가 들어가는 것이 알맞습니다.

어휘 키우기

3 '쉬다'는 형태는 같지만 뜻이 서로 다른 동형어입니다. (1)에는 몸을 편안히 둔다는 ㉡의 뜻이, (2)에는 음식이 상하여 시큼한 맛이 나게 변한다는 ㉠의 뜻이, (3)에는 입이나 코로 공기를 들이마셨다 내보냈다 한다는 ㉢의 뜻이 알맞습니다.

주장과 근거 파악하기

① 글에서 가장 많이 사용된 낱말을 찾고, 이 낱말과 관련하여 글쓴이가 어떤 의견을 내세우고 있는지 생각해 봅니다.

② 글쓴이의 주장이 명확히 드러난 표현을 찾아봅니다.

③ 글쓴이가 주장을 뒷받침하기 위해 어떤 근거를 들고 있는지 살펴봅니다.

확인 문제
57쪽

1 현금, 유지　　　　**2** ③

1 글쓴이의 주장은 1문단의 "현금을 내고 버스를 타는 사람들이 줄어든 것은 맞지만, 버스 요금에 대한 현금 결제는 유지되어야 합니다."와 4문단의 "따라서 버스에서의 현금 결제는 앞으로도 유지되어야 합니다."에서 확인할 수 있습니다.

✎ **이 문제를 틀렸다면**

글쓴이는 주로 '~해야 합니다.', '~합시다.', '~하자.'와 같은 표현을 사용하여 자신의 주장을 명확하게 드러냅니다. 이 글에서 글쓴이의 주장이 드러난 표현을 찾아봅니다.

2 글쓴이는 버스 요금의 현금 결제를 유지해야 한다는 주장의 근거로 2문단에서 교통 카드에 잔액이 부족할 때 버스를 탈 수 없다는 점을(ⓛ), 3문단에서 카드 사용에 익숙하지 않은 사람이 여전히 많다는 점을 들고 있습니다(ⓒ).

오답 피하기 ⟁

㉠ 글쓴이가 제시한 문제 상황입니다.

㉣ 글쓴이가 제시한 주장입니다.

어린이가 화장을 해도 괜찮을까?

1 (2) ○　　　　**2** ③

3 (1) ⓜ (2) ⓒ, ㉣　　　　**4** (1) × 💡어른

1 이 글에서 글쓴이는 어린이가 화장을 할 때 생길 수 있는 문제점을 근거로 들어 어린이 화장에 반대하는 의견을 내세우고 있습니다.

✎ **이 문제를 틀렸다면**

이 글이 설명하는 글인지 주장하는 글인지 파악해 봅니다. 설명하는 글은 어떤 대상에 대한 여러 가지 정보를 사실대로 전달하는 글이고, 주장하는 글은 어떤 문제에 관해 자신의 의견을 쓴 글입니다.

2 글쓴이는 4문단에서 초등학생 때 외모에 관심이 많아지는 것이 당연하다고 하였습니다.

✎ **이 문제를 틀렸다면**

①은 3문단을, ②와 ④는 2문단을, ⑤는 1문단을 읽으며 확인해 봅니다.

3 글쓴이의 주장은 1문단의 "저는 다음과 같은 이유로 어린이가 화장을 하는 것에 반대합니다."와 4문단의 "저는 어린이들이 화장을 하지 않는 것이 좋다고 생각합니다."(ⓜ)를 통해 알 수 있습니다. 글쓴이는 이러한 주장을 뒷받침하는 근거로 2문단에서 화장품이 피부를 상하게 한다는 점을(ⓒ), 3문단에서 외모에 지나치게 신경을 쓰게 된다는 점을 들고 있습니다(㉣).

✎ **이 문제를 틀렸다면**

주장하는 글에서는 여러 개의 근거를 제시할 때, '첫째', '둘째'와 같은 표현을 사용하여 나열하는 경우가 많습니다.

4 희라는 현재 초등학생이고 외모가 예쁜 것이 중요하다고 생각하여 매일 화장을 하고 있습니다. 이 글의 글쓴이는 희라와 같은 어린이가 화장을 하는 것에 반대하면서, 화장은 어른이 된 다음에 해도 늦지 않다고 하였습니다. 그러므로 글쓴이는 희라에게 중학생이 되고 나서 화장을 시작하라는 말을 하지 않을 것입니다.

오답 피하기 ⟁

(2) 글쓴이가 제시한 두 번째 근거의 내용입니다.

(3) 글쓴이가 제시한 첫 번째 근거의 내용입니다.

실전 1

가짜 뉴스 문제를 해결할 방법

1 ④ 💡사실   **2** 규제, 옳지 않다

3 ③   **4** (1)**2** (2)**1** (3)**5**

5 ①, ⑤

6 ❶법적 ❷침해 ❸고의성 ❹능력

어휘 다지기

1 (1)① (2)② (3)③

2 (1)불법 (2)폐해 (3)역량

어휘 키우기

3 (1)㉠ (2)㉢ (3)㉡

---

1 ①문단에서 가짜 뉴스는 사실과 거짓을 짜깁기한 경우가 많아 속아 넘어가기가 쉽다고 하였습니다.

✏️ **이 문제를 틀렸다면**

①과 ②는 ①문단을, ③은 ②문단을, ⑤는 ⑤문단을 읽으며 확인해 봅니다.

2 글쓴이는 가짜 뉴스가 무엇인지 설명한 뒤, 가짜 뉴스를 법적으로 규제할 때 발생할 수 있는 문제점을 근거로 들어 가짜 뉴스를 법적으로 규제하는 것이 옳지 않다고 주장하고 있습니다. 글쓴이의 주장은 ④문단의 "따라서 가짜 뉴스를 법적으로 규제하는 것은 옳지 않습니다."에서 명확하게 드러납니다.

✏️ **이 문제를 틀렸다면**

글쓴이의 주장은 첫 문단이나 마지막 문단이 아닌 글 중간에 제시될 때도 있음을 알고, 글쓴이의 주장이 명확하게 드러난 문장을 찾아 밑줄을 그어 봅니다.

3 글쓴이가 주장을 뒷받침하기 위해 내세운 근거는 ③문단과 ④문단에 드러나 있습니다. 최근 들어 가짜 뉴스의 폐해가 심각해지고 있다는 것은 글쓴이가 제시한 문제 상황으로, 주장을 뒷받침하는 근거가 아닙니다.

🔇 **오답 피하기**

①, ⑤ ④문단에서 제시한 근거입니다.

②, ④ ③문단에서 제시한 근거입니다.

4 이 글은 ①문단에서 가짜 뉴스의 뜻과 특징을, ②문단에서 가짜 뉴스의 문제점을, ③문단과 ④문단에서 가짜 뉴스를 법적으로 규제하는 것이 옳지 않다는 주장과 그 근거를, ⑤문단에서 가짜 뉴스 문제를 해

결할 방법을 제시하고 있습니다.

5 제시된 뉴스는 독감 환자와 전화 통화를 하는 것만으로 바이러스에 감염될 수 있다는 내용의 가짜 뉴스입니다. 글쓴이는 ⑤문단에서 가짜 뉴스 문제를 해결하기 위해서는 개개인이 가짜 뉴스를 가려내는 능력을 갖추는 것이 중요하다고 하였으므로, 뉴스를 비판적으로 해석하려 할 것입니다. 따라서 글쓴이는 뉴스의 출처가 믿을 만한지 확인하고(①), 뉴스 내용과 관련된 다른 정보를 찾아 내용을 비교할 것입니다(⑤).

🔇 **오답 피하기**

② 뉴스를 게시한 사람을 경찰에 신고하는 것은 가짜 뉴스를 법적으로 규제하여 문제를 해결하려는 것이므로 글쓴이가 할 행동으로 알맞지 않습니다.

③ 뉴스를 그대로 받아들이는 것은 가짜 뉴스를 가려내기 위한 행동이 아닙니다.

④ 글쓴이는 가짜 뉴스 문제를 해결해야 한다는 입장이므로, 뉴스 내용이 사실인지 확인하지 않고 이를 곧바로 소셜 미디어에 올리지 않을 것입니다.

6 이 글에서 글쓴이는 가짜 뉴스를 ❶법적으로 규제하는 것은 옳지 않다고 주장하였습니다. 이러한 주장을 뒷받침하는 근거로는 가짜 뉴스를 법적으로 규제하면 표현의 자유와 언론의 자유를 과도하게 ❷침해할 수 있다는 점, 가짜 뉴스의 ❸고의성을 판별하기가 어려워 억울한 피해자가 생길 수 있다는 점을 들었습니다. 그러면서 가짜 뉴스 문제를 해결할 방법은 법적으로 규제하는 것이 아니라, 개개인이 가짜 뉴스를 가려내는 ❹능력을 갖추는 것이라고 하였습니다.

어휘 다지기

2 (1)의 빈칸에는 '법에 어긋남.'이라는 뜻의 '불법'이, (2)의 빈칸에는 '어떤 일이나 행동에서 나타나는 나쁜 경향이나 현상 때문에 생기는 해로움.'이라는 뜻의 '폐해'가, (3)의 빈칸에는 '어떤 일을 해낼 수 있는 힘.'이라는 뜻의 '역량'이 들어가는 것이 알맞습니다.

어휘 키우기

3 '꾸미다'는 한 낱말이 여러 가지 뜻을 가진 다의어입니다. (1)에는 모양이 나게 매만져 차린다는 ㉠의 뜻이, (2)에는 어떤 일을 짜고 만든다는 ㉢의 뜻이, (3)에는 거짓을 사실인 것처럼 지어낸다는 ㉡의 뜻이 알맞습니다.

인공 지능의 명과 암

1 위험, 발전 💡1   **2** ⑤

3 (1) ㉮, ㉯ (2) ㉭, ㉱   **4** ④

5 (1) ② (2) ①

6 ❶ 일자리 ❷ 통제 ❸ 인공 지능 ❹ 안전

어휘 다지기

1 (1) ① (2) ② (3) ③

2 (1) 측면 (2) 인력 (3) 독립성

어휘 키우기

3 (2) V

---

1 글 **가**와 **나**의 주장은 모두 1문단에서 확인할 수 있습니다. 글 **가**는 "인공 지능이 일으킬 <u>위험</u>도 고려해야 한다."라고 하였고, 글 **나**는 "인공 지능은 계속 <u>발전</u>해야 한다."라고 하였습니다.

2 글 **가**의 3문단에서 머지않은 미래에 인간의 명령 없이 스스로 판단하고 행동하는 인공 지능이 탄생할수도 있다고 하였습니다. 이는 현재의 인공 지능은 인간의 명령 없이 독립적으로 행동하지 못한다는 뜻입니다.

✎ **이 문제를 틀렸다면**

①은 글 **나**의 1문단을, ②는 글 **가**의 3문단을, ③은 글 **가**의 2문단을, ④는 글 **나**의 3문단을 읽으며 확인해 봅니다.

3 글 **가**의 글쓴이는 2문단과 3문단에서 인공 지능의 발전이 수많은 일자리를 없앨 것이고(㉯), 인간의 통제에서 벗어날 경우 인간을 위협할 것이라는(㉮) 근거를 들어 주장을 뒷받침하였습니다. 글 **나**의 글쓴이는 2문단과 3문단에서 인공 지능이 새롭고 다양한 일자리를 창출할 것이고(㉭), 인공 지능을 이용하면 사람들이 더욱 안전하고 풍요롭게 살 수 있을 것이라는(㉱) 근거를 들어 주장을 뒷받침하였습니다.

오답 피하기 🔊

㉰ 글 **가**와 **나**에 제시되지 않은 내용입니다.

4 ㉠의 앞 문장은 인공 지능의 발전이 인간의 삶에 큰 영향을 미칠 수 있다는 내용이고, 뒤 문장은 인공 지능이 일으킬 위험을 고려해야 한다는 내용입니다. 또한 ㉡의 앞 문장은 인공 지능이 인류에게 무한한 가능성을 열어 주었다는 내용이고, 뒤 문장은 더 나은

미래를 위해 인공 지능이 계속 발전되어야 한다는 내용입니다. ㉠과 ㉡ 모두 앞 문장이 원인이고 뒤 문장이 결과이므로 원인과 결과를 이어 주는 말인 '그러므로'가 들어가는 것이 알맞습니다.

5 **보기**는 한 건설사가 지금까지 사람이 수행하던 어렵고 위험한 업무에 인공 지능 로봇을 도입한다는 내용입니다. 이에 대해 인공 지능이 사람의 일자리를 대체하는 것을 우려하는 글 **가**의 글쓴이는 인공 지능 때문에 일자리가 없어질 거라고 말할 것입니다(②). 반면 인공 지능이 인간을 사고의 위험으로부터 벗어나게 해 줄 것이라고 기대하는 글 **나**의 글쓴이는 인공 지능 덕분에 안전사고를 예방할 수 있겠다고 말할 것입니다(①).

✎ **이 문제를 틀렸다면**

글 **가**와 **나**의 글쓴이가 주장하는 내용과 그 근거를 파악해 봅니다.

6 글 **가**의 글쓴이는 인공 지능이 일으킬 위험을 고려해야 한다고 주장하며, 수많은 ❶<u>일자리</u>가 인공 지능 때문에 사라질 수 있다는 점과 인간의 ❷<u>통제</u>에서 벗어난 인공 지능이 인간을 위협할 수 있다는 점을 그 근거로 들었습니다. 반면 글 **나**의 글쓴이는 ❸<u>인공 지능</u>이 계속 발전해야 한다고 주장하며, 인공 지능이 다양한 일자리를 창출할 것이라는 점과 인공 지능 덕분에 인간의 삶이 더욱 ❹<u>안전</u>하고 풍요로워질 것이라는 점을 그 근거로 들었습니다.

어휘 다지기

2 (1)의 빈칸에는 '사물이나 현상의 한 부분.'이라는 뜻의 '측면'이, (2)의 빈칸에는 '사람의 노동력.'이라는 뜻의 '인력'이, (3)의 빈칸에는 '남에게 의지하거나 속박되지 않고 홀로 서려는 성질이나 성향.'이라는 뜻의 '독립성'이 들어가는 것이 알맞습니다.

어휘 키우기

3 '반하다'는 형태는 같지만 뜻이 서로 다른 동형어입니다. 제시된 문장에서 '반하다'는 '남의 의견이나 규정 등을 거스르거나 어기다.'라는 뜻이며, 이와 같은 뜻의 '반하다'가 쓰인 것은 (2)입니다. (1)과 (3)에서는 '어떤 사람이나 사물 등에 마음이 홀린 것 같이 쏠리다.'라는 뜻의 '반하다'가 쓰였습니다.

뒷받침 문장 짐작하기

① 문단의 중심 문장을 파악합니다.
② 중심 문장의 내용을 이해하기 쉽도록 구체적인 예를 들어 주는 문장, 중심 문장을 보충하거나 덧붙여 설명하는 문장을 뒷받침 문장으로 짐작할 수 있습니다.

확인 문제
69쪽

1 ②　　　　**2** (3) ○

1 제시된 문장은 지휘자와 연주자가 처음 무대로 나와 인사할 때 박수를 치면 된다는 내용입니다. 이는 ②문단의 중심 문장인 "먼저, 음악가들이 입장할 때 박수를 친다."를 덧붙여 설명하는 뒷받침 문장입니다.

✏️ **이 문제를 틀렸다면**
각 문단에서 중심 문장을 찾아봅니다. 문단별 중심 문장은 다음과 같습니다.

문단	중심 문장
①	클래식 공연을 볼 때 관객은 언제 박수를 쳐야 할까?
②	먼저, 음악가들이 입장할 때 박수를 친다.
③	다음으로, 한 곡이 다 끝난 뒤 지휘자가 지휘봉을 내려놓고 인사할 때 박수를 친다.
④	마지막으로, 음악가들이 공연을 마치고 퇴장할 때 박수를 친다.

2 ㉠이 있는 ③문단의 중심 문장은 첫 번째 문장이고, 이 중심 문장과 관련이 있으면서 중심 문장을 보충해 주는 문장은 "연주가 끝났는데도 지휘봉이 들려 있다면 박수를 치지 않는다."입니다.

오답 피하기 💡
(1), (2) ③문단의 중심 문장과 관련이 없는 내용입니다.

연습
70~71쪽

보이는 언어, 한국 수어

1 (1) 공용어　(2) 한국 수어　(3) 수어(수화 언어)
2 ③　　　**3** (2) ○　💡문법　　　**4** ⑤

1 ②문단의 "한 나라 안에서 공식적으로 쓰는 언어를 '공용어'라고 하는데", ④문단의 「한국 수화 언어법」에서 한국 수어를 '한국어와 동등한 자격을 가진 농인의 고유한 언어'로 규정한 이후", ①문단의 "수어란 '수화 언어'를 줄인 말로, 말소리가 아닌 손동작과 표정 등을 사용하여 의미를 전달하는 언어입니다."를 통해 (1)은 공용어, (2)는 한국 수어, (3)은 수어(수화 언어)임을 알 수 있습니다.

2 ④문단에 따르면 최근에는 텔레비전 뉴스뿐 아니라 뮤지컬 공연, 스포츠 경기, 박물관 해설 등 다양한 분야에서 수어 통역을 제공하고 있습니다.

오답 피하기 💡
① 한국 수어는 2016년부터 한국의 공용어로 지정되었습니다(②문단).
② 정부 발표에서 수어 통역이 배제될 때도 있습니다(⑤문단).
④ 소리를 듣지 못하는 농인이 음성 언어를 배우기 어렵다는 내용은 있지만(①문단), 청인이 수어를 배우기 어렵다는 내용은 이 글에 나와 있지 않습니다.
⑤ 한국 수어는 한국어와 문법 체계가 다른 별도의 언어이기 때문에 한국어 문장에 있는 낱말들을 하나씩 손동작으로 옮겨도 한국 수어가 되지는 않습니다(③문단).

3 ㉠은 한국어를 쓰는 사람이 외국어를 이해하지 못하듯이, 한국 수어를 사용하는 농인들이 한국어를 이해하지 못할 수 있다는 뜻입니다. 그 까닭은 ㉠의 앞부분에서 설명했듯 한국 수어와 한국어의 문법 체계가 다르기 때문입니다. 따라서 ㉠을 읽고 모든 농인이 한국어 자막을 이해하는 것은 아니겠다고 짐작할 수 있습니다.

✏️ **이 문제를 틀렸다면**
㉠의 앞뒤 내용을 고려하여 ㉠이 뜻하는 바를 파악해 봅니다.

4 제시된 문장은 수어를 사용하는 농인의 정치 참여가 제한되는 사례를 보여 줍니다. 이는 수어가 법적으로는 공용어임에도 사회에서는 아직 공용어로 자리 잡지 못했다는 ⑤문단의 중심 문장을 보충해 주는 내용이므로, ⑤문단의 뒷받침 문장으로 들어가는 것이 알맞습니다.

황소개구리와 가물치

1 ③　　　**2** ④ 💡미국, 우리나라　　**3** (2) ✕

4 ㉰　　　**5** (3) ✕

6 ❶ 음식 재료　❷ 토종　❸ 관상용　❹ 생존력

어휘 다지기

1 (1) ②　(2) ③　(3) ①

2 (1) 천적　(2) 번식력　(3) 퇴치

어휘 키우기

3 (1) ㉡　(2) ㉠　(3) ㉢

---

1 이 글에서 생태계 교란 생물을 발견했을 때 어떻게 해야 하는지는 설명하고 있지 않습니다.

오답 피하기 ❗
① 생태계 교란 생물이란 토종 생물의 서식지를 침범하여 생태계의 균형을 깨뜨리는 외래종을 말합니다(1문단).
② 우리나라의 생태계 교란 생물에는 황소개구리가 있고, 미국의 생태계 교란 생물에는 가물치가 있습니다(2~4문단).
④ 우리나라에서 처음 생태계 교란 생물로 지정된 생물은 황소개구리입니다(2문단).
⑤ 생태계 교란 생물로 인한 피해를 예방하기 위해 정부는 외국의 동식물을 허가 없이 국내로 들여오거나 토종 생물을 외국으로 몰래 가지고 나가는 것을 법으로 금지하고 있습니다(5문단).

2 2문단에서 황소개구리는 음식 재료로 사용하기 위해 우리나라로 들여왔으나, 수익이 나지 않자 강과 호수에 무분별하게 버려졌다고 하였습니다.

✏️ **이 문제를 틀렸다면**
①~⑤에 제시된 특징이 각각 어떤 생물의 특징인지 글에서 찾아봅니다.

3 1문단에 따르면 외국에서 들여온 생물인 '외래종'은 대부분 새로운 환경에 적응하지 못해 사라집니다. 그러므로 황소개구리와 가물치가 외국에서 들여온 생물이기 때문에 그 수가 급증했다는 설명은 알맞지 않습니다.

오답 피하기 ❗
(1), (3) 황소개구리와 가물치는 모두 천적이 없고 번식력과 생존력이 뛰어나 그 수가 급증했습니다(3, 4문단).

4 ㉠이 있는 3문단의 중심 문장은 첫 번째 문장인 "버려진 황소개구리는 우리나라의 토종 생물을 마구잡이로 먹어 치우기 시작했습니다."입니다. 이 중심 문

장과 관련이 있으면서 중심 문장을 보충해 주는 문장은 "토종 생물인 금개구리를 잡아먹어 금개구리가 멸종 위기에 놓이기도 했습니다."입니다.

✏️ **이 문제를 틀렸다면**
앞뒤 문장에 있는 낱말이 그대로 나오더라도 뒷받침 문장이 아닐 수 있습니다. 먼저 중심 문장을 파악하고, ㉮~㉰ 중에서 중심 문장과 관련이 있는 내용이 무엇인지 생각해 봅니다.

5 보기 는 영국에서 호주로 유입된 토끼가 호주의 생태계를 파괴했으며, 빠른 속도로 늘어나는 토끼를 없애기 위해 여우를 들여왔으나 오히려 여우의 수도 급증했다는 내용입니다. 즉 여우는 토끼를 잡기 위해 들여온 외래종이므로, 여우가 토종 생물이었을 것이라는 짐작은 알맞지 않습니다.

오답 피하기 ❗
(1) 토끼를 없애기 위해 여우를 들여온 것으로 보아, 여우가 토끼를 잡아먹는 천적이라고 짐작할 수 있습니다.
(2) 영국에서 호주로 유입된 토끼의 수가 급증하면서 호주의 생태계가 파괴된 것으로 보아, 토끼가 호주에서 생태계 교란 생물로 불릴 것이라고 짐작할 수 있습니다.

6 이 글에서는 생태계 교란 생물인 황소개구리와 가물치의 특징을 비교하고 있습니다. 먼저 1970년대에 ❶ 음식 재료로 사용하기 위해 미국에서 우리나라로 유입된 황소개구리는 천적이 없고 번식력이 강하며 성장 속도가 빨라 그 수가 급증하였고, 우리나라의 ❷ 토종 생물을 먹어 치우는 문제를 일으켰습니다. 한편 2000년대 초에 우리나라에서 미국에 ❸ 관상용으로 수출된 가물치 또한 천적이 없고 ❹ 생존력과 번식력이 뛰어나 그 수가 급증하였으며, 미국의 토종 생물을 잡아먹는 문제를 일으켰습니다.

어휘 다지기

2 (1)의 빈칸에는 '잡아먹는 동물을 잡아먹히는 동물에 상대하여 이르는 말.'이라는 뜻의 '천적'이, (2)의 빈칸에는 '생물체의 수나 양이 늘어서 많이 퍼지는 힘.'이라는 뜻의 '번식력'이, (3)의 빈칸에는 '물리쳐서 아주 없애 버림.'이라는 뜻의 '퇴치'가 들어가는 것이 알맞습니다.

어휘 키우기

3 '펼치다'는 한 낱말이 여러 가지 뜻을 가진 다의어입니다. (1)에는 사람들 앞에 주의를 끌 만한 상태로 나타난다는 ㉡의 뜻이, (2)에는 펴서 드러낸다는 ㉠의 뜻이, (3)에는 꿈을 이루기 위해 행동한다는 ㉢의 뜻이 알맞습니다.

조선 최초의 여론 조사

1 ③   **2** ①, ④ 💡적은

3 ㉣, ㉲, ㉮, ㉯   **4** (2) ○   **5** (1) ○

6 ❶세금 ❷여론 ❸비옥도 ❹백성

어휘 다지기

1 (1) ② (2) ① (3) ③

2 (1) 초안 (2) 시범적 (3) 폐단

어휘 키우기

3 (1) V (3) V

---

1 이 글에 조선 시대의 농민이 토지에서 수확한 곡물의 일부를 세금으로 냈다는 내용은 있지만, 조선 시대 세금의 종류는 나와 있지 않습니다.

✏️ **이 문제를 틀렸다면**

①은 4문단을, ②는 5문단을, ④는 3문단을 읽으며 확인해 봅니다.

2 4문단에서 세종은 관리들과 백성들의 의견을 반영하며 제도를 보완하였으며(④), 1444년에 공법을 완성했다고 하였습니다(①).

🚫 **오답 피하기**

② 세종의 공법은 백성의 세금 부담을 줄여 주었습니다(5문단).

③ 세종의 공법은 토지가 척박할수록, 풍년이 든 해일수록 적은 세금을 냅니다(4문단). 매년 동일한 세금을 거두는 방식은 2문단에서 언급한 중국식 공법입니다.

⑤ 세종의 공법은 토지의 비옥도를 6등급으로 나누고, 풍흉의 정도를 9등급으로 나누어 등급에 따라 정해진 세금을 부과하는 방식의 제도입니다(4문단).

3 세종이 공법을 완성한 과정은 2~4문단에서 확인할 수 있습니다. 먼저 세종은 과거 시험에서 공법의 문제를 최소화할 방법을 물었고(㉣), 이후 신하들과 공법에 관해 토론하여 이를 토대로 공법의 초안을 마련하였습니다(㉲). 이후 전국적인 여론 조사를 진행해(㉮) 17만여 명의 의견을 확인하였으며, 여론 조사에서 찬성이 많았던 일부 지역에 공법을 시범적으로 적용한 뒤(㉯) 수확량의 차이를 고려해 세금을 차등적으로 거두는 방식을 구상하였습니다(㉰).

4 3문단의 중심 문장은 세종이 1430년에 조선 최초의 전국적인 여론 조사를 지시했다는 첫 번째 문장입니다. ㉠에는 이 중심 문장과 관련이 있고 중심 문장

을 보충해 주는 내용의 뒷받침 문장이 들어가야 하므로, "여론 조사는 3월부터 8월까지 무려 5개월간 진행되었다."가 알맞습니다.

✏️ **이 문제를 틀렸다면**

(1)~(3)을 ㉠에 넣어 보고, 그 내용이 앞뒤 문장과 자연스럽게 연결되는지 확인해 봅니다.

5 세종의 공법에 따르면 토지가 척박할수록, 흉년이 든 해일수록 적은 세금을 냅니다. 자료를 보면 1449년과 1450년은 모두 '매우 풍년'으로 풍흉의 정도가 같으므로, 두 마을은 1449년에 냈던 것과 같은 양의 세금을 1450년에도 냈을 것입니다.

🚫 **오답 피하기**

(2) 1450년은 '매우 풍년'이고 1451년은 '매우 흉년'이었으므로, 1451년에 두 마을은 1450년에 냈던 것보다 더 적은 양의 세금을 냈을 것입니다.

(3) 행복 마을이 사랑 마을보다 토지의 비옥도가 높으므로, 1449년과 1451년 모두 행복 마을이 세금을 더 많이 냈을 것입니다. 각 해의 풍흉의 정도는 두 마을에 동일하게 적용되기 때문에, 풍년이 든 해이든 흉년이 든 해이든 행복 마을이 사랑 마을보다 세금을 더 많이 냅니다.

6 조선 초기의 세금 제도가 많은 폐단을 낳자, 공정한 ❶세금 제도가 필요하다고 생각한 세종은 중국식 공법에 주목하였습니다. 세종은 과거 시험의 질문, 신하들과의 토론을 토대로 공법의 초안을 마련하여 1430년에 공법 초안에 대한 조선 최초의 전국적인 ❷여론 조사를 진행하였습니다. 세종은 1444년, 마침내 토지의 ❸비옥도와 풍흉의 정도에 따라 일정한 세금을 부과하는 방식의 공법을 완성하였습니다. 세종의 공법은 ❹백성의 목소리에 귀를 기울여 완성한 제도라는 점에서 중요한 가치를 지니고 있습니다.

어휘 다지기

2 (1)의 빈칸에는 '처음 대강 정한 안건이나 계획.'이라는 뜻의 '초안'이, (2)의 빈칸에는 '모범을 보이는 것.'이라는 뜻의 '시범적'이, (3)의 빈칸에는 '어떤 일이나 행동에서 나타나는 옳지 못한 경향이나 해로운 현상.'이라는 뜻의 '폐단'이 들어가는 것이 알맞습니다.

어휘 키우기

3 '거둘 수(收)'가 사용된 낱말은 (1)의 '수집(收集)'과 (3)의 '수입(收入)'입니다. (2)의 '수행(遂行)'은 '이룰 수(遂)'가 사용된 낱말입니다.

어울리는 시각 자료 짐작하기

① 글에 제시된 정보와 어울리는 시각 자료가 무엇일지 생각해 봅니다.
  • 표: 많은 양의 자료를 간단하게 나타낼 때
  • 그림, 사진: 설명하는 대상의 모습이나 특징을 보여 줄 때
  • 도표: 수치의 변화나 비교를 보여 줄 때
② 짐작한 시각 자료가 글의 내용과 관련이 있는지 확인해 봅니다.

확인 문제
81쪽

1 (2) ○   **2** (1) ×

1 이 글은 우리나라에서 가장 최근에 등재된 유네스코 유산인 탈춤에 대해 설명하고 있습니다. 따라서 탈춤의 한 장면을 보여 주는 사진은 이 글의 내용과 관련 있는 시각 자료입니다.

> **오답 피하기** 💡
> (1) 1문단에서 유네스코 유산이 크게 세계 유산, 무형 문화유산, 세계 기록 유산으로 나뉜다고 설명하였지만, 이 글에서 우리나라 유네스코 유산의 수를 다루고 있지는 않습니다. 따라서 우리나라 유네스코 유산의 수를 나타낸 도표는 이 글과 관련 있는 시각 자료가 아닙니다.

2 이 글에서는 순천만 습지를 찾는 철새들의 이동 거리를 설명하고 있지 않습니다. 그러므로 이를 나타낸 표는 이 글의 내용과 어울리지 않는 자료입니다.

> **오답 피하기** 💡
> (2) 순천만 습지에서 흑두루미, 검은머리갈매기, 노랑부리백로 등의 희귀 조류를 관찰할 수 있다는 이 글의 내용과 어울리는 자료입니다.
> (3) 순천만 습지에서 관찰할 수 있는 다양한 새들의 종 수를 알려 주는 이 글의 내용과 어울리는 자료입니다.

영월에 다녀와서

1 (1) ㉮, ㉰ (2) ㉯, ㉣   **2** ④ 💡 떼꾼

3 (1) ② (2) ③ (3) ①   **4** (2) ○

1 1문단과 2문단에서 '한반도 지형'은 삼면이 바다로 둘러싸인 모습, 동고서저의 형태, 해안선의 특징 등이 한반도를 쏙 빼닮았고(㉮), 뗏목을 타면 동쪽에서 서쪽을 왕복하며 자세히 돌아볼 수 있다고 하였습니다(㉰). 그리고 3문단에서 '선돌'은 마치 커다란 칼로 절벽을 쪼갠 것 같은 모습이며(㉯), 신선이 서 있는 모습과 닮아 선돌이라 불린다고 하였습니다(㉣).

2 3문단에 따르면 선돌에 얽힌 이야기는 떼꾼이 들려준 것이 아니라, 전해 오는 이야기입니다.

> **오답 피하기** 💡
> ① 글쓴이는 여행에서 맨 처음 선암 마을의 한반도 지형을 찾았습니다(1문단).
> ② 글쓴이는 주차장에서부터 15분 정도를 걸어 전망대에 도착했습니다(1문단).
> ③ 글쓴이는 거대한 선돌과 깎아지른 듯한 절벽, 유유히 흐르는 서강의 풍경을 보았습니다(3문단).
> ⑤ 글쓴이는 전망대에서 뗏목을 보고, 선착장으로 내려가 뗏목을 탔습니다(2문단).

3 ㉠은 글쓴이가 본 한반도 지형의 모습으로, 여행하며 보거나 들은 것에 해당합니다(②). ㉡은 글쓴이가 뗏목을 타고 나서 느낀 점으로, 여행하며 든 생각이나 느낌에 해당합니다(③). ㉢은 글쓴이가 다음 날 이동한 장소에 대한 내용으로, 여행의 과정이나 일정에 해당합니다(①).

4 1문단에는 글쓴이가 전망대에서 바라본 한반도 지형에 대한 설명이 나옵니다. 1문단을 읽을 때 전망대에서 한반도 지형의 모습을 찍은 사진이 있다면, 한반도 지형이 우리나라 지도를 그대로 옮겨 놓은 것 같다는 글쓴이의 설명을 보다 쉽게 이해할 수 있을 것입니다.

> ✏️ **이 문제를 틀렸다면**
> 제시된 자료가 이 글의 어떤 내용과 관련 있는지, 몇 문단에 어울릴지 생각해 봅니다.

오로라의 비밀

1 ②　　　　**2** (1) 태양풍 (2) 오로라 (3) 플라스마

3 ③　　　　**4** (3) ×

5 (2) × 💡 플라스마

6 ❶ 커튼 ❷ 높은 ❸ 태양풍 ❹ 초록색

어휘 다지기

1 (1) ② (2) ① (3) ③

2 (1) 천체 (2) 지상 (3) 고도

어휘 키우기

3 (2) V

---

1 이 글은 신비로운 자연 현상인 오로라가 어떻게 생기는지, 오로라의 색은 어떻게 결정되는지를 설명하고 있습니다. 따라서 바꾸어 쓸 제목으로 가장 적절한 것은 "오로라가 생기는 원리"입니다.

2 3문단에 따르면 태양에서 방출되는 플라스마의 흐름은 '태양풍'입니다. 4문단에 따르면 극지방 부근의 대기로 들어온 플라스마가 공기와 부딪쳐 형형색색으로 발광하는 현상은 '오로라'입니다. 2문단에 따르면 기체를 아주 높은 온도로 가열할 때 만들어지는 물질의 상태는 '플라스마'입니다.

3 3문단에서 지구는 거대한 자석과 같아서 자기장으로 둘러싸여 있으며, 지구의 강력한 자기장은 태양풍을 대부분 튕겨 낸다고 하였습니다.

✏️ **이 문제를 틀렸다면**

①은 1문단을, ②는 4문단을, ④는 3문단을, ⑤는 5문단을 읽으며 확인해 봅니다.

4 이 글에서는 고도에 따라 달라지는 대기의 온도를 설명하고 있지 않습니다. 따라서 이를 나타낸 꺾은선 그래프는 이 글에 어울리지 않는 자료입니다.

오답 피하기 🔔

(1) 오로라 사진이 있다면, 1문단을 읽을 때 "커다란 커튼 모양의 빛이 아름답게 출렁이는 풍경"이라는 설명을 보다 쉽게 이해할 수 있을 것입니다.

(2) 고도에 따라 달라지는 오로라의 색을 나타낸 표가 있다면, 5문단의 내용을 정리하는 데 도움이 될 것입니다.

5 ㉮는 고체인 얼음이고, ㉯는 액체인 물이며, ㉰는 기체인 수증기입니다. 2문단의 마지막 문장에서 우주 전체 물질의 99% 이상이 플라스마 상태로 존재한다고 하였으므로, 우주의 거의 모든 물질이 고체인 ㉮의 상태로 존재할 것이라는 짐작은 알맞지 않습니다.

오답 피하기 🔔

(1) 2문단에 따르면 물질은 온도가 높아지면 고체에서 액체로, 액체에서 기체로 상태가 변합니다. 따라서 ㉮의 온도가 높아지면 ㉯의 상태가 되고, ㉯의 온도가 높아지면 ㉰의 상태가 될 것입니다.

(3) 2문단에서 기체를 아주 높은 온도로 가열하면 기체를 이루는 입자가 더 작은 입자들로 나뉜다고 하였습니다. 따라서 기체인 ㉰를 아주 높은 온도로 가열하면 입자가 더 작게 나누어질 것입니다.

6 오로라는 커다란 ❶ 커튼 모양의 빛이 아름답게 출렁이는 모습으로, 위도가 ❷ 높은 지역에서만 드물게 볼 수 있는 신비로운 자연 현상입니다. 오로라는 극지방 부근의 대기로 들어온 ❸ 태양풍의 플라스마가 공기와 부딪쳐 발광하는 현상입니다. 오로라의 색은 플라스마가 충돌하는 기체의 종류에 따라 결정됩니다. 고도 90~150km 사이의 상공에서는 플라스마가 산소 및 질소와 충돌하여 ❹ 초록색을 띠고, 고도 150km 이상에서는 산소와 충돌하여 붉은색을 띱니다.

어휘 다지기

2 (1)의 빈칸에는 '우주에 존재하는 모든 물체.'라는 뜻의 '천체'가, (2)의 빈칸에는 '땅 위.'라는 뜻의 '지상'이, (3)의 빈칸에는 '평균 해수면 등을 0으로 하여 측정한 어떤 물체의 높이.'라는 뜻의 '고도'가 들어가는 것이 알맞습니다.

어휘 키우기

3 '이루다'는 한 낱말이 여러 가지 뜻을 가진 다의어입니다. 제시된 문장에서 '이루다'는 '몇 가지 부분이나 요소들을 모아 일정한 성질이나 모양을 가진 존재가 되게 하다.'라는 뜻으로 쓰였으며, 이와 같은 뜻의 '이루다'가 쓰인 것은 (2)입니다. (1)에서는 '이루다'가 '뜻한 대로 되게 하다.'라는 뜻으로, (3)에서는 '어떤 대상이 일정한 상태나 결과를 생기게 하거나 일으키거나 만들다.'라는 뜻으로 쓰였습니다.

2070년 인구 전망

1 ②   **2** 감소, 증가   **3** ㉰ 💡④, ⑤

4 (4)◯   **5** 아영

6 ❶ 자녀 ❷ 생존 ❸ 증가 ❹ 출산율 ❺ 고령화

어휘 다지기

1 (1)② (2)① (3)③

2 (1) 추세 (2) 사상 (3) 부양

어휘 키우기

3 (1) V (3) V

---

1 ④문단에 따르면 우리나라는 2021년에 사상 처음으로 인구가 감소하였습니다.

🖊 **이 문제를 틀렸다면**

①과 ④는 ①문단을, ③은 ③문단을, ⑤는 ②문단을 읽으며 확인해 봅니다.

2 ③문단을 통해 세계 합계 출산율은 꾸준히 감소했지만, 기대 수명이 크게 증가했기 때문에 세계 인구가 증가했음을 알 수 있습니다.

🖊 **이 문제를 틀렸다면**

'세계 인구가 증가한 까닭'을 설명한 문단을 찾고, 합계 출산율과 기대 수명이 각각 어떻게 변화했기 때문인지 확인해 봅니다.

3 ④문단에 따르면 2070년에 우리나라 인구는 3,800만 명대로 줄어들 것으로 전망됩니다(㉰).

오답 피하기 🖐

㉮ 우리나라의 합계 출산율은 세계 최저 수준입니다(④문단).

㉯ 우리나라의 전체 인구에서 65세 이상의 고령 인구가 차지하는 비율은 높아지고 있습니다(⑤문단).

4 ⑤문단에서는 우리나라의 고령화 추세와 이로 인해 예상되는 사회적 문제를 설명하고 있습니다. 따라서 우리나라 인구 중 고령 인구 비율의 변화를 나타낸 그래프를 제시하면, ⑤문단의 내용을 이해하는 데 도움이 될 것입니다.

오답 피하기 🖐

(1) ①문단에서는 세계 인구의 변화를 설명하고 있으므로, 우리나라 인구수의 변화를 나타낸 그래프는 어울리지 않습니다.

(2) ③문단에서는 합계 출산율과 기대 수명을 단서로 세계 인구의 변화와 전망에 대해 설명하고 있으므로, 나라별 인구수를 나타낸 그래프는 어울리지 않습니다.

(3) ④문단에서는 우리나라 인구의 변화와 전망에 대해 설명하

고 있으므로, 세계 합계 출산율의 변화를 나타낸 그래프는 어울리지 않습니다.

5 ㉠은 출생아 수가 줄어들면서 전체 인구에서 고령 인구가 차지하는 비율이 높아지는 문제입니다. 출생아 수가 줄어든다는 것은 학생 수가 줄어든다는 것이므로, 학교에 입학하는 어린이가 많아져서 교실이 모자랄 것이라는 짐작은 알맞지 않습니다.

오답 피하기 🖐

윤주: 아이를 어떻게 키울지 걱정하여 아이 낳는 것을 주저하는 부모들이 많아지면 출생아 수가 줄어들게 될 것입니다. 따라서 아이를 돌봐 주는 시설을 늘리는 것은 저출산 문제에 대처하는 방법으로 알맞습니다.

성희: 건강한 노인들이 스스로 돈을 벌면 노인 부양 부담이 감소할 것입니다. 따라서 노인들이 일자리를 찾을 수 있게 돕는다는 것은 고령화 문제에 대처하는 방법으로 알맞습니다.

6 미래의 인구를 예측할 때는 여성 한 명이 평생 동안 낳을 것으로 예상되는 평균 ❶자녀 수인 '합계 출산율'과 한 사람이 태어나서 앞으로 ❷생존할 것으로 기대되는 평균 연수인 '기대 수명'을 함께 살펴보아야 합니다. 세계 인구는 합계 출산율은 줄지만 기대 수명이 늘어나면서 계속 ❸증가할 것으로 전망됩니다. 그러나 우리나라 인구는 합계 ❹출산율이 세계 최저 수준임과 동시에 급격하게 하락하고 있기 때문에 줄어들 것으로 전망됩니다. 이러한 인구의 양적 감소뿐만 아니라, 전체 인구에서 고령 인구가 차지하는 비율이 높아지는 ❺고령화 추세가 심화되고 있다는 문제도 있습니다.

어휘 다지기

2 (1)의 빈칸에는 '어떤 현상이 일정한 방향으로 나아가는 경향.'이라는 뜻의 '추세'가, (2)의 빈칸에는 '역사가 기록되어 온 이래.'라는 뜻의 '사상'이, (3)의 빈칸에는 '수입이 없어서 혼자 생활하기 어려운 사람을 돌봄.'이라는 뜻의 '부양'이 들어가는 것이 알맞습니다.

어휘 키우기

3 '낮을 저(低)'가 사용된 낱말은 (1)의 '저온(低溫)'과 (3)의 '저하(低下)'입니다. (2)의 '저축(貯蓄)'은 '쌓을 저(貯)'가 사용된 낱말입니다.

인물의 성격 파악하기

① 이야기를 읽으며 인물의 성격을 직접 알려 주는 말을 찾습니다.
② 인물이 한 말과 행동, 생각을 살펴보고 인물의 성격을 짐작합니다.

확인 문제

93쪽

1 ㉠

2 (1)◯

1 ㉠은 '내'가 8년 동안 학교에 머무르며 경험한 일을 객관적으로 서술한 문장으로, ㉠을 통해 '나'의 성격을 짐작하기는 어렵습니다.

오답 피하기 🔔

㉡ 학교를 떠나 자유롭게 세상을 탐험하고 싶다는 '나'의 생각이 드러나는 문장입니다. 이를 통해 '내'가 적극적이고 도전적인 성격임을 짐작할 수 있습니다.

㉢ 힘든 일이 닥치더라도 의지만 있다면 많은 것을 얻을 수 있을 것이라는 '나'의 생각이 드러나는 문장입니다. 이를 통해 '내'가 긍정적이고 적극적인 성격임을 짐작할 수 있습니다.

㉣ 일자리를 구하기 위해 직접 신문에 광고를 내야겠다는 '나'의 생각이 드러나는 문장입니다. 이를 통해 '내'가 적극적인 성격임을 짐작할 수 있습니다.

2 '나'는 8년 동안이나 머물러 익숙해진 학교를 떠나 새로운 삶에 도전하기 위해 직접 일자리를 구하는 신문 광고를 내려 합니다. 이러한 인물의 행동을 통해 '내'가 적극적인 성격임을 짐작할 수 있습니다.

✏️ **이 문제를 틀렸다면**

템플 선생님이 떠난 후 '나'의 행동과 생각이 어떠했는지 파악해 봅니다.

알프스의 소녀 하이디

1 ③   **2** ④

3 (2)◯ 💡몽유병   **4** 민기

1 밤마다 제제만 씨의 집에 나타난다는 유령은 진짜 유령이 아니라 하얀 잠옷을 입은 하이디였습니다.

오답 피하기 🔔

⑤ 제제만 씨와 클라센 선생은 집에 유령이 나타나 현관문을 열어 두고 사라져 버린다는 이야기를 듣고, 이를 확인하기 위해 유령을 기다렸습니다.

2 ㉠의 앞에서 하이디가 자기는 밤마다 아름다운 알프스의 할아버지 집에 있는 꿈을 꾸는데 아침에 눈을 뜨면 도시에 있다고 말하며 눈물을 참은 것으로 보아, 하이디는 할아버지와 알프스가 그리워서 ㉠과 같이 말했을 것입니다.

✏️ **이 문제를 틀렸다면**

하이디가 처한 상황과 그 상황에서 한 말과 행동을 근거로 하이디의 마음을 짐작해 봅니다.

3 클라센 선생은 잠옷을 입고 유령처럼 돌아다니는 하이디를 발견한 뒤, 덜덜 떨고 있는 하이디를 다독이며 방으로 데려가 따뜻한 목소리로 하이디에게 괜찮은지 물었습니다. 또 하이디가 울자 위로의 말을 건네기도 했습니다. 이러한 말과 행동을 통해 클라센 선생이 다정한 성격임을 짐작할 수 있습니다.

오답 피하기 🔔

(1) 하이디가 잠에서 자주 깨 집안을 돌아다닌 까닭은 예민한 성격 탓이 아니라 향수병으로 인한 몽유병 때문입니다.

(3) 집에 정말 유령이 나오는지 확인하기 위해 클라센 선생을 집으로 부른 제제만 씨의 행동을 두고 유령을 잡기 위해 친구를 이용한 것이라고 보기는 어렵습니다.

4 하이디는 할아버지와 함께 살던 알프스를 떠나 제제만 씨의 집에 머무르며 할아버지와 알프스를 그리워하고 있습니다. 이와 비슷한 경험을 한 친구는 어렸을 때 할머니와 함께 살다가 이사를 가게 되어 할머니를 보고 싶어 하는 민기입니다.

토끼전

1 ③   **2** ⑤

3 (4)○   **4** (1)㉯ (2)㉺

5 (1)③ (2)② (3)① 💡육지, 신라

6 ❶간 ❷바위틈 ❸구멍 ❹잔치

어휘 다지기

1 (1)③ (2)② (3)①

2 (1) 사정 (2) 안색 (3) 꾐

어휘 키우기

3 (1) 받치고 (2) 받쳐 (3) 바쳤다

---

1 토끼가 자기 몸에 간을 넣고 빼는 구멍이 있다고 말하자, 용왕은 군사들을 시켜 토끼의 몸을 살펴보게 하였습니다.

2 용궁에 도착한 토끼는 자기 간을 약으로 쓰겠다는 용왕의 말을 듣고서야 자신이 자라의 꾐에 넘어갔음을 깨달았습니다. 그러므로 자라가 용왕의 병을 미리 말해 주지 않았다는 것은 토끼가 둘러댄 거짓말이 아닌 사실입니다.

오답 피하기
② 토끼의 엉덩이에 있는 구멍은 간을 넣고 빼는 구멍이 아니라 항문입니다.

3 토끼는 용궁에서 간을 빼앗기고 죽을 위기에 처했지만, 꾀를 내어 위기에서 벗어납니다. 이러한 토끼의 상황과 어울리는 속담은 아무리 위급한 경우를 당하더라도 정신만 똑똑히 차리면 위기를 벗어날 수가 있다는 말인 "호랑이에게 물려 가도 정신만 차리면 산다."입니다.

오답 피하기
(1) 아무도 안 듣는 데서라도 말조심해야 한다는 말입니다.
(2) 욕심을 부려 한꺼번에 여러 가지 일을 하려 하면 그 가운데 하나도 이루지 못한다는 말입니다.
(3) 어떤 사물에 몹시 놀란 사람은 비슷한 사물만 보아도 겁을 냄을 이르는 말입니다.

4 용왕은 자신의 병을 고치기 위해 토끼를 죽이고 간을 꺼내 약으로 쓰려고 했습니다. 또한 토끼의 터무니없는 거짓말을 믿고 금방 의심을 풀었습니다. 이를 통해 용왕이 어리석고 이기적인 성격임을 짐작할 수

있습니다(㉯). 한편, 토끼는 죽을 위기에 처한 상황에서 꾀를 내어 용왕에게 거짓말을 했습니다. 또한 용왕의 호통에도 안색 하나 바꾸지 않고 당당하게 거짓말을 계속해 결국 용왕을 속였습니다. 이를 통해 토끼는 꾀가 많고 능청스러운 성격임을 짐작할 수 있습니다(㉺).

5 이 글은 육지에 살던 '토끼'가 용궁으로 갔다가, '간'을 달라는 '용왕'의 말을 듣고 꾀를 내어 위기에서 벗어나는 내용입니다. 한편, 보기 는 신라에 살던 '김춘추'가 고구려에 갔다가, '고구려의 옛 땅'을 달라는 '보장왕'의 말을 듣고 꾀를 내어 신라로 돌아가는 내용입니다. 따라서 김춘추는『토끼전』의 '간'을 '고구려의 옛 땅'(③)에, '용왕'을 '보장왕'(②)에, '토끼'를 '김춘추'(①)에 빗대어 생각했을 것입니다.

🖋️ **이 문제를 틀렸다면**
보기 의 김춘추가『토끼전』의 어떤 내용을 떠올리고 거짓 약속을 했을지 생각해 봅니다.

6 용왕은 용궁에 도착한 토끼에게 자신의 병을 고치려면 토끼의 ❶간이 필요하다고 말했습니다. 당황한 토끼는 꾀를 내어 깊은 산 ❷바위틈에 간을 감춰 두고 다닌다고 거짓말을 했습니다. 용왕이 이를 믿지 않자 토끼는 몸에 간을 넣고 빼는 곳이 있으니 확인해 보라고 했습니다. 용왕의 명령에 따라 군사들이 토끼의 몸을 살피다가 엉덩이에서 간을 넣고 빼는 ❸구멍을 발견했습니다. 비로소 용왕은 토끼에 대한 의심을 풀었고, 육지로 돌아가 간을 가져와 줄 것을 부탁하며 토끼를 위해 큰 ❹잔치를 열었습니다.

어휘 다지기

2 (1)의 빈칸에는 '일의 형편이나 까닭.'이라는 뜻의 '사정'이, (2)의 빈칸에는 '얼굴에 나타나는 표정이나 빛깔.'이라는 뜻의 '안색'이, (3)의 빈칸에는 '주로 좋지 않은 일을 하도록 다른 사람을 속이거나 부추기는 것.'이라는 뜻의 '꾐'이 들어가는 것이 알맞습니다.

어휘 키우기

3 '바치다'와 '받치다'는 뜻이 다르지만 글자가 비슷하여 헷갈리는 말입니다. (1)에서는 머리 밑에 베개를 댄 것이므로 '받치고'가 알맞습니다. (2)에서는 식물 옆에 지지대를 댄 것이므로 '받쳐'가 알맞습니다. (3)에서는 신에게 공양미 삼백 석을 정중하게 드린 것이므로 '바쳤다'가 알맞습니다.

나는 뻐꾸기다

1 ②   **2** ㉰   **3** ⑤ 💡안쓰럽게

4 (1)○   **5** ④

6 ❶ 엄마 ❷ 사촌 ❸ 외삼촌 ❹ 무표정

어휘 다지기

1 (1)② (2)① (3)③

2 (1) 느닷없이 (2) 금세 (3) 처지

어휘 키우기

3 (1)㉢ (2)㉡ (3)㉠

---

1 이 글에서는 등장인물인 아저씨와 동재의 대화를 통해 동재가 외삼촌 집에 살게 된 상황을 알 수 있습니다.

오답 피하기 🔔

③ 이 글에는 동재와 아저씨가 인물로 등장하지만, 두 인물 사이의 갈등은 나오지 않습니다.

⑤ 이 글에는 시간적 배경과 공간적 배경이 드러나지 않습니다.

2 동재가 아저씨에게 자신의 처지를 털어놓으며 "엄마가 언젠가는 꼭 저를 데리러 올 거예요."라고 말한 것으로 보아, 동재는 엄마가 자신을 데리러 올 거라고 믿고 있습니다.

오답 피하기 🔔

㉮ "아빠는 원래 없었던 것 같아요. 아빠랑 살았던 기억이 없어요."라는 동재의 말을 통해 확인할 수 있습니다.

㉯ "우리 엄마가 저를 외삼촌 집에다 버리고 갔어요. 외숙모가 그러는데 하루만 봐 달라고 맡기고 가서 오 년째 소식이 없대요."라는 동재의 말을 통해 확인할 수 있습니다.

㉰ "형이 싫어한다고 컴퓨터도 안 하고"라는 아저씨의 말과 "건이 형은 사촌 형이에요."라는 동재의 말을 통해 확인할 수 있습니다.

3 동재는 자신의 처지를 알게 된 아저씨가 다른 사람들과 달리 무표정한 얼굴이 되는 것을 보고, 아저씨가 자기를 불쌍하게 여기는 것 같지 않다고 생각했기 때문에 아저씨가 좋아지려 했을 것입니다.

✏️ **이 문제를 틀렸다면**

동재가 ㉠과 같이 생각하기 전에 아저씨의 행동이 어떠했는지, 동재는 아저씨의 이러한 행동을 어떻게 받아들였는지 파악해 봅니다.

4 동재는 외숙모를 엄마로, 사촌 형을 형으로 착각하고 말을 건넨 아저씨에게, 엄마가 자신을 버리고 가서 오 년째 외삼촌 집에서 살고 있는 처지를 숨김없이 털어

놓았습니다. 이를 통해 동재가 솔직한 성격이라고 짐작할 수 있습니다.

오답 피하기 🔔

(2) 동재는 자신의 처지를 들은 사람들의 표정을 보기 불편해하면서도 아저씨에게 자신의 처지를 솔직하게 털어놓았습니다. 따라서 동재의 성격이 소심하다고 보기는 어렵습니다.

(3) 동재는 아저씨에게 자기 가족 이야기를 했을 뿐, 아저씨의 가족에 대해서는 물어보지 않았습니다. 따라서 성지는 이 글의 내용을 제대로 이해하지 못했고, 동재의 성격도 알맞게 짐작하지 못했습니다.

5 보기 에는 뻐꾸기가 다른 새 둥지에 알을 낳고 사라지면, 둥지 주인이 뻐꾸기알을 품어 자기 새끼처럼 키운다는 내용이 나옵니다. 이는 동재의 엄마가 동재를 외삼촌 집에 버리고 간 뒤, 외삼촌과 외숙모가 동재를 키우고 있는 상황과 비슷합니다. 따라서 아저씨가 동재를 '뻐꾸기'라고 부른 까닭은 동재가 외삼촌 집에 맡겨져 살고 있기 때문일 것입니다.

✏️ **이 문제를 틀렸다면**

동재와 뻐꾸기 사이에 어떤 공통점이 있는지 생각해 봅니다.

6 아저씨는 동재를 쳐다보며 ❶엄마 심부름을 잘하고, 형의 말을 잘 듣는다고 칭찬했습니다. 동재는 아저씨에게 엄마가 아니라 외숙모이고, 형이 아니라 ❷사촌 형이라고 사실대로 말했습니다. 그러자 아저씨의 표정이 조금 달라졌습니다. 동재는 아저씨에게 자신이 ❸외삼촌 집에서 살게 된 이야기를 했습니다. 동재의 이야기를 들은 아저씨는 ❹무표정한 얼굴이 되어 동재에게 "뻐꾸기로구나."라고 말했습니다. 동재는 다른 사람들과 달리 자신의 처지를 듣고도 안쓰럽게 바라보지 않는 아저씨가 좋아지려고 했습니다.

어휘 다지기

2 (1)의 빈칸에는 '나타나는 모양이 아주 뜻밖이고 갑작스럽게.'라는 뜻의 '느닷없이'가, (2)의 빈칸에는 '지금 바로.'라는 뜻의 '금세'가, (3)의 빈칸에는 '처하여 있는 사정이나 형편.'이라는 뜻의 '처지'가 들어가는 것이 알맞습니다.

어휘 키우기

3 '싸다'는 형태는 같지만 뜻이 서로 다른 동형어입니다. (1)에는 물건값이 보통보다 낮다는 ㉢의 뜻이, (2)에는 오줌을 참지 못하고 눈다는 ㉡의 뜻이, (3)에는 물건을 보이지 않게 둘러 만다는 ㉠의 뜻이 알맞습니다.

9 이어질 내용 짐작하기

① 사건이 일어난 차례, 사건들 사이의 원인과 결과 관계 등을 떠올리며 사건의 흐름을 정리합니다.
② 인물의 말과 행동, 생각을 통해 인물의 성격을 파악합니다.
③ 사건의 흐름과 인물의 성격을 바탕으로 다음에 이어질 내용을 짐작합니다.

확인 문제
105쪽

1 ㉮, ㉰, ㉱, ㉯ **2** (2) ○

1 이 글은 오빠들에게 안 좋은 일이 생긴 것을 알아챈 페리자드가 오빠들을 구하기 위해 짐을 꾸려 집을 나서는 것으로 시작됩니다(㉮). 페리자드는 몇 날 며칠 동안 헤매다 나무 아래에 앉아 있는 한 노인을 만났고(㉰), 노인에게서 오빠들이 검은 돌로 변해 버렸다는 말을 들었습니다(㉱). 오빠들을 구할 방법을 알려 달라는 페리자드의 끈질긴 설득에 노인은 붉은 구슬을 꺼내 페리자드에게 주면서(㉯) 구슬이 이끄는 곳으로 가라고 말했습니다.

✎ **이 문제를 틀렸다면**
가장 먼저 일어난 일을 찾은 뒤, 시간의 흐름에 따라 인물이 한 일을 정리해 봅니다.

2 페리자드는 오빠들이 위험에 빠졌다는 사실을 눈치 채고 슬픔에 빠졌지만, 금방 기운을 차리고 오빠들을 구하러 갔습니다. 또한 돌로 변하게 될 것이라는 노인의 말을 듣고도 "제가 돌이 되는 건 무섭지 않아요. 저는 오빠들을 반드시 구할 거예요!"라고 말했습니다. 이러한 페리자드의 행동과 말을 통해 페리자드는 용감한 성격임을 짐작할 수 있습니다. 따라서 이 글에는 페리자드가 붉은 구슬을 따라가서 오빠들을 구하는 내용이 이어질 것입니다.

하늘은 맑건만

1 쌍안경, 수만이 **2** ④ **3** (3) ×
4 가희 💡 얼굴

1 이 글에서 삼촌은 문기를 안방으로 불러 공과 쌍안경이 어디에서 났느냐고 물었고, 문기는 수만이가 준 것이라고 거짓말을 하였습니다.

2 삼촌에게 거짓말을 한 문기는 아랫방에 내려와 제 허물을 수만이에게 미룬 행동, 삼촌을 속인 행동, 써서는 안 될 돈을 쓴 행동 등을 돌아보았습니다.

🅞 **오답 피하기**

① "수만이란 얼마나 돈을 잘 쓰는 아인지 몰라두", "수만이란 뭣 하는 집 아이냐?"라는 삼촌의 말을 통해 삼촌이 수만이에 대해 잘 알지 못한다는 것을 알 수 있습니다.
② 삼촌이 문기에게 "네 입으로 수만이가 줬다니 네 말이 옳겠지. 설마 네가 날 속이기야 하겠니?"라고 말한 것으로 보아, 삼촌은 문기의 말을 믿고 있음을 알 수 있습니다.

3 ㉠은 문기가 삼촌과 대화한 후 아랫방에 내려와 자신의 행동을 돌아보기 전까지 가급적 생각하지 않으려 했던 것, 즉 문기가 한 잘못을 의미합니다. 문기는 (1), (2), (4)와 같은 잘못을 했지만, 삼촌이 나쁘다고 한 곳에 가지는 않았습니다.
참고로 ㉠의 뒤에 나오는 "자기라는 몸은 벌써 삼촌의 이른바 나쁜 데 빠지고 만 것이었다."라는 문장은 문기가 실제로 나쁜 곳에 갔다는 말이 아니라, 나쁜 행동을 하게 되었다는 말입니다.

✎ **이 문제를 틀렸다면**
문기가 아랫방에 내려와 어떤 사실에 정면으로 마주했는지 생각해 봅니다.

4 이 글에서 문기는 삼촌과 대화를 나누며 자신의 행동을 부끄러워하고, 아랫방에 내려와 잘못을 뉘우쳤습니다. 따라서 이 글에는 문기가 잘못된 방법으로 얻은 물건들을 갖지 않으려 하는 내용이 이어질 것입니다.

🅞 **오답 피하기**

봉준: 수만이가 문기에게 공과 쌍안경을 준 것이 아니므로 알맞은 짐작이 아닙니다.
지유: 문기는 아랫방에서 자신의 잘못을 뉘우치고 있으므로 알맞은 짐작이 아닙니다.

내 생각은 누가 해 줘?

1 ④   **2** ⑦, ⓓ, ⓑ

3 ① 💡희주 아빠   **4** (3)○   **5** ⑤

6 ❶이혼 ❷비밀 ❸동병상련 ❹후련한

어휘 다지기

1 (1)① (2)② (3)③

2 (1) 도무지 (2) 구닥다리 (3) 낙인

어휘 키우기

3 (1) V (3) V

---

1 '나'는 집에 들어서자마자 엄마에게 왜 이혼한 사실을 말했느냐고 물었고, '나'의 엄마는 죄지은 사람처럼 고개를 푹 수그렸습니다. 즉, 집에 들어서자마자 죄지은 사람처럼 행동한 것은 '내'가 아니라 '나'의 엄마입니다.

2 '나'는 아빠 없는 사실을 죽어도 알리지 않으려고 용을 쓰고 사는 엄마가 차 안에서 희주 아빠에게 이혼한 사실을 실토했을 때, ⑦와 같이 생각했을 것입니다. 그리고 이 말을 들은 희주가 사실 부모가 이혼한 애들이 많다며 어른처럼 말했을 때, ⓓ와 같이 생각했을 것입니다. 집에 도착한 뒤에 '나'는 지금껏 감춰 온 사실을 희주가 알게 되어 울컥 쓸쓸한 기분이 들면서도 희주한테 마음을 털어놓을 수 있다는 생각에 후련한 마음이 들었다고 하였으므로, ⓑ와 같이 생각했을 것입니다.

✏️ **이 문제를 틀렸다면**

이 글에서 '내'가 어떤 일을 겪었는지 그 순서를 파악해 봅니다.

3 이 글의 내용으로 보아, 희주 아빠는 '나'의 엄마가 말해 주기 전까지 '나'의 부모님이 이혼한 사실을 몰랐습니다. 따라서 ㉠을 '나'의 부모님이 이혼한 것을 알면서 비아냥댄 말이라고 보기 어렵습니다.

✏️ **이 문제를 틀렸다면**

인물이 어떤 상황에서 ㉠~㉣과 같은 말과 생각, 행동을 했는지 파악하고, 그 의미를 짐작해 봅니다.

4 "동병상련의 마음이었겠지."라는 '나'의 엄마의 말에서 희주네도 '나'의 가족과 비슷한 처지임을 알 수 있습니다. 또한 '나'의 엄마가 이혼한 사실을 털어놓은 뒤 희주는 이를 의젓하게 받아들이고, 희주 아빠는 '나'의 엄마를 안심시켰습니다. 따라서 이 글에는 서로 같은 처지임을 확인한 '나'의 가족과 희주네 가족이 더 가까워지는 내용이 이어질 것이라고 짐작할 수 있습니다.

🔔 **오답 피하기**

(1) '나'의 부모님이 이혼했다는 사실을 안 희주가 "엄마 아빠 이혼한 애들 굉장히 많아요."라고 말한 것으로 보아, 희주가 '나'를 놀리고 괴롭히는 내용이 이어지지는 않을 것입니다.

(2) '나'의 부모님이 따로 살게 된 것은 '나'의 아빠가 외국에 갔기 때문이 아니라 이혼했기 때문입니다. 따라서 '나'의 아빠가 외국에서 돌아와 세 식구가 같이 살게 되는 내용이 이어지지는 않을 것입니다.

5 '나'의 엄마의 말을 통해 '동병상련'이란 같은 어려움을 가진 사람들끼리 서로 가엾게 여기고 안쓰러워하는 마음을 뜻한다는 것을 알 수 있습니다. 시험에서 떨어진 친구들끼리 서로를 위로하는 것은 '동병상련'이 어울리는 상황입니다.

🔔 **오답 피하기**

①은 '동문서답(東問西答)'이, ②는 '노심초사(勞心焦思)'가, ③은 '죽마고우(竹馬故友)'가, ④는 '함흥차사(咸興差使)'가 어울리는 상황입니다.

6 '나'의 엄마는 희주 아빠에게 ❶이혼한 사실을 말하고, 희주에게 '나'의 아빠 이야기를 ❷비밀로 해 달라고 부탁했습니다. 집으로 돌아온 '내'가 엄마에게 왜 그랬느냐고 묻자, '나'의 엄마는 ❸동병상련의 마음이었을 거라고 말했습니다. '나'는 울컥 쓸쓸한 기분이 들었으나, 희주에게 마음을 다 털어놓을 수 있다고 생각하니 ❹후련한 마음이 들기도 했습니다.

어휘 다지기

2 (1)의 빈칸에는 '아무리 해도.'라는 뜻의 '도무지'가, (2)의 빈칸에는 '오래되어 낡고 시대에 뒤떨어진 사람, 사물, 생각 등을 낮잡아 이르는 말.'이라는 뜻의 '구닥다리'가, (3)의 빈칸에는 '바꾸기 힘든 나쁜 평가나 판정을 이르는 말.'이라는 뜻의 '낙인'이 들어가는 것이 알맞습니다.

어휘 키우기

3 '기운 기(氣)'가 사용된 낱말은 (1)의 '기세(氣勢)'와 (3)의 '인기(人氣)'입니다. (2)의 '일기(日記)'는 '기록할 기(記)'가 사용된 낱말입니다.

오만과 편견

1 ③　　　　**2** ②, ④ 💡돈

3 진욱　　**4** (2)◯　　**5** ④

6 ❶차이 ❷목사 ❸제인 ❹여동생

어휘 다지기

1 (1)② (2)③ (3)①

2 (1) 해명 (2) 신분 (3) 유산

어휘 키우기

3 (1) 드러내고 (2) 들어냈다 (3) 들어낸

---

1 엘리자베스는 청혼을 받은 다음 날 아침, 머리를 식힐 겸 산책을 나갔다가 다아시를 마주쳤습니다. 엘리자베스가 다아시를 찾아간 것이 아닙니다.

2 다아시의 편지에는 엘리자베스가 오해하여 비난한 일에 대한 해명이 담겨 있었습니다. 편지에 따르면 다아시는 신분의 차이를 이유로 제인과 빙리를 갈라 놓은 것이 아니라, 제인이 빙리를 좋아하지 않는다고 생각해(④) 빙리에게 신중하게 결정하라고 조언했던 것이었습니다. 또한 다아시는 위컴의 요구에 따라 그가 받기로 한 유산보다 많은 돈을 주었으나, 위컴은 그 돈을 다 쓰고 돌아와 다아시의 어린 여동생 몫의 재산을 가로채려 했습니다(②).

3 ⓒ은 위컴이 재산을 가로채기 위해 다아시의 어린 여동생을 꾀어 도망칠 궁리를 했다는 내용입니다. 따라서 다아시는 위컴에게 배신감을 느끼고 그를 싫어했을 것입니다.

> **오답 피하기** 💬
>
> 경현: ㉠은 다아시가 신분 차이 때문에 엘리자베스를 사랑하는 감정을 억눌러 왔다는 내용으로, 이를 통해 당시에는 신분이 다른 사람들이 사랑하고 결혼하는 일이 흔하지 않았음을 짐작할 수 있습니다.
>
> 나정: ㉡에서 엘리자베스는 좋은 가문의 다아시가 자신에게 고백한 사실을 놀라워하고 있으므로, 다아시의 신분이 엘리자베스의 신분보다 높았을 것이라고 짐작할 수 있습니다.

4 다아시의 편지를 읽은 엘리자베스는 자기가 편견에 사로잡혀 다아시를 오해했음을 깨닫고 부끄러움을 느꼈습니다. 그러므로 이 글에는 엘리자베스가 다아시에게 사과하는 내용이 이어질 것입니다.

✏️ **이 문제를 틀렸다면**

엘리자베스가 다아시의 편지를 읽고 어떤 행동과 말을 했는지 살펴보고, 이어질 내용을 짐작해 봅니다.

5 보기 의 '나'는 소문만 듣고 친구에게 실망해 친구를 피해 다니고 있습니다. 이는 엘리자베스가 다른 사람의 말만 듣고 다아시를 오해하여 비난한 이 글의 내용과 비슷한 상황입니다. 뒤늦게 진실을 알게 된 엘리자베스는 자신이 편견에 사로잡혀 있었던 것을 부끄러워했습니다. 따라서 엘리자베스는 보기 의 '나'에게 사실을 알아보지도 않고 오해하기보다 친구에게 직접 소문의 진실을 확인해 보라고 말해 줄 것입니다.

6 엘리자베스는 다아시가 신분의 ❶차이를 이유로 언니와 빙리 씨를 갈라놓았고, 위컴을 ❷목사직에 추천하겠다는 약속을 어겼으며, 그가 받아야 할 유산도 주지 않았다고 생각했습니다. 그러나 다아시가 편지에 쓴 진실은 이와 달랐습니다. 다아시는 ❸제인이 빙리를 좋아하지 않는다고 생각해 빙리에게 신중히 결정하라고 조언했을 뿐이었습니다. 또 목사가 될 생각이 없으니 대신 자기 몫의 유산보다 더 많은 돈을 달라는 위컴의 요구에 다아시는 그가 받기로 한 유산의 세 배를 주었지만, 위컴은 돈을 다 써 버리고 돌아와 ❹여동생 몫의 재산까지 가로채려 했던 것이었습니다.

어휘 다지기

2 (1)의 빈칸에는 '까닭이나 내용을 풀어서 밝힘.'이라는 뜻의 '해명'이, (2)의 빈칸에는 '개인의 사회적인 위치나 계급.'이라는 뜻의 '신분'이, (3)의 빈칸에는 '죽은 사람이 남겨 놓은 재산.'이라는 뜻의 '유산'이 들어가야 합니다.

어휘 키우기

3 '드러내다'와 '들어내다'는 뜻이 다르지만 글자가 비슷하여 헷갈리는 말입니다. (1)에서는 보이지 않던 이를 보이게 한 것이므로 '드러내고'가 알맞습니다. (2)에서는 침대를 들어서 밖으로 옮긴 것이므로 '들어냈다'가 알맞습니다. (3)에서는 책을 들어서 밖으로 옮긴 것이므로 '들어낸'이 알맞습니다.

뒷받침 문장의 적절성 판단하기

① 문단의 중심 문장과 뒷받침 문장을 파악합니다.
② 뒷받침 문장이 중심 문장과 관련이 있는지 확인합니다.
③ 뒷받침 문장의 내용이 글의 전체 흐름에 맞는지 확인합니다.

확인 문제

117쪽

1 (3) ○   **2** ㉣

1 이 글에서는 생물의 특징을 관찰해 새로운 제품을 개발하는 '생체 모방 기술'로 만든 여러 가지 제품을 소개하고 있습니다.

오답 피하기

(1) 이 글의 주제는 '생체 모방 기술의 뜻과 사례'입니다. 생체 모방 기술의 발전 과정은 이 글에 나와 있지 않습니다.

(2) 1문단의 중심 문장은 두 번째 문장입니다. 각 문단의 중심 문장은 다음과 같습니다.

문단	중심 문장
1	이러한 생물의 특징을 관찰하여 새로운 제품을 개발하는 것을 '생체 모방 기술'이라고 한다.
2	가방과 운동화 등에 널리 쓰이는 찍찍이 테이프는 산우엉 열매를 본떠 만들어졌다.
3	헬리콥터의 프로펠러는 단풍나무 씨앗에서 아이디어를 얻었다.
4	방수복 또한 연잎을 연구하여 제작된 발명품이다.

2 4문단은 연잎을 연구하여 방수복을 개발했다는 내용으로, 중심 문장은 첫 번째 문장입니다. 연꽃이 고결함을 상징한다는 내용의 ㉣은 4문단의 중심 문장과 관련이 없고 글의 전체 흐름에도 맞지 않으므로 뒷받침 문장으로 적절하지 않습니다.

✎ 이 문제를 틀렸다면

㉠~㉣이 각 문단의 중심 문장과 관련이 있는지, 글의 전체 흐름에 맞는지 확인해 봅니다.

피라미드는 누가 만들었을까?

1 (2) ○   **2** ③ 💡남녀, 아동
3 ㉮   **4** ㉠, ㉢

1 ⑤문단에 따르면, 이집트에서는 봄이 되면 나일강이 흘러넘쳐 농사를 지을 수 없었습니다.

오답 피하기

(1) 헤로도토스는 쿠푸왕의 피라미드를 노예가 만들었다고 기록하였습니다(②문단). 그러나 헤로도토스가 노예 제도에 반대했는지는 이 글에 나와 있지 않습니다.

(3) 쿠푸왕의 피라미드는 가장 규모가 큰 피라미드입니다(①문단). 그러나 세계에서 가장 오래된 피라미드인지는 이 글에 나와 있지 않습니다.

2 토리노 파피루스에는 일꾼들이 받은 임금의 액수가 아니라, 임금이 제때 지급되지 않자 일꾼들이 파업을 했다는 사실이 기록되어 있습니다(④문단).

✎ 이 문제를 틀렸다면

일반 농민이 피라미드를 만들었다는 주장에 대한 근거는 ③문단과 ④문단에 제시되어 있으므로, ③, ④문단의 내용과 ①~⑤의 내용을 하나씩 비교해 봅니다.

3 이 글에는 노예가 아닌 일반 농민이 피라미드를 건설했다는 주장이 담겨 있습니다. 그러나 이를 통해 노예가 피라미드 건설에 참여하면 일반 농민이 될 수 있었겠다고 짐작하는 것은 알맞지 않습니다.

오답 피하기

㉯ 고고학자들이 피라미드 건설의 목적을 설명했다는 내용을 통해 짐작할 수 있습니다.

㉰ 헤로도토스의 기록이 많은 사람들에게 받아들여지면서 피라미드가 가혹한 노예 제도를 상징하게 되었다는 내용을 통해 짐작할 수 있습니다.

4 ⑤문단의 중심 문장은 피라미드 건설의 목적을 알려 주는 문장인 ㉠입니다. ㉡과 ㉣은 중심 문장을 덧붙여 설명하는 방법으로 도와주고 있어 뒷받침 문장으로 적절하지만, ㉢은 중심 문장과 관련이 없고 문단 전체 흐름에도 맞지 않으므로 뒷받침 문장으로 적절하지 않습니다.

독도는 우리 땅

1 ⑤ 💡경비대   **2** (1) ㉮ (2) ㉰ (3) ㉱ (4) ㉯

3 창민   **4** (2) ×   **5** ③

6 ❶ 우산국 ❷ 대한 제국 ❸ 일본 ❹ 태정관

어휘 다지기

1 (1) ② (2) ① (3) ③

2 (1) 영유권 (2) 분쟁 (3) 문헌

어휘 키우기

3 (1) V (3) V

---

1 ④문단에 러시아와 전쟁을 하고 있던 일본이 1905년부터 독도의 영유권을 주장하기 시작했다는 내용은 있으나, 그때부터 러시아도 독도의 영유권을 주장하고 있는지는 이 글에 나와 있지 않습니다.

✎ **이 문제를 틀렸다면**

①과 ②는 ①문단을, ③은 ④문단을, ④는 ②문단을 읽으며 확인해 봅니다.

2 ㉮는 신라의 장군 이사부가 512년에 우산국을 정벌했다고 기록한 『삼국사기』와 관련된 내용입니다. ㉯는 고종이 발표한 「대한 제국 칙령 제41호」와 관련된 내용입니다. ㉰는 당시 일본의 최고 행정 기관이었던 태정관에서 내린 지시인 「태정관 지령」과 관련된 내용입니다. ㉱는 울릉도의 소속을 묻는 일본 정부의 문서에 울릉도와 독도가 돗토리번에 속하지 않는다고 밝힌 돗토리번 답변서와 관련된 내용입니다.

3 ㉠은 독도를 우리 땅이라고 기록한 조선 시대 문헌들에 관한 내용입니다. 이는 독도가 우리 영토라는 증거가 담긴 우리나라 문헌을 소개하는 ②문단의 내용과 관련이 있으므로, 뒷받침 문장으로 적절합니다.

오답 피하기 🚫

지연: ②문단의 중심 내용이 아닌 일부 내용을 바탕으로 뒷받침 문장을 적절하지 않다고 평가하였으므로 알맞지 않습니다.

4 태정관 지령은 일본의 행정 기관인 태정관에서 '울릉도와 독도가 일본과 관계없음을 명심할 것'이라는 지시를 내린 문헌이므로, 이는 독도가 우리 땅임을 '밝히는' 자료라고 보아야 할 것입니다.

오답 피하기 🚫

(1) ㉡의 뒤 문장을 고려하면 일본 정부는 돗토리번에 울릉도가

'어디에 속하는지'를 묻는 문서를 보낸 것이므로, ㉡의 뜻을 알맞게 짐작하였습니다.

(3) 전체 내용을 고려하면 일본은 독도가 자기네 영토라고 '억지로 주장하고' 있는 것이므로, ㉣의 뜻을 알맞게 짐작하였습니다.

5 독도는 이미 우리나라 행정 구역상으로 경상북도 울릉군에 속해 있으며(①문단) '독도'라는 고유의 명칭으로 불리고 있기 때문에 알맞지 않습니다.

오답 피하기 🚫

① 『삼국사기』에는 일본이 처음 독도를 발견했다는 17세기보다 훨씬 이른 512년에, 신라의 장군이 우산국을 정벌했다고 적혀 있습니다(②문단).

② 이 글에 소개된 여러 문헌은 보기 에 제시된 일본의 억지 주장을 반박할 수 있는 근거입니다.

④ 고종은 일본이 독도를 편입한 1905년보다 앞선 1900년에 「대한 제국 칙령 제41호」를 발표하여 독도가 우리 땅임을 국제적으로 공표하였습니다(②문단).

⑤ 1695년, 돗토리번 답변서에서 돗토리번은 울릉도와 독도가 돗토리번에 속하지 않는다고 답하였습니다(③문단).

6 독도가 우리의 영토라는 증거는 우리나라와 일본의 여러 문헌에서 확인할 수 있습니다. 먼저 우리나라의 문헌 중 『삼국사기』에는 신라의 장군 이사부가 512년에 ❶우산국을 정벌했다는 기록이 있습니다. 또한 고종은 「❷대한 제국 칙령 제41호」를 발표하여 독도가 울릉군에 속한 조선의 땅임을 국제적으로 공표하였습니다. 한편, 일본의 문헌 중 돗토리번 답변서에서 일본 정부는 독도와 울릉도가 ❸일본의 영토가 아님을 공식적으로 확인했습니다. 그리고 「❹태정관 지령」은 당시 일본의 행정 기관인 태정관에서 울릉도와 독도가 일본과 관계없음을 명심하라는 지시를 내린 것입니다.

어휘 다지기

2 (1)의 빈칸에는 '일정한 영토에 대한 해당 국가의 관할권.'이라는 뜻의 '영유권'이, (2)의 빈칸에는 '말썽을 일으키어 시끄럽고 복잡하게 다툼.'이라는 뜻의 '분쟁'이, (3)의 빈칸에는 '옛날의 제도나 문물을 아는 데 증거가 되는 자료나 기록.'이라는 뜻의 '문헌'이 들어가는 것이 알맞습니다.

어휘 키우기

3 '증거 증(證)'이 사용된 낱말은 (1)의 '검증(檢證)'과 (3)의 '신분증(身分證)'입니다. (2)의 '갈증(渴症)'은 '증세 증(症)'이 사용된 낱말입니다.

예술가의 똥

1 ⑤   **2** ③ 💡 대변(똥), 금값

3 (2) ×   **4** ㉯   **5** 규빈

6 ❶ 깡통 ❷ 가격 ❸ 예술 ❹ 비판

어휘 다지기

1 (1) ① (2) ② (3) ③

2 (1) 정량 (2) 고정 관념 (3) 세태

어휘 키우기

3 (2) V

---

1 이 글은 이탈리아의 예술가 피에로 만초니가 만든 〈예술가의 똥〉이라는 작품의 특징과 의미를 설명하고 있습니다.

2 ❹문단에 당시 부유한 수집가들이 자신의 부를 과시하기 위해 예술품을 비싸게 사들였다는 내용은 있지만, 부유한 수집가들이 〈예술가의 똥〉을 비싸게 사들였는지는 이 글에 나와 있지 않습니다.

　✏️ **이 문제를 틀렸다면**

　①은 ❶문단을, ②는 ❶문단과 ❷문단을, ④와 ⑤는 ❷문단을 읽으며 확인해 봅니다.

3 ❸문단에서 만초니는 기존의 고정 관념을 깬 작품인 〈예술가의 똥〉을 선보임으로써 사람들에게 예술의 의미를 물었다고 하였습니다.

　🔇 **오답 피하기**

　(1) ❹문단의 "만초니는 이 작품을 통해 예술을 돈으로만 바라보는 세태를 비판하고자 했습니다."를 통해 확인할 수 있습니다.

　(3) ❸문단의 "하지만 〈예술가의 똥〉은 그러한 예술과 다릅니다. 그래서 사람들은 이 작품을 보며 '이런 것도 예술이라고 할 수 있을까?'를 생각해 보게 됩니다."를 통해 확인할 수 있습니다.

4 ❺문단에서 〈예술가의 똥〉 안에 만초니의 똥이 들어 있는지 많은 사람이 궁금해했지만, 작품의 가치가 떨어질까 봐 누구도 선뜻 깡통을 열어 보지 못했다고 하였습니다. 이는 곧 깡통 자체가 작품인 〈예술가의 똥〉을 여는 것은 작품을 훼손하여 그 가치를 떨어트리는 일이기 때문에 사람들이 깡통을 열지 못했다는 말입니다.

　🔇 **오답 피하기**

　㉮ 〈예술가의 똥〉은 보통 '예술'이라고 하면 떠오르는 아름다운 그림이나 조각과 다릅니다. 그러므로 작품의 아름다움이 사라지기 때문에 사람들이 〈예술가의 똥〉을 열어 보지 못했을 것이라는 짐작은 알맞지 않습니다.

　㉰ 〈예술가의 똥〉 안에 작은 깡통이 들어 있다는 사실은 1989년에 한 미술 단체가 깡통을 열어 본 뒤에 밝혀졌습니다.

5 ㉡은 만초니가 〈예술가의 똥〉의 가격을 정한 방식을 덧붙여 설명하는 내용으로, 앞 문장과 자연스럽게 연결됩니다.

　🔇 **오답 피하기**

　은수: ㉠과 ㉡이 있는 ❷문단은 〈예술가의 똥〉의 겉모습, 가격과 같은 특징을 설명하고 있습니다.

　나영, 찬희: 뒷받침 문장은 중심 문장과 관련이 있고, 앞뒤 문장과 자연스럽게 연결되며, 글 전체의 흐름에 어울릴 때 적절하다고 판단할 수 있습니다.

　태진: 밀봉 기술이 1810년에 영국에서 개발되었다는 ㉠의 내용은 ❷문단의 중심 문장인 "〈예술가의 똥〉은 만초니가 자신의 대변을 90개의 깡통에 나누어 담아 밀봉한 작품으로 알려져 있습니다."와 관련이 없습니다.

6 피에로 만초니의 〈예술가의 똥〉은 작가가 자신의 대변을 90개의 ❶깡통에 나누어 담아 밀봉한 작품으로 알려져 있습니다. 만초니는 깡통에 든 대변의 무게와 같은 무게의 금값으로 작품의 ❷가격을 정했습니다. 만초니는 이렇게 고정 관념을 깬 작품을 선보임으로써 사람들에게 ❸예술의 의미를 묻고, 가치가 없다고 여겨지는 똥을 금값에 팔아 예술을 돈으로만 바라보는 세태를 ❹비판하였습니다.

어휘 다지기

2 (1)의 빈칸에는 '일정하게 정해진 분량.'이라는 뜻의 '정량'이, (2)의 빈칸에는 '이미 굳어져서 쉽게 바뀌지 않는 생각.'이라는 뜻의 '고정 관념'이, (3)의 빈칸에는 '사람들의 일상생활, 풍습 등에서 보이는 세상의 상태나 형편.'이라는 뜻의 '세태'가 들어가는 것이 알맞습니다.

어휘 키우기

3 '들다'는 형태는 같지만 뜻이 서로 다른 동형어입니다. 제시된 문장에서 '들다'는 '안에 담기거나 그 일부를 이루다.'라는 뜻이며, 이와 같은 뜻의 '들다'가 쓰인 것은 (2)입니다. (1)에서는 '손에 가지다.'라는 뜻의 '들다'가, (3)에서는 '날이 날카로워 물건이 잘 베어지다.'라는 뜻의 '들다'가 쓰였습니다.

근거의 타당성 판단하기

① 글을 읽고 주장과 근거를 파악합니다.

② 근거가 주장과 관련이 있는지, 주장을 뒷받침하는지를 확인하여 근거의 타당성을 판단합니다.

확인 문제 129쪽

1 채식, 찬성 **2** (1) ◯

1 글쓴이의 주장은 1문단의 "나는 다음과 같은 이유로 <u>채식</u> 선택제 도입에 <u>찬성</u>한다."에서 확인할 수 있습니다.

✎ **이 문제를 틀렸다면**

글쓴이의 주장은 주로 '~해야 합니다.', '~합시다.', '~하자.'와 같은 표현에 잘 드러나 있습니다. 글에서 이러한 표현이 쓰인 문장을 찾아봅니다.

2 이 글에서 글쓴이는 두 가지 근거를 제시하였습니다. 첫 번째 근거는 학생들이 먹고 싶은 음식을 스스로 선택할 수 있다는 것입니다. 이는 채식 선택제 도입에 찬성한다는 주장과 관련이 있고, 주장을 뒷받침하므로 타당합니다. 두 번째 근거는 학생들의 육류 소비량을 줄여 환경을 보호할 수 있다는 것입니다. 이 근거 역시 주장과 관련이 있고, 주장을 뒷받침하므로 타당하다고 판단할 수 있습니다.

✎ **이 문제를 틀렸다면**

'주장을 뒷받침하는 근거'란 글쓴이가 왜 그 주장을 내세우는지를 설명해 주는 근거를 말합니다. 제시된 근거들이 글쓴이가 채식 선택제 도입에 찬성하는 까닭을 설명해 주는지 판단해 봅니다.

교차로에 필요한 횡단보도

1 대각선 횡단보도 **2** ②

3 ③, ④ 💡보행자 **4** (1) ◯

1 글쓴이의 주장은 1문단의 "보행자의 사고를 줄이고 안전한 교통 환경을 만들기 위해서는 대각선 횡단보도를 더 많이 설치해야 합니다."와 4문단의 "그러므로 대각선 횡단보도 설치를 확대하여 보행자가 더욱 안전하게 길을 건널 수 있게 해야 합니다."에 잘 드러나 있습니다.

2 1문단에 언급된 '1,700여 개'는 우리나라 교차로에 설치된 전체 횡단보도의 개수가 아니라 '대각선 횡단보도'의 개수입니다.

오답 피하기 🔔

① 대각선 횡단보도는 넓은 교차로에서 볼 수 있습니다(1문단).

③ 대각선 횡단보도를 설치하기 전과 후의 사고율을 비교해 보았더니 교통사고가 크게 감소했다고 하였습니다(4문단).

④ 대각선 횡단보도에서는 모든 방향의 보행 신호가 한 번에 켜집니다(2문단).

⑤ 일반적인 교차로에서 보행자가 대각선 방향으로 가려면 'ㄱ'자나 'ㄴ'자 형태로 횡단보도를 두 번 건너야 합니다(3문단).

3 2문단에 따르면 대각선 횡단보도에서는 모든 방향의 보행 신호가 한 번에 켜지고, 그러면 네 방향에서 달려오던 차량이 일제히 정지합니다(③). 그리고 3문단에 따르면 이때 보행자는 한 번에 대각선 방향으로 건너갈 수 있습니다(④).

✎ **이 문제를 틀렸다면**

이 글의 내용을 바탕으로, 대각선 횡단보도에서 보행 신호가 켜졌을 때 차량과 보행자가 각각 어떻게 움직일지 생각해 봅니다.

4 대각선 횡단보도가 교통사고를 예방한다는 ㉠은 안전한 교통 환경을 만들기 위해 대각선 횡단보도 설치를 확대해야 한다는 글쓴이의 주장과 관련이 있으면서 주장을 뒷받침하므로 타당한 근거입니다.

오답 피하기 🔔

(2) 대각선 횡단보도가 보행자의 무단 횡단을 줄인다는 ㉡ 역시 글쓴이의 주장과 관련이 있으면서 주장을 뒷받침하므로 타당한 근거입니다.

빙하가 녹고 있다

1 (2) ○   **2** ②

3 ㉰, ㉯, ㉲, ㉤ 💡**2**   **4** ④

5 (3) ○

6 ❶ 온도 ❷ 빙하 ❸ 해수면 ❹ 저지대 ❺ 온난화

어휘 다지기

1 (1) ② (2) ① (3) ③

2 (1) 한시적 (2) 소실 (3) 항로

어휘 키우기

3 (1) ㉡ (2) ㉠ (3) ㉢

---

1 글쓴이의 주장은 **5**문단의 마지막 문장인 "더 늦기 전에 지구 온난화를 막고 빙하를 지키기 위한 노력을 기울여야 합니다."에서 잘 드러납니다.

✏️ **이 문제를 틀렸다면**

글쓴이의 주장은 첫 문단에 제시되고, 마지막 문단에서 다시 강조되는 경우가 많습니다. 글에서 글쓴이의 주장이 명확하게 드러난 문장을 찾아 밑줄을 그어 봅니다.

2 **2**문단에서 지구 온난화로 인해 빙하가 소실되는 과정을 설명하기는 하지만, 지구 온난화의 원인에 대한 내용은 이 글에 나와 있지 않습니다.

오답 피하기 🔋

① 북극 항로는 기존 항로에 비해 운행 거리가 짧고 시간이 적게 소요된다는 장점이 있습니다(**4**문단).

③ 해수면이 상승하면 해안 저지대의 많은 도시가 물에 잠긴다는 문제점이 있습니다(**3**문단).

④ 지난 백 년 동안 지구의 평균 온도는 1℃나 높아졌습니다(**2**문단).

⑤ 한번 녹은 빙하는 다시 생기기까지 수십 년에서 수 세기가 필요합니다(**5**문단).

3 투발루의 섬이 사라지는 까닭은 지구 온난화로 인해 지구의 온도가 상승하자(㉰), 남극과 북극의 빙하가 녹아(㉯) 바다로 흘러 들어갔고, 그 결과 바닷물의 양이 늘어나(㉲) 해수면이 상승했기 때문입니다(㉤).

✏️ **이 문제를 틀렸다면**

2문단에서 ㉠~㉰의 내용을 찾아 순서를 파악해 봅니다.

4 **4**문단에서는 북극의 빙하가 녹으면서 북극 항로를 이용해 더 효율적으로 배를 운항할 수 있게 되었다며, 빙하가 녹았을 때의 좋은 점을 제시하고 있습

니다. 이는 지구 온난화를 막고 빙하를 지키기 위해 노력해야 한다는 글쓴이의 주장과 관련이 없고, 주장을 뒷받침하지 못하므로 타당하지 않은 근거입니다.

5 지구 온난화가 산악 빙하를 녹여 2100년경에는 약 20억 명이 물 부족을 겪게 될 것이라는 **보기**의 내용은 빙하가 소실될 때의 문제점이므로, 이 글의 주장과 관련이 있고 주장을 뒷받침할 수 있습니다.

오답 피하기 🔋

(1) **보기**는 세계적인 물 부족 문제가 아니라 지구 온난화로 인해 예상되는 산악 지역의 물 부족 문제를 설명하고 있으며, 그래서 글쓴이의 주장과도 관련이 있습니다.

(2) 우리가 시급히 해결해야 할 중요한 사안이라는 것은 근거의 타당성을 평가하는 기준이 될 수 없습니다.

6 현재 우리가 처해 있는 문제 상황은 지구 온난화로 인해 지구의 평균 ❶온도가 높아져 남극과 북극의 ❷빙하가 녹아 바다로 흘러 들어갔고, 그 결과 바닷물의 양이 늘어나 ❸해수면이 상승한 것입니다. 이렇게 극지방의 빙하가 녹아 해수면이 크게 상승하면, 해안 ❹저지대의 많은 도시가 물에 잠길 수 있습니다. 따라서 우리는 지구 ❺온난화를 막고 빙하를 지키기 위해 노력해야 합니다.

어휘 다지기

2 (1)의 빈칸에는 '일정한 기간에 한정되어 있는 것.'이라는 뜻의 '한시적'이, (2)의 빈칸에는 '사라져 없어짐.'이라는 뜻의 '소실'이, (3)의 빈칸에는 '배가 바다 위에서 지나다니는 길.'이라는 뜻의 '항로'가 들어가는 것이 알맞습니다.

어휘 키우기

3 '녹다'는 한 낱말이 여러 가지 뜻을 가진 다의어입니다. (1)에는 추위서 굳어진 몸이 풀린다는 ㉡의 뜻이, (2)에는 얼음같이 차가운 것이 열을 받아 액체가 된다는 ㉠의 뜻이, (3)에는 감정이 누그러진다는 ㉢의 뜻이 알맞습니다.

136~139쪽

문화유산을 보호하려면

1 높이, 고층   **2** ④

3 (1) ⑮ (2) ㉮, ㉲ 💡 3, 4   **4** (3) ×

5 ①, ④

6 ❶ 문화유산 ❷ 훼손 ❸ 고층

어휘 다지기

1 (1) ③ (2) ① (3) ②

2 (1) 경관 (2) 인근 (3) 고스란히

어휘 키우기

3 (1) ㉢ (2) ㉠ (3) ㉡

---

1 글쓴이는 2문단에서 "그런데 최근 몇몇 지역에서 문화유산 주변에 고층 건물을 지을 수 있도록 해당 규정을 바꾸려는 움직임을 보이고 있다. 이렇게 문화유산 주변 건물의 높이 제한을 완화해도 괜찮은 것일까?"라며 높이 제한 규정을 바꾸어 문화유산 주변에 고층 건물을 짓는 것을 문제 상황으로 제시하고 있습니다.

2 2문단에서 각 시·도 지자체는 「문화유산법」에 근거하여 문화유산 인근 건물의 높이를 일정하게 제한하는 규정을 둔다고 하였습니다.

오답 피하기 🗯

① 고층 건물이 햇빛이나 바람을 가리면 문화유산에 악영향을 미칠 수 있습니다(4문단).

② 문화유산은 주변의 아름다운 경관과 조화될 때 그 가치가 훨씬 높아집니다(3문단).

③ 문화유산 주변의 주민들은 낡고 오래된 건물을 개발하지 못해 불편을 겪고 있습니다(5문단).

⑤ 다른 나라들도 높이 제한 규정을 두어 문화유산과 주변 경관을 함께 보존하고 있습니다(3문단).

3 5문단의 마지막 문장에서 알 수 있듯이, 글쓴이의 주장은 문화유산 주변 건물의 높이 제한 규정을 완화해서는 안 된다는 것입니다(⑮). 이러한 주장에 대한 근거는 높이 제한이 풀리면 문화유산 주변의 아름다운 경관이 훼손될 수 있다는 것과(㉲) 문화유산 주변에 고층 건물이 들어서면 문화유산이 손상될 가능성이 있다는 것입니다(㉮).

오답 피하기 🗯

㉯ 글쓴이는 지역 개발보다 문화유산 보호가 우선이라고 하였

습니다(5문단).

㉱ 글쓴이는 주민들의 불편을 해소하기 위해 문화유산 주변의 낡고 오래된 건물을 개발할 것이 아니라, 간접적인 지원 등을 통해 보상하는 것이 바람직하다고 하였습니다(5문단).

4 이 글에서 글쓴이가 두 개의 근거를 제시하고 있기는 하지만, 근거의 개수로 근거의 타당성을 판단할 수는 없습니다.

✎ 이 문제를 틀렸다면

주장을 뒷받침하기 위해 든 근거의 개수는 근거의 타당성을 평가하는 기준이 될 수 없습니다. 근거의 타당성은 근거가 주장과 관련이 있는지, 주장을 뒷받침하는지를 확인하여 판단합니다.

5 풍납동 토성이 백제 초기 문화유산이라고 한 보기 의 내용을 고려하면, 그 인근에 지어진 아파트는 높이 제한 규정을 지키고(①), 주변 경관을 보존하기 위해 (④) 일반적인 아파트와 다른 독특한 모양으로 지어졌을 것입니다.

6 글쓴이는 ❶문화유산 주변 건물의 높이 제한 규정을 유지해야 한다고 주장하였습니다. 그리고 그 근거로 높이 제한이 풀릴 경우 문화유산 주변에 고층 건물들이 들어서 주변의 아름다운 경관이 ❷훼손될 수 있다는 점과 문화유산 주변에 ❸고층 건물이 들어서면 문화유산이 손상될 가능성이 있다는 점을 들었습니다.

어휘 다지기

2 (1)의 빈칸에는 '산이나 들, 강, 바다 등의 자연이나 지역의 풍경.'이라는 뜻의 '경관'이, (2)의 빈칸에는 '이웃한 가까운 곳.'이라는 뜻의 '인근'이, (3)의 빈칸에는 '조금도 줄어들거나 변한 것 없이 원래의 상태 그대로.'라는 뜻의 '고스란히'가 들어가는 것이 알맞습니다.

어휘 키우기

3 '장'은 형태는 같지만 뜻이 서로 다른 동형어입니다. (1)에는 짠맛이 나는 흑갈색 액체라는 ㉢의 뜻이, (2)에는 얇고 넓적한 물건을 세는 단위라는 ㉠의 뜻이, (3)에는 어떤 일이 행해지는 곳이라는 ㉡의 뜻이 알맞습니다.

질문하며 읽기

① 글을 읽으며, 글의 내용을 정확하게 이해하고 있는지 점검하는 질문을 만들고 답해 봅니다.
② 글을 다 읽은 후, 글의 내용을 정리하는 질문을 만들고 답해 봅니다.

확인 문제
141쪽

1 (3)× **2** (1)○

1 이 글은 과거 시험에 낙방한 사람의 답안지인 '낙폭지'가 과거와 현재에 어떻게 활용되는지를 설명하는 글입니다. 따라서 합격한 사람의 답안지에 관한 질문은 이 글의 내용과 관련이 없는 질문입니다.

오답 피하기

(1) 글에 나온 낱말의 뜻을 묻는 질문은 글의 내용을 정확하게 이해하고 있는지 점검하는 질문 중 하나입니다. '배접지'는 종이나 헝겊, 또는 얇은 널빤지 조각 등을 여러 겹 포개어 붙이는 작업에 사용되는 종이를 뜻합니다.

(2) 이 글에서 "낙폭지를 나라에서 직접 관리하며 다양한 물품에 재활용했다."라고 하였으므로 그 까닭을 묻는 질문은 글의 내용과 관련된 질문입니다.

2 낙폭지는 특정한 해에 치러진 과거 시험에서 낙방한 사람의 답안지입니다. 따라서 문화유산에서 발견된 낙폭지가 어느 해에 치러진 과거 시험의 답안지인지 확인하면, 그 문화유산은 해당 시험이 치러진 이후에 제작되었다고 추정할 수 있을 것입니다.

✏️ **이 문제를 틀렸다면**

질문에 대한 답을 글 속에서 찾거나 앞뒤 내용을 바탕으로 짐작해 봅니다.

과자의 보호자, 질소

1 (3)× 💡반응 **2** ④ **3** ②, ⑤

4 ㉯

1 4문단에 따르면, 기름과 만나 산패가 일어나는 것은 질소가 아니라 산소입니다. 질소는 다른 물질과 잘 반응하지 않습니다.

2 3문단에서 "봉지 안에 질소가 가득 들어 있으면, 손으로 봉지를 눌러도 과자에 잘 닿지 않습니다.", "질소 덕택에 공장에서 생산된 과자가 우리 손에 들어오기까지 부서지지 않고 그 모양을 유지할 수 있습니다."라고 하였습니다. 이를 통해 과자 봉지에 과자만 있으면 충격을 받았을 때 쉽게 부서진다는 것을 알 수 있습니다.

오답 피하기

① 질소는 무색의 기체로, 우리 눈에 보이지 않습니다(2문단).

② 과자 봉지 안에 있는 질소가 과자의 변질을 막아 주기 때문에 몇 달 전에 만들어진 과자를 먹어도 신선한 맛을 느낄 수 있습니다(4, 5문단).

③ 과자를 포장할 때는 산패가 일어나지 않도록 봉지 안에 있는 산소를 모두 빼내고 질소를 충전합니다(4문단).

⑤ 과자 봉지에 공기를 채우는 까닭은 외부의 충격으로부터 과자가 부서지는 것을 방지하고, 과자의 변질을 막기 위해서입니다(3, 4문단).

3 제시된 사진 속 과자는 산소에 노출된 상태입니다. 이러한 상태로 과자를 오래 두면, 산패가 일어나 과자의 맛이 변하고(②) 과자에서 불쾌한 냄새가 날 수 있습니다(⑤).

✏️ **이 문제를 틀렸다면**

4문단에서 과자가 산소에 노출되었을 때 어떤 변화가 일어나는지 확인해 봅니다.

4 이 글은 과자 봉지에 질소를 채우는 이유를 설명하고 있으므로 "과자 봉지에 왜 산소가 아니라 질소를 채울까?"라는 질문을 떠올리는 것은 적절합니다.

오답 피하기

㉮ 이 글은 과자가 눅눅해졌을 때 대처하는 방법을 설명하는 글이 아닙니다.

㉰ 이 글에서 질소를 과자 봉지에 채우는 이유는 크게 두 가지라고 하였습니다(3문단). 따라서 세 번째 이유를 묻는 질문은 적절하지 않습니다.

실전 1

박씨전

1 ② 💡군사 **2** ③ **3** (3)○

4 원호 **5** (2)○

6 ❶ 용골대 ❷ 화살 ❸ 부채 ❹ 청나라

어휘 다지기

1 (1)② (2)① (3)③

2 (1) 채비 (2) 고국 (3) 치욕

어휘 키우기

3 (1) V (2) V

---

1 이 글에서는 나무들이 군사로 변하고, 화살이 나가다가 떨어져 버리며, 옥으로 만든 부채로 큰 바람을 일으키는 등 현실에서는 일어날 수 없는 사건들이 일어납니다.

오답 피하기 📢

① 이 글의 주인공은 박씨, 계화 등 영웅적인 여성입니다.

⑤ 이 글에서는 박씨, 계화와 용골대의 군사들 사이의 갈등이 두드러지게 나타납니다.

2 용골대와 군사들은 박씨가 아니라 계화를 향해 화살을 쏘았고, 화살은 계화를 맞히기는커녕 몇 걸음 앞에 떨어져 버렸습니다.

오답 피하기 📢

① 용골대가 "조선의 임금에게 항복까지 받은 내가", "너희 임금이 항복했으니"라고 말한 것에서 알 수 있습니다.

④ 용골대는 아우인 용울대가 어떤 여자의 손에 죽었다는 소식을 듣고, 박씨의 집으로 가서 "아우의 원수를 갚지 못하고 고국으로 돌아갈 수는 없다."라고 말했습니다.

3 용골대는 박씨의 부채질로 인해 불길이 군사들을 덮치는데도 이를 막지 못하고 군사들이 죽는 것을 바라보기만 하였습니다. 이러한 용골대의 상황에 맞는 사자성어는 '속수무책(束手無策)'입니다.

✏️ **이 문제를 틀렸다면**

(1)~(3)에 있는 사자성어를 하나씩 ㉠에 넣어 보고, 어느 것이 용골대가 처한 상황과 맞는지 확인해 봅니다.

4 용골대의 명령을 따른 군사들의 수는 이 글의 내용을 잘 이해하기 위해 떠올린 질문이라고 보기 어렵습니다.

오답 피하기 📢

글에 나온 낱말이 지칭하는 대상을 묻는 질문(태현), 인물이 할

행동을 예상하는 질문(효정), 인물이 한 행동의 까닭을 짐작하는 질문(민영) 등은 글의 내용을 잘 이해하기 위한 질문입니다.

5 보기 에 따르면 이 글의 배경인 병자호란 당시 조선의 왕은 청나라에 항복하고 굴욕을 겪었습니다. 하지만 역사적 사실과 달리, 이 글에서 조선의 여성인 박씨와 계화는 청나라 장군과 군대를 무찌릅니다. 병자호란에서의 패배를 받아들이고 싶지 않았던 사람들의 마음이 이 글에 반영되어 있다는 보기 의 내용을 고려하면, 당시 사람들은 이 글에서 박씨가 청나라의 장군인 용골대를 혼내 주는 장면을 읽으며 패배의 슬픔을 위로받았을 것입니다.

오답 피하기 📢

(1) 이 글이 실제로 일어난 전쟁을 배경으로 쓰인 것은 맞지만, 박씨와 계화가 도술을 부리는 내용이나 청나라 군대가 도망치는 내용 등은 역사적 사실과 다릅니다.

(3) 병자호란 당시 조선은 청나라에 항복하였으므로 이와 같은 짐작은 알맞지 않습니다.

6 ❶용골대는 아우가 죽었다는 소식을 듣고 분노하여 박씨의 집으로 찾아갔습니다. 후원에 다다른 그가 나무에 불을 지르라고 명령하자, 나무들이 군사로 변해 청나라 군사들을 둘러쌌습니다. 그때 박씨의 시비 계화가 나타나 용골대를 위협했고, 용골대와 군사들이 계화를 향해 ❷화살을 쏘았지만 계화를 맞힐 수 없었습니다. 용골대는 군사들을 시켜 후원에 불을 질렀으나, 박씨가 옥으로 만든 ❸부채를 부치자 불길이 군사들을 덮쳤습니다. 군사들이 죽는 것을 속수무책으로 바라보던 용골대가 왕비, 세자, 대군과 ❹청나라로 돌아가려 하자, 계화가 주문을 외워 청나라 군사들의 발을 묶었습니다. 결국 용골대는 박씨를 이길 수 없음을 깨닫고 용서를 빌었습니다.

어휘 다지기

2 (1)의 빈칸에는 '어떤 일을 위해 필요한 물건, 자세 등이 미리 갖추어지거나 그렇게 되게 함.'이라는 뜻의 '채비'가, (2)의 빈칸에는 '주로 남의 나라에 있는 사람이 자신의 조상 때부터 살던 나라를 이르는 말.'이라는 뜻의 '고국'이, (3)의 빈칸에는 '욕되고 창피스러움.'이라는 뜻의 '치욕'이 들어가는 것이 알맞습니다.

어휘 키우기

3 '뒤 후(後)'가 사용된 낱말은 (1)의 '직후(直後)'와 (2)의 '향후(向後)'입니다. (3)의 '노후(老朽)'는 '썩을 후(朽)'가 사용된 낱말입니다.

실전 2

기계에 명령하는 방법, 코딩

1 ①, ③ 💡 프로그램, 고철　　**2** (3) ×

3 ④　　　　　　**4** ①　　　　**5** ④

6 ❶ 명령어 ❷ 가전제품 ❸ 세계적 ❹ 게임

어휘 다지기

1 (1) ③ (2) ② (3) ①

2 (1) 아이콘 (2) 열풍 (3) 정규

어휘 키우기

3 (1) 맞춰서 (2) 맞혔다 (3) 맞추어

---

1 4문단에 따르면 전 세계적으로 코딩 교육 열풍이 불고 있습니다(①). 또한 1문단에 따르면 우리가 컴퓨터로 다양한 일을 할 수 있는 것은 프로그램이 있기 때문입니다(③).

오답 피하기 💡

② 프로그램은 순서에 따라 하나씩 처리되는 여러 개의 명령어들로 구성되어 있습니다(2문단).

④ 코딩은 컴퓨터뿐만 아니라 우리 주변에 있는 대부분의 가전제품과 기계에 사용됩니다(3문단).

⑤ 어린이 코딩 교육에서는 전문가가 하는 것처럼 복잡한 프로그램을 만들지 않습니다(4문단).

2 2문단에서 코딩은 컴퓨터가 알아들을 수 있는 언어로 명령어를 입력하는 작업이라고 하였습니다.

✏️ 이 문제를 틀렸다면

(1)과 (2)는 3문단을, (4)는 4문단을 읽으며 확인해 봅니다.

3 이 글은 우리가 사용하는 프로그램(1문단), 코딩에 사용되는 명령어(2문단), 코딩을 사용한 가전제품과 기계(3문단) 등 다양하고 구체적인 예를 들어 코딩이 무엇인지를 설명하고 있습니다.

오답 피하기 💡

㉮ 이 글은 컴퓨터가 작동하는 데 필요한 프로그램과, 이러한 프로그램을 만들기 위해 명령어를 입력하는 작업인 코딩에 대해 설명할 뿐, 이 둘의 차이점을 설명하고 있지는 않습니다.

㉰ 4문단에서 코딩 교육의 현황을 알려 주고 있지만, 코딩 교육의 발전 과정을 설명하고 있지는 않습니다.

4 ㉠의 앞 문장은 컴퓨터가 인간의 말을 알아들을 수 없다는 내용이고, ㉠의 뒤 문장은 프로그램을 만들려면 컴퓨터가 알아들을 수 있는 언어로 명령어를

입력해 주어야 한다는 내용입니다. ㉠의 앞 내용이 원인이고 뒤 내용이 결과이므로 ㉠에는 원인과 결과를 이어 주는 말인 '그래서'가 들어가야 합니다.

5 우리나라에서 사용되는 문서 작성 프로그램에 관한 질문은 이 글의 내용과 크게 관련이 없습니다.

✏️ 이 문제를 틀렸다면

①~⑤에 제시된 질문들에 대한 답을 해 보면, 글을 잘 이해하는 데 도움이 되는 질문과 그렇지 않은 질문을 구별할 수 있습니다.

6 '코딩'이란 프로그램의 ❶명령어를 컴퓨터가 이해할 수 있는 언어로 입력하는 작업으로, 대부분의 ❷가전제품과 기계, 인공 지능, 사물 인터넷 등에 사용되고 있습니다. 코딩의 중요성으로 인해 전 ❸세계적으로 코딩 교육 열풍이 불고 있으며, 이미 여러 나라에서 코딩을 정규 교육 과목으로 채택하였습니다. 어린이 코딩 교육에서는 ❹게임을 통해 코딩의 원리를 이해하고, 간단한 프로그램을 제작해 보는 활동을 합니다.

어휘 다지기

2 (1)의 빈칸에는 '컴퓨터에서 실행할 수 있는 명령을 문자나 그림으로 나타낸 것.'이라는 뜻의 '아이콘'이, (2)의 빈칸에는 '매우 세차게 일어나는 기운이나 기세를 비유적으로 이르는 말.'이라는 뜻의 '열풍'이, (3)의 빈칸에는 '정식으로 정해진 규정이나 규범.'이라는 뜻의 '정규'가 들어가는 것이 알맞습니다.

어휘 키우기

3 '맞추다'와 '맞히다'는 뜻이 다르지만 글자가 비슷하여 헷갈리는 말입니다. (1)에서는 모서리를 알맞은 자리에 대어 붙인 것이므로 '맞춰서'가 알맞습니다. (2)에서는 답을 옳게 댄 것이므로 '맞혔다'가 알맞습니다. (3)에서는 창문을 창틀에 대어 붙인 것이므로 '맞추어'가 알맞습니다.

MEMO

용선생 추론독해 4단계

MEMO

용선생

추론독해 4

정답과 해설

추론독해 ^{용신행} 4